ファーストステップ 労働法

編著

藤本 茂・沼田 雅之・山本 圭子・細川 良

はしがき

　このたび、数多くある労働法テキストに新しく、「ファーストステップ労働法」が加わることとなりました。タイトルには、入門書でありながらも、次のステップとしてのより深い学習につなげるという意味が込められています。法学部はもとより、他学部の学生にも向けた"わかりやすいコンパクトなテキスト"を意識しており、併せて、授業で使う専門書を目指してもいます。

　コンパクトなことと専門書を両立させることは、求められる情報量の差からして難題ですが、本書はそれをウェブの活用によって乗り越えようと試みました。QRコードによって情報量を確保でき、さらにスマホでも簡単に使えることから、これを授業で活かしてみようと思い至ったのです。

　21世紀に入ってからの、グローバル化や経済産業構造の変貌は著しく、労働法を取り巻く環境は大きく変わってきています。

　2020年春、経団連が「雇用見直し」（ジョブ型雇用）を春季賃金交渉の席上で語り、連合も先進的な問題意識だと理解を示したとの記事を目にしました。成果に応じた処遇で生産性向上を図るという考えに対する労働組合の「理解」です。また、別の記事には、賃金「ベースアップ」方式を止めて、成果主義賃金制度に移行する旨の企業別労働組合方針が報道されていました。「雇用」の安定や賃金「ベースアップ方式」という、労働者が個人競争から抜け出し労働組合に集結する核から、労働組合自身が一歩距離をおくようになったと感じます。だとするならば、それらに代わる労働者がまとまる核はなんでしょうか。今まさに、労働者の"個化"が確実に進行しています。

　パート、有期契約、派遣、業務委託など様々な就業形態が登場しています。労働者のライフステージにあった各人が求める働き方への対応といわれます。不足する労働の担い手を女性や高齢者に求めることも、これらのいろんな就業形態を登場させる一因です。その就労形態に関して、労働法でフォローすべきか、いかにフォローすべきかが、問題となります。また、正社員との処遇格差が大きな社会問題にもなっています。

　少子高齢・人口減社会にあって、今の一定規模の経済を維持するには、移民政策を抜きにしては語れません。しかし、日本の外国人労働政策は、労働者不足への対応策でしかありません。消費や社会福祉を共に支える仲間であるとの意識が見えてこないのです。今般の「特定技能」者もその域を出ません。これでは多様性を

認め包摂するグローバル社会を語るには
お粗末だといえるでしょう。

このように、労働法を取り巻く法的環境
は、規制緩和と市場主義のもと、労働者に
対して自立と自己責任を強要しているよう
に思われます。21世紀になったからといっ
て、労働法の対象である労働関係の経済構
造が変わったわけではありません。雇用社
会の個別労働関係が労使の非平等性・非対
称性で語られる、労働法の世界が変わった
わけではないのです。その中にあって個人
主義的労働契約（個人の合意）が強調される
ことは、労働法の土台を突き崩しているよ
うに思えてなりません。

また、集団的労働関係の実像とその活動
を支える法制度とその実体があって、初め
て個別労働関係における労働者の意思
もその真意を測ることができます。それ
を欠いている状態にあって、労働者個人
の自立を説き、自己責任を強調すること
は公正でありません。

刊行を間近に控えたころ、新型コロナが
急速に蔓延してきました。雇用社会への
影響は大きく、急速にテレワーク・リモー
トワークが常態化し、「新常態」となりつつ
あります。労働時間管理責任は、「休息の
確保」責任となる勢いです。飲食業や旅館

業など「三つの密」を避けられない業態で
は、休業どころか倒産がすでに現実になっ
ています。正規・非正規の処遇格差問題は、
解雇・雇止めといった、露骨な形で顕在
化しています。他方、AIやIoT化は新型
コロナ禍によって加速され、その技能者
の養成は急務です。労働法のテーマ自体は、
これからも変わらないかもしれませんが、
その内容（実態）は変化し、検討すべき課
題は多様化しています。

コンパクトなテキストにそのような山
積する課題を詰め込むのは難しいものが
あります。問題意識を内に秘めつつ、現代
的課題を提示したものを目指しました。本
書の特徴の一端は、第4部に外国人や障害
者なども含めて、多様な就業形態に対応し
ようと試みたところにも現れています。

皆さんのご意見を受け容れながら大き
く育ってほしいと願っています。

本書の刊行にあたって、エイデル研究
所の山添路子氏には企画から一緒に検討
していただき貴重なアドバイスも多々い
ただきました。感謝の意を表します。あ
りがとうございました。

2020年5月
編著者一同
（文責 藤本 茂）

CONTENTS

第1部
労働法のファーストステップ

第**2**部
就活から退職までのルール

略 語 表

（1）主要法令名略語

労基法	労働基準法
労基則	労働基準法施行規則
労契法	労働契約法
均等法	男女雇用機会均等法（雇用の分野における男女の均等な機会及び待遇の確保等に関する法律）
均等則	男女雇用機会均等法施行規則（雇用の分野における男女の均等な機会及び待遇の確保等に関する法律施行規則）
育介法	育児介護休業法（育児休業、介護休業等育児又は家族介護を行う労働者の福祉に関する法律）
女性則	女性労働基準規則
最賃法	最低賃金法
賃確法	賃金支払確保法（賃金の支払の確保等に関する法律）
労安衛法	労働安全衛生法
労災保険法	労働者災害補償保険法
派遣法	労働者派遣法（労働者派遣事業の適正な運営の確保及び派遣労働者の保護等に関する法律）
派遣則	労働者派遣法施行規則（労働者派遣事業の適正な運営の確保及び派遣労働者の保護等に関する法律施行規則）
労組法	労働組合法
労調法	労働関係調整法
職安法	職業安定法
パート労働法	パートタイム労働法（短時間労働者の雇用管理の改善等に関する法律）
パート有期法	短時間労働者及び有期雇用労働者の雇用管理の改善等に関する法律
労働時間設定改善法	労働時間等の設定の改善に関する特別措置法
労働施策推進法	労働施策の総合的な推進並びに労働者の雇用の安定及び職業生活の充実等に関する法律
高年法	高年齢者等の雇用の安定等に関する法律

障害者雇用促進法	障害者の雇用の促進等に関する法律
地公労法	地方公営企業等の労働関係に関する法律
次世代法	次世代育成支援対策推進法
個別紛争法	個別労働関係紛争解決促進法（個別労働関係紛争の解決の促進に関する法律）
民訴法	民事訴訟法

（2）行政解釈の略称

告　示	厚生労働大臣・旧労働大臣の告示
基　収	厚生労働省労働基準局長が疑義に答えて発する通達
基　発	厚生労働省労働基準局長通達
厚労告	厚生労働省告示
雇児発	雇用均等・児童家庭局長名通達
発　基	労働基準局関係の事務次官通達

（3）判例集の略語

民　集	最高裁判所民事判例集
刑　集	最高裁判所刑事判例集
労　判	労働判例
労民集	労働関係民事裁判例集
判　時	判例時報
判　タ	判例タイムズ
労経速	労働経済判例速報

編者・執筆者紹介

ふじもと・しげる
藤本　茂　　第1部 第1章・第2章・第4章 / 第2部 第4章・第5章・第6章・第8章

1985 年：法政大学大学院博士後期課程単位修得満期退学、学位 博士(法学)(法政大学 2008)
現　　在：法政大学法学部教授
　　　　　日本労働法学会会員、日本社会保障法学会会員、日米法学会会員
〈主著・論文〉
『米国雇用平等法の理念と法理』(かもがわ出版、2007 年)
「『新しい公共』の担い手たる労働者組織」法学志林 113 巻 3 号（2016 年）
「賃金の支払の確保等に関する法律」島田陽一他編『戦後労働立法史』（旬報社、2018 年）
「公契約に見る雇用平等政策の理念—アメリカ合衆国の経験」浜川清他編『行政の構造変容と権利保護システム』（日本評論社、2019 年）

ぬまた・まさゆき
沼田　雅之　　第1部 第3章 / 第2部 第7章・第11章 / 第4部第5章〜第10章

2000 年：法政大学大学院博士後期課程単位修得満期退学
現　　在：法政大学法学部教授
　　　　　日本労働法学会理事、日本社会保障法学会会員、
　　　　　国際労働法社会保障法学会会員、千葉県労働委員会公益委員
〈主著・論文〉
「日本のクラウドソーシングの現状と労働法上の課題」労働法律旬報 1903＝1904 号（2018 年）
「憲法 27 条と時間外・休日労働規制」日本労働法学会編『講座労働法の再生〈第 3 巻〉労働条件論の課題』（日本評論社、2017 年）
「日本の労働立法政策と人権・基本権論—労働市場政策における人権・基本権アプローチの可能性—」日本労働法学会誌 129 号（2017 年）
「労契法 20 条：不合理な労働条件の禁止」労働法律旬報 1815 号（2014 年）

やまもと・けいこ
山本 圭子　　第2部第1章 / 第3部第1章～第3章 / 第4部第1章・第2章・第4章

1996 年：法政大学大学院博士課程単位取得退学
現　　在：法政大学法学部兼任講師
　　　　　日本労働法学会会員、日本キャリアデザイン学会会員、日本スポーツ法学会会員、
　　　　　日本社会保障法学会会員

〈主著・論文〉

『基礎から学ぶ労働法Ⅱ〈第2版〉』（共著、エイデル研究所、2016 年）
『実務 Q&A シリーズ　就業規則・労使協定・不利益変更』（共著、労務行政研究所、2018 年）
『実践・新しい雇用社会と法』（共著、有斐閣、2019 年）

ほそかわ・りょう
細川　良　　第2部第2章・第3章・第9章・第10章 / 第3部第4章・第5章 / 第4部第3章

2011 年：早稲田大学大学院博士後期課程単位修得満期退学
現　　在：青山学院大学法学部教授
　　　　　日本労働法学会会員、日本社会保障法学会会員、国際労働法社会保障法学会会員

〈主著・論文〉

『労働法の人的適用対象の比較法的考察』（共著、労働政策研究・研修機構、2019 年）
『現代先進諸国の労働協約（フランス）』（労働政策研究・研修機構、2018 年）
「ICT が「労働時間」につきつける課題―「つながらない権利」は解決の処方箋となるか？」
日本労働研究雑誌 709 号（2019 年）
「フランスの企業再構築にかかる法システムの現代的展開」日本労働法学会誌 132 号（2019 年）

たかの・としはる
髙野 敏春　　第2部第6章

1980 年：国士舘大学大学院博士課程単位修得満期退学
現　　在：国士舘大学法学部教授
　　　　　日本労働法学会会員、比較法学会会員、憲法学会前理事

〈主著・論文〉

「労働法の要点」『現代法学と憲法』（成文堂、2001 年）
「私立大学教授定年退職後再任拒否と人事権濫用事件」『JUAA 選書 13　大学と法』
　（エイデル研究所、2004 年）
「教師の専門職に関する労働者性」『憲法と教育人権』（日本評論社、2006 年）
『基礎から学ぶ労働法Ⅰ〈第4版〉』（共著、エイデル研究所、2018 年）

第1部

労働法の
ファーストステップ

1

第 1 章

労働法とは

レジュメ

1 労働法が対象とする働くこと

2 労働法の理念―何を労働法は実現しようとするのか

（1） 憲法の生存権理念

（2） 現代における生存権の意味

（3） 労働者も個人として尊重されるべき存在

（4） 労使自治の危機

3 労働法という法分野―労働法の分類分け

（1） 基本的には三つの分野に分類

（2） 雇用保障法（労働市場法）の分野

（3） 個別的労働関係法の分野

（4） 集団的労働関係法の分野

（5） 公務員労働法

4 労働関係（雇用社会）の変化と労働法の意義

（1） 高度経済成長期の雇用社会

（2） 少子高齢人口減少・グローバル化の雇用社会

1 労働法が対象とする働くこと

　労働法の対象は近代市民社会以降現代までの労働関係（雇用関係）です。

　近代市民社会は自由・平等・独立の個人で構成する社会です。封建社会の
ような、使用者は主人、労働者は従者といった主従関係ではありません。自
由な意思主体である個人と個人が、必要に応じて様々な関係を取り結ぶ社
会、つまり契約社会です。その契約社会の一部分である労働関係もまた労働
契約（民法では雇用）関係です。しかし、使用者と労働者が対等であることは、
法の世界ではそうあるべきだとしても、現実の社会ではそうではありません。

実際には労働者が低賃金・長時間労働・劣悪な労働環境のもとで働く結果でした。『蟹工船』や『女工哀史』の世界です。反対に、使用者の方は莫大な富の下に、優雅な生活を送っていました。

こうしたなか、労働者は労働組合を作り、より良い働く条件や環境を求めて活動しました。しかし、法は、企業活動の自由を妨害するとして刑罰や民事責任を科しました。

蟹工船

20世紀に入って、アメリカのニューディール期やワイマール期のドイツで、労働者が団結し労働組合活動をすること自体違法ではなく、労働条件決定に主体的に関わることが法認されるようになりました。日本でも、大正デモクラシーの時期、労働組合法制定の動きもありました。しかし、戦争がその動きを封じてしまいました。

他方、女性や年少者には、弱者保護・人口政策の観点から、割と早く労働時間などの規制が行われました。例えば、イギリスや日本の工場法です。しかし、規制は工場労働者等の一部でした。

女工哀史

現在の労働法は戦後のものです。

2　労働法の理念―何を労働法は実現しようとするのか

(1) 憲法の生存権理念

今日の労働法は、どのような理念のもとに体系化されたのでしょうか。それは、日本国憲法の基本的人権、特に25条の生存権の理念に求められます。

ただ、25条は、「すべて国民は、健康で文化的な最低限度の生活を営む権利を有する」というだけです。形式的には労働者の基本的人権とは言っていません。しかし、国民の中には最低限度の生活もままならない者がいます。その者には、生存権が保障されてはじめて国民となると言えるでしょう。

また、日本国憲法は、27条1項で多くの人々が労働で生活を維持する点をとらえ、それらの人々に働く権利が保障されるべきことを認めました。そして、同条2項で賃金、勤労時間その他の勤労条件に関する最低基準を法律で

定めることを宣言しました。これが労基法などの元です。また、28条で、「勤労者」が団結し団体行動をする権利、そして団体交渉をして労働協約を締結し労働条件を決定する権利 (労働基本権) を定めました。

(2) 現代における生存権の意味

生存権の「生存」とは、具体的には何を意味するのでしょうか。

現代の労働法が生まれた敗戦直後は、戦前からの低賃金・長時間労働・劣悪な労働環境に加えて、敗戦直後の飢餓状態のなか、生存権の生存とはまさに「生きろ！」であったと思います。

その後の高度経済成長は、労働者家庭に経済的豊かさをもたらしました。

しかし、心身とも健康で余暇を楽しむ心の豊かさはどうでしょうか。休むに休めないギリギリの人員配置や業務量過多のもとで働く正社員は、長時間労働を余儀なくされ、非正規労働者のなかには生活費を稼ぐために多くの仕事をかけ持ちし長時間労働を強いられる人が多くいます。余暇を楽しむ心の豊かさはそこにはありません。これからの「生存」とは心の豊かさのことだと思います。

(3) 労働者も個人として尊重されるべき存在

労働者も個人として尊重され、自由に生き、自分自身の幸福を追求する権利があります。憲法は、13条で個人の尊重を掲げ、幸福追求権が個人の基本的人権として保障されるとしています。

労働者が、やりがいのある仕事を通して幸福追求することもあっていい。ボランティアや趣味に生き甲斐を見出すことも素晴らしい。個性豊かな個人として労働者を捉え、各々の価値観や人生観を実現できる働き方が求められるようになったのです。

(4) 労使自治の危機

労働組合の組織率は低下し続けています。その結果、労働者が自らの課題の実現を使用者と交渉して実現する、集団的労使自治の機能が弱くなってい

ます。しかし、労働者の課題を実現する自主的組織は労働組合しかありません。

　労働組合の機能を補う、ヨーロッパに見られる「従業員代表制」は企業内労使協議制度であり、企業を超える労働者の自主的組織とは異なります。時代が移っても、労働組合が労働者個人の意思を表明できる集団であり、集団的労使自治が、自由な意思をもつ労働者の意思を体現することに変わりはありません。自治機能の低下は、市民社会の危機でもあるのです。

3　労働法という法分野―労働法の分類分け
（1）基本的には三つの分野に分類
　基本的な3分野と公務員（官公労働者）規制の合計4分野です。

　3分野は、憲法27条1項の雇用保障法（労働市場法）、憲法27条第2項からの個別的労働関係法、そして憲法28条からの集団的労働関係法の分野です。

（2）雇用保障法（労働市場法）の分野
　雇用保障法（労働市場法）は、労働者の雇用を保障するため、雇用機会や教育訓練の機会を確保するための法律をまとめた分野です。

　職安法は、国が失業者に無料で職業を紹介するとともに、失業保険を給付する公共職業安定所（ハローワーク）を設置する法律です。雇用保険法（1974年）は、いわゆる労働力流動化政策を具体化するためと、失業保険法の廃止に伴いそれに代わる制度を設置するために制定されました。

　雇用対策法（現在の労働施策総合推進法　2018年）は、高度経済成長期に、日本の労働市場を規整する基本法として制定されました。本法はまた、職安法や雇用保険法などの個別法の基本原則を整理した法律です。

　障害者雇用の促進等に関する法律（障害者雇用促進法　1970年）は、障害者雇用を促進するために、一定割合の障害者を雇用することを事業者（使用者）に義務づけてきました。2016年には、差別禁止の観点から、障害で雇用機会が奪われることのないよう、一定の配慮措置を講じる義務を事業者に課して、新たな段階を迎えました（⇒第4部第8章　障害者）。

労働者派遣法（派遣法　1985年）は、労働力需給の適正な整備を図ることを目的に、派遣という働き方を、職安法上、違法な労働者供給事業の例外として適法化した法律です。派遣法は、当初は派遣が認められる業務が限定されていましたが、不況が長期化する中で雇用の場の拡大を図る方途として単純労働にまで拡大されました。こうしたなか、派遣労働者はパート・有期労働者とともに非正規労働者の一端を担い、正社員との間の処遇格差が社会問題となっています。（⇒第4部第6章　派遣労働者）。

職業能力開発促進法（1986年）は、労働者個人の職業能力開発・向上を総合的計画的に促進させる職業教育へ移行させる目的で、職業訓練法をその名称も含めて大幅に改正したものです。

高年齢者等の雇用の安定等に関する法律（高年法　1986年）は、高齢者の継続費用を目的に制定された中高年齢者等の雇用の促進に関する特別措置法（1971年）を、1986年、抜本的に改正したものです。さらに進展する高齢化に対処するために2004年に改正され、65歳定年制など65歳まで何らかの形で雇用継続を図ることを事業主に義務づけました（⇒第4部第7章　高年齢者）。

(3) 個別的労働関係法の分野

憲法は27条2項で、生存権理念に基づき、労働者にも文化的な最低限度の生活ができるよう、労働条件に関する法律を定めることを保障しています。この法領域を「個別的労働関係法」とか「労働保護法」の法分野と呼びます。

労働基準法（労基法　1947年）は、労働条件について、労働者が人たるに値する生活を営むための必要を充たすべきものであることを宣明して、労使がその向上に努めるべきであると述べています（1条1、2項）。

労基法は労働条件の最低基準を定め、これを使用者に下回らないよう義務づけ、違反すると罰則を科す、個別的労働関係法の基本的な法律です。労基法に反した労働条件は無効とされ、労基法の定める基準で補充されます（13条）。また、近代的労働関係を維持する上での最低限度の規制、たとえば強制労働の禁止（5条）や中間搾取の排除（6条）を定めています（労働憲章）。

労基法は原則、国内のすべての事業および労働者に適用されますが、「同居の親族のみを使用する事業及び家事使用人」や一部の船員には適用されません（116条1、2項）。また、労基法は国家公務員には基本的に適用されません（国公法附則16条）。地方公務員には原則適用されますが、一部適用除外されます（地公法58条3項）。「行政執行法人の労働関係に関する法律」の適用される職員には、労基法が全面的に適用されます。「地方公営企業等の労働関係に関する法律」の適用される職員には、一部を除き、適用されます。

　公務員の労働条件は、人事院（国家公務員）や人事委員会（地方公務員）勧告にしたがって、議会で制定されます。これを勤務条件法定主義といいます。

　労働契約法（労契法　2007年）は、労働契約の基本原則や労働契約内容の基本事項を定めて、それらの解釈基準を明らかにしています。労基法とともに個別的労働関係の要の法律です。また、有期労働契約に関する規定も、改正によって設けられました。

　労働者災害補償保険法（労災保険法　1947年）は、政府が保険者となって、労働者を被保険者として使用者から保険料を徴収し、業務上の災害・疾病の補償を保険給付することを定めています。後に通勤途上の災害にも適用されるようになりました。業務上の疾病には過労死や過労自死が含まれます。

　最低賃金法（最賃法　1959年）の内容は、労基法の一つの章である「最低賃金」として定められていました。その後、最低賃金額の決定等をより適切に実施するために、労基法から分離独立しました。最低賃金額を下回る賃金を支払っている場合には罰則が適用されます。

　労働安全衛生法（労安衛法　1972年）も、最低賃金法のように労基法から分離独立した法律です。安全かつ衛生的な職場で仕事ができるように、事業主（会社）に様々な措置を講じるよう義務づけ、違反に対して罰則が科せられます。

　賃金の支払の確保等に関する法律（賃確法　1976年）は、高度経済成長に伴うゆがみが生じる中で制定されました。倒産によって未払となった賃金などを国が一部肩代わりして立替える制度や貯蓄金の保全措置を講じた法律です。

　男女雇用平等について、日本は女子差別撤廃条約の批准を契機に、「雇用の

分野における男女の均等な機会及び待遇の確保等女子労働者の福祉の増進に関する法律」（1985年）が、1972年制定の勤労婦人福祉法を改正する形で制定されました。それ以降、同法は数次にわたって改正され、現在は「雇用の分野における男女の均等な機会及び待遇の確保等に関する法律」（男女雇用機会均等法、均等法）となっています。また、育児休業法（1992年）は、育児を抱える男女労働者の雇用を継続しつつ育児ができることを目的として制定されました。その後、介護休業を含める改正がなされ、「育児休業、介護休業等育児又は家族介護を行う労働者の福祉に関する法律」（育児介護休業法、育介法）となって、現在に至っています。

　少子高齢人口減社会にあって、時間に縛られない多様な働き方が求められているとされ、パート労働者や短期間の契約を繰り返す有期雇用労働者の企業における重要性が増しています。彼らは「非正規労働者」といわれ、正社員と比べて不当な処遇を受けていることが多く見られます。そこでその実態を踏まえ、適正な労働条件の確保や雇用管理の改善などを図るために、「短時間労働者の雇用管理の改善等に関する法律」（パート労働法　1993年）が制定されました。有期雇用労働者は、労契法を改正して、条項が設けられました。

　さらに、同一企業内における正社員と、これら非正規労働者との間の不合理な待遇の差をなくし、どのような雇用形態を選択しても待遇に納得して働くことができるように、パート労働法に労契法の有期雇用の規定の一部を併せて、「短時間労働者及び有期雇用労働者の雇用管理の改善等に関する法律」（パート有期法　2019年）が、パート労働法を改正して制定されました。

（4）　集団的労働関係法の分野

　集団的労働関係法は、労働者が自ら労働組合を結成して労働条件決定に主体的に参加する、集団的労働関係を規整する法分野です。

　個別では使用者に劣後する労働者が、主体的に労働条件決定に参与する、別言すると、労使が自主的に労働条件を決定する、すなわち私的自治を実現するには、労働者に団結する自由や団体交渉や争議行為といった、活動の自

由を保障する必要があると考えられました。憲法28条とその具体化です。

　労働組合法（労組法　1949年）は、1945年制定の旧労組法を全面的に改正した法律です。労働組合の結成・運営、正当な組合活動の民事・刑事免責や労働協約締結といった労働基本権を具体化しています。改正の特徴は、使用者による団結侵害行為（たとえば組合員であることを理由の解雇）を不当労働行為といいますが、その不当労働行為を解決する機関として、アメリカにならって、労働委員会を設置したことです。

　労働関係調整法（労調法　1946年）は、労働組合と使用者との間での紛争を早期に解決するために、あっせん・調停・仲裁といった労働争議の調整や、ストライキ予告などの制限について定めています。労組法と並ぶ集団的労働関係法の分野の基本的な法律です。

(5)　公務員労働法

　「公務員労働法（官公労動法）」と括られる法領域があります。公務員一般行政職に適用される国家公務員法（国公法　1948年改正）や地方公務員法（地公法　1950年）、そして、公社や公務員現業職（国鉄や郵政職員など）に適用される公共企業体等労働関係法（1952年改正　公労法）や地方公営企業等の労働関係に関する法律（地公労法　1952年）を指してきました。

　現在、公務員労働法に含まれるのは、国公法や地公法は変わりませんが、公労法は民営化によって組織改編されたことに伴い、「行政執行法人の労働関係に関する法律」（2015年）となっています。地公労法も特定地方独立行政法人を含むなどの改正がなされています。これらの法律は、労組法や労調法の特別法に当たります。したがって、公務員労働法の適用から外れる公務員等は、労組法や労調法の適用を受けます。

集団的労使関係
の適用法令

　公務員の労働条件は、(3)の労基法を参照。

4 労働関係（雇用社会）の変化と労働法の意義

(1) 高度経済成長期の雇用社会

　日本労働法の対象である労働関係は、第2次世界大戦後の高度経済成長期に定着しました。その特徴は、長期安定雇用・年功制賃金・企業別労働組合です。これらは、復興から高度経済成長へと向かう上で、労働者の定着が重要であったことと関係します。学卒新規一括採用で正社員の雇用を保障し、社内で教育訓練・研修を行い産業構造の変化に対応しつつ、正社員を競わせて会社の活力としてきました。それを可能としたのは、正社員の生活に対応した年功制賃金制度でした。正社員は、これからの雇用保障と引き換えにルーティンな人事異動（地方や海外への赴任）や社内でしか評価されないキャリアを受け容れたのです。しかし、会社が雇用を保障するといっても、会社は景気変動への対応や技術革新の進展による構造変革を行います。それに伴う整理解雇は折に触れ行われてきましたし、正社員の解雇を避けるためや景気変動に対応するために、季節工や臨時工、パートといった非正規労働者を必要としました。また、労働条件の切り下げを迫ってもきました。

　日本の労働関係は、一方では解雇が濫用に当たるとその解雇を無効とし、労働契約が存続するという意味で強力な解雇権濫用法理を形成し、他方では、使用者が人事異動を命じる権限を承認し、濫用でチェックする判例法理や、合理的な労働条件変更であれば反対する労働者にも適用される判例法理といった、使用者主導の柔軟な労働条件の変更法理を形成しました。

(2) 少子高齢人口減少・グローバル化の雇用社会

　日本は、バブル崩壊から現在まで20年以上低迷期が続いています。その間に世界経済は、グローバル化、AI、IoTといった情報技術革新、金融派生商品などの新たな商品やサービスを生みだしてきました。

　また、日本は、他の先進国に先駆けて少子高齢・人口減少社会に入りました。それに加えて、グローバル化への対応として非正規労働者を増やして経費を節減し、人材育成や基礎研究への資金を切り詰めてきました。その非正

規労働者の低処遇は甚だしく、低所得層は次世代に継承され、新たな階層が生まれつつあります。

　政府や経済界は「働き方改革」と称して、雇用関係の流動化を促進しています。そして、新たな能力形成を奨励し、低迷から抜け出そうと盛んに労働者を煽っています。しかし、それは一面でしかありません。労働関係の流動化は容易に解雇できることを伴いますし、新たな能力形成は労働者の自己負担・自己責任で行うことを前提としています。これは労働者の個人競争を促すことですし、際限のない労働価値の低廉化を招きます。最低賃金の底上げが言われるのはそれへの歯止めですし、その到達点は最低賃金ではなく「最高賃金」の設定に他なりません。

　また、政府は不足する労働力を外国人で補おうと、ついに出入国管理及び難民認定法を改正して外国人労働者を安定的に受け入れる政策に転じました。「特定技能」資格の創設です。今、日本の雇用社会は大きく変化しています。

練習問題

　(1)　労働法の理念は、何と考えますか。

　(2)　現代雇用社会の生存権とは何だと考えますか。

参考文献

荒木尚志「労働法の現代的体系」・下井康史「公共部門労使関係法制の課題」・大内伸哉「雇用社会の変化と労働法学の課題」、いずれも日本労働法学会編『講座労働法の再生〈第1巻〉労働法の基礎理論』（日本評論社、2017年）所収

島田陽一・菊池馨実・竹内（奥野）寿編著『戦後労働立法史』（旬報社、2018年）

— 第**2**章 —

労働法の法源と労働条件の決定ルール

レジュメ

1 法源

（1） 制定法

（2） 国際条約

（3） 判例・労働委員会命令

（4） 労使慣行

（5） 行政解釈（通達）

2 労働条件の決定ルール

（1） 基本－労使合意による決定

（2） 労働協約

（3） 就業規則の影響力

（4） 就業規則に対する労基法の規制

　　① 作成・届出義務

　　② 意見聴取義務

　　③ 周知義務

　　④ 内容規制

（5） 就業規則による労働条件決定

（6） 労使協定・労使委員会決議

1 法源

労働法も、他の法領域と同様、法源があります。

（1） 制定法

労働法でも、法源の第1は、制定法です。憲法も含め、労働法規、民法などの労働関係に関する部分も含みます。また、行政機関の発する命令（政令、省令）も重要です。特に労基法には、命令に詳細を委任した箇所が多くあります。労働基準法施行規則などです。

(2) 国際条約

国際労働機関 (ILO) で採択された条約は、国会で批准されると、国内法として効力を持ちます。ILO条約は、多くの国が批准して国際的な基準となり、公正な競争が実現します。批准しないことは公正な競争を阻害するとして非難の対象となります。それは事実上の強制力といえるでしょう。日本では、批准に先立って国内法を整備して、条約を受け入れる法的環境を整えます。

(3) 判例・労働委員会命令

裁判は、法を解釈・適用して紛争を解決します。その判例の蓄積によって、抽象的な条文は具体的な姿を現します。また、事実上裁判官を拘束します。判例は、法の実像を表すといえるでしょう。それを判例法理といいます。

また、労働委員会制度は、集団的労働関係の紛争解決制度で、他の法分野にはない制度です。労働委員会は、労組法7条所定の不当労働行為について準司法的救済として救済命令を発します。その意味で労働委員会による救済命令も、また事実上の法源です。

(4) 労使慣行

団体交渉の末に労使合意した事項を、労働協約で明文化しないで運用することも見受けられます。それが労使共に異を唱えることなく反復・継続していれば、規範と理解されることもあります。こうした不文の取扱いを労使慣行といいます。

法的確信に支えられる慣習は慣習法といわれ、法源となります（法の適用に関する通則法3条）。しかし、労働関係にあっては、利害が対立することの多い労使間に相通じて法的確信があるというのは難しいものです。また、労働関係はその時の状況に応じて変化もします。法的確信といえるにたる普遍性を持ちづらいといえるでしょう。

したがって、通常は、任意規定に優先する解釈基準といえるかどうか、つまり「任意規定と異なる慣習」（民法92条）といえるかが問われます。

(5) 行政解釈（通達）

　労働基準監督官が監督をするうえで、全国的に公平さが保たれていることが必要です。そのために行政官庁の通牒（解釈例規）や訓令があります。行政官はそれに依拠して仕事を行います。法の運用にとって通牒や訓令は重要です。これを行政解釈といいます。しかし、裁判所や労使を直接拘束する法的効力はありません。その意味では、行政解釈は法源ではありません。ただ、具体的な運用基準は、法の一つの解釈といえ、一定の影響力を持ちます。

2　労働条件の決定ルール

(1)　基本－労使合意による決定

　労働条件は、労使が対等の立場で合意によって決定されるのが基本です（労基法2条1項）。これは、労契法でも確認できます（労契法3条1項）。そもそも労働条件は、労働契約の内容ですから、当然です。

　しかし、この建前は、法的根拠づけの観点からはそうですが、労働条件を決定づける観点からは、現実的ではありません。現代の企業は、効率的運用を目指し従業員を組織的に管理します。集団的に労働条件決定されるのが通例です。その方法としては、労働協約と就業規則があります。

　ただし、労働契約によって詳細に労働条件をとり決める場合もあります。したがって、労働契約が労働条件決定にとって重要であることには変わりありません。

　基本として忘れてはならないことがあります。労基法のことです。労基法は、労働条件の最低基準を定め、これを使用者に下回らないよう義務づけ、違反すると罰則を科します。労基法に反した労働条件は無効とされ、労基法の定める基準で補充されます（13条）。労働契約はもとより、労働協約や就業規則も、労基法に定める最低条件を下回ることや違反することは許されません。

(2)　労働協約（⇒第3部第4章　労働協約）

　労働組合と使用者の間で締結される労働協約は、集団的労使自治の成果で

す。労働協約は、労使合意の内容を書面に作成し、両当事者が署名しまたは記名押印することによって、効力を生じます（労組法14条）。

　労働協約に定める労働条件は、組合員の労働条件を決定づけます（労組法16条）。この力を規範的効力といいます。この効力は、さらに一定の条件を満たせば、組合員でない従業員の労働条件にもなります。これを労働協約の拡張適用あるいは一般的拘束力といいます（労組法17、18条）。

　労働協約は、単に労働条件を定めるだけではありません。団体交渉や争議行為を行う際の予備交渉や通知などの労使関係のルールも定めています。

（3）　就業規則の影響力

　労働協約は、労働組合がない会社にはありません。これに比べて、会社には普通に就業規則はあります。労基法で作成が義務づけられるのを待つまでもなく、会社は組織的観点から効率的に働いてもらうため、早くから詳細な労働条件を記した就業規則という文書を作成していました。

　労働条件は本来労使合意で決定されますが、就業規則に記された労働条件は、使用者の一方的判断で記されます。したがって、就業規則に記された労働条件は、労使合意の内容とは直ちには言えません。

　しかし、現実では、労働者は就業規則で定める労働条件で働いています。労基法の最低労働条件基準を下回る労働条件で働いていないかどうかは、就業規則を見ればチェックできます。

　こうした観点から、労基法は、就業規則に労基法所定の規制を課して、企業内の労働条件の最低基準を定めたものとしての法的効力を付与しました（労基法93条、労契法12条）。したがって、就業規則に定める労働条件を下回る労働契約の労働条件は無効となり（強行的効力）、就業規則に定める労働条件が、無効となった部分を埋めます（直律的効力、補充的効力）。この就業規則の法的効力を最低基準効ともいいます。

　このように、企業内の法のような力を持つ就業規則ですが、その事業場に適用される法令や労働協約に反してはなりません。それらに違反している場

合、行政官庁は就業規則の変更を命じることができます（労基法92条）。

(4) 就業規則に対する労基法の規制

労基法の規制は以下の通りです。

①作成・届出義務　常時10名以上の労働者を雇用する使用者は、就業規則を作成し行政官庁に届出なければなりません（労基法89条）。この10名には、正社員のほかパートなどの労働者も含みます。アルバイトやパート等の労働条件が正社員とは異なることもあるでしょうが、それらも含めて就業規則と見るのです。

②意見聴取義務　届出の前に過半数代表（⇒第1部第3章　労働法のプレイヤー）からの意見を聴取することも使用者の義務です（労基法90条）。ただ、この意見聴取は、文字通りの聴取です。従う義務ではありません。

③周知義務　労基法106条は、使用者に就業規則を常時作業場の見やすい場所に掲示、備付、書面の交付、またはコンピュータを使って労働者に周知することを義務付けています。

④内容規制　労基法89条は、就業規則に記載する事項を定めています。これらの労働条件が記載されていなければ、作成義務を果たしていないことになる、必要記載事項です。どんな場合でも記載しなければならない絶対的事項と、制度化するなら記載しておかなくてはならない相対的事項からなっています（図表1-2-1）。

図表 1-2-1　就業規則の必要記載事項

【 絶対的必要記載事項 】

1号	労働時間関係	➡ 始業終業時刻、休憩・休日・休暇など
2号	賃金関係	➡ 決定・計算方法、支払方法、支払時期・締切、昇給
3号	退職（雇用の終了）関係	➡ 退職事由と手続き、解雇事由など

【 相対的必要記載事項 】

3号の2	退職手当に関する事項
4号	臨時の賃金、最低賃金
5号	食費・作業用品などの負担
6号	安全衛生
7号	職業訓練
8号	災害補償など
9号	制裁の種類、程度など
10号	その他、旅費・福利厚生など全労働者に適用されるもの

(5) 就業規則による労働条件決定

　就業規則について、さらに重要なことは、個々の労働者の労働条件を決定づける効力が認められていることです。労契法7条は、就業規則に定める労働条件が合理的で労働者に周知されていれば、「労働契約の内容はその就業規則に定める労働条件によるものとする」と定めました。

　これは、使用者が作成した労働条件に関する文書が、労働契約内容になるということであり、労働契約の労使合意を超えた理解です。なぜこうしたことになったのでしょうか。

　ここに至るまでには長い議論があります。二つあり、一つは異議をとどめず働いている状態を労働者も「合意」があるとみようという「契約」的考え方、もう一つは労基法が企業内の法規として認めたからという「法規」という見解です。この議論に決着はつきませんでした。労契法は、この議論の結論部分を規定によって決着したといえるでしょう。それには最高裁判例の蓄積があります。

　最高裁は、秋北バス事件（最大判昭43.12.25民集22-13-3459）で、「労働条件は経営上の要請に基づき、統一的かつ画一的に決定され、労働者は、経営主体が定める契約内容の定型に従って、付従的に契約を締結せざるを得ない立場に立たされるのが実情であり、この労働条件を定型的に定めた就業規則は、一種の社会的規範としての性質を有するだけでなく、それが合理的な労働条件を定めているものであるかぎり、経営主体と労働者のとの間の労働条件はその就業規則によるという事実たる慣習が成立している」とその法的規

秋北バス事件

電電公社
帯広局事件

範性を認めました。

その後、電電公社帯広局事件（最1小判昭61.3.13労判470-6）で、就業規則の規定内容が合理的なものであるかぎりにおいて「具体的労働契約の内容をなしている」としました。

以降、裁判所は、これらの判例に沿って判断をしてきました。それを踏まえて、労契法は、合理性と周知を要件に、就業規則に定める労働条件が労働契約の内容とみてよいと定めたのです。

これは、就業規則による労働条件の変更の際にも活かされました（労契法10条）。しかし、作成と変更とでは事情が違います。労働条件変更を就業規則の改訂によって実施する際には、反対する労働者が出てくることが想定されます（⇒第2部第4章　就業規則と労働条件の変更）。

(6)　労使協定・労使委員会決議

労基法には、労働者代表と使用者との間で一定事項に関する取決めをすれば、使用者は労基法等の違反の責任を問われなくなるとする規定があります。その取決めを、労使協定といいます。時間外・休日労働に関する労基法36条にいう協定が、労使協定の典型例です。36協定とも称されます。この労使協定は、労働協約とは異なります。労働組合がなくても締結できるからです。

労基法の定めるところに拠りますが、労使協定は、使用者が労基法違反を免れるうえで不可欠ですし、その範囲で労使を拘束する契機となります。労使協定の締結内容が労働者の契約内容となるには、一般的には、個々の労働者の同意が必要です。実際には、労使協定の内容を就業規則に定めて、労働契約の内容として扱われています。ただ、計画年休の労使協定は、直ちに労働者を拘束すると解されています。

労基法上の
主な労使協定

また、労基法は、これらの労使協定を労働者に

周知するよう義務づけています（106条）。

　労使協定類似の制度として、労使委員会決議があります。企画業務型裁量労働制や高度プロフェッショナル制度の導入の際しては、労使同数の委員からなる労使委員会を設けて決議し、周知なければなりません。何を決議するかは厚労省令に定められています。この制度の下で働くかどうかは、個々の労働者が決めることです。労働者がNOといっても不利益を受けないことも決議しておく必要があります。

練習問題

（1）労働法の法源について、簡潔に述べよ。

（2）労基法は、就業規則に関してどのような規制を設けて、使用者にどのような義務を課しているか。この点を就業規則の効力について述べる中で論じなさい。

参考文献 ────────

山下昇「就業規則と労働契約」日本労働法学会編『講座労働法の再生〈第2巻〉　労働契約の理論』（日本評論社、2017年）

米津孝司「就業規則の法的性質・効力」土田道夫・山川隆一編『労働法の争点』（新・法律学の争点シリーズ7）（有斐閣、2014年）

—— 第**3**章 ——

労働法のプレイヤー

レジュメ

1 労働者
　（1）　労働基準法上の「労働者」
　（2）　労働契約（法）上の「労働者」
　（3）　労働組合法上の「労働者」

2 使用者
　（1）　労働基準法上の「使用者」
　（2）　労働契約法上の「使用者」
　（3）　労働契約上の「使用者」
　（4）　労働組合法上の「使用者」

3 労働組合

4 過半数代表・過半数代表者

5 労使委員会

事例　Xさんは、自己所有の自転車を利用して、書類等の配送をする業務に従事しています。注文はY社を通じてのみ受け、指示された場所および時間を厳守しながら配達することが求められます。ただし、配送経路などについて特に指示はありません。配達物がない場合は、Y社の営業所内で待機することが義務づけられています。XさんはY社とのみ契約して、月曜日から金曜日の午前10時から午後5時まで業務に従事しています。

配達業務に従事している際、Xさんは電柱に当たってケガをしました。これの補償がどうなるか尋ねたところ、Y社の担当者は「XさんとY社の契約は業務委託契約だから補償はない」といわれました。
①Y社の言い分は正しいでしょうか。

この扱いに納得しなかったXさんは、同じライダーに声をかけて労働組合を結成しました。労働組合の代表となったXさんは、Y社に団体交渉を申し入れましたが、Y社は「Xさんらは労働者ではないので、Y社はXさんらの交渉の申出に応じる必要はない」として拒否しました。

②Y社による団体交渉の拒否は許されるでしょうか。

1 労働者

（1）労働基準法上の「労働者」

①定義

　労基法は、「この法律で「労働者」とは、職業の種類を問わず、事業又は事務所…に使用される者で、賃金を支払われる者をいう」（労基法9条）と定義しています。すなわち、「使用される者」で「賃金を支払われる者」である限り、労基法上の「労働者」ということです。これを使用従属関係といいます。また、「職業の種類」は問われません。したがって、正社員、臨時社員、パートタイマー、アルバイト等の呼称に関係なく、使用従属関係がある限り労基法上の「労働者」となります。なお、「事業又は事務所」、すなわち事業性も求められます。

②その他の法令との関係

　労基法と同様の労働者保護立法の性格を持っている最低賃金法や労働安全衛生法等の各種実定法規の「労働者」も、労基法上の労働者と同義とされています。労災保険法上の労働者は、法律上の定義規定はありませんが、労基法上の労働者と同じと考えるのが一般的です（横浜南労基署長（旭紙業）事件・最1小判平8.11.28労判714-14）。均等法上の労働者も基本的には労基法上の労働者と同義と考えられていますが、施行通達では「雇用されて働く者をいい、求職者を含む」（平18.10.11雇児発1011002号）としています。

横浜南労基署長
（旭紙業）事件

③使用従属関係

　使用従属関係の有無は、労務給付の実態に即して判断されます。契約形式として請負や委任の形態をとっていたとしても、同様です。しかし、実際の働かせ方／働き方は多様です。そのため、統一的な把握が困難であるという現実があります。一方で、判例・裁判例の蓄積によって、ある程度の判断基準が確立されていることも事実です。

　下級審裁判例の検討を通じて労働者性の判断基準をまとめたものとして、労働基準法研究会「労働基準法の『労働者』の判断基準について」(1987年12月)があります。これは、当時の労働省内に置かれた研究会の報告書に過ぎませんが、「労基研報告」として、その後の判例・裁判例に大きな影響力を与えています。報告書は、労働者性の判断基準についておおむね図表1-3-1のようにまとめました。

図表1-3-1　「労基研報告」の判断枠組み

①指揮監督下の労働
　…「仕事の諾否の自由」「業務遂行上の指揮監督の有無」「拘束性の有無」「代替性の有無」
②報酬の労務対償性
③労働者性の判断を補強する要素
　…「事業者性の有無」「専属性の程度」

④最高裁判例

　労基法上の労働者について判断した最高裁判例としては、前掲・横浜南労基署長(旭紙業)事件があります。本件は、いわゆる傭車トラックドライバーの労災保険法上の労働者＝労基法上の労働者性が争われました。最高裁は、「業務遂行上の指揮監督の有無」を重視して、緩やかに拘束されていたXの労働者性を否定しました。

(2) 労働契約（法）上の「労働者」

　労契法は、「労働者」について「使用者に使用されて労働し、賃金を支払われ

る者をいう」と定義しています（労契法2条1項）。事業性の有無は要件となっていませんが、それ以外の定義は労基法上の労働者と同じです。では、事業性の要件を除くと、労基法上の労働者と労契法上の労働者は同義でしょうか。

この点、施行通達の立場は労基法上の労働者と労契法上の労働者は同義とする立場です（平24.8.10基発0810第2号）。また、多くの裁判例も同様な立場を採っています。しかし、学説にはこれに反対する立場もあります。

（3）労働組合法上の「労働者」

①労組法の目的と定義

労組法は、労働者について「職業の種類を問わず、賃金、給料その他これに準ずる収入によって生活する者をいう」（労組法3条）と定義しています。この定義は、労基法上の労働者や労契法上の労働者と明らかに異なります。まず、「使用され」ていることが要件とされていません。また、「賃金を支払われる」ではなく、「賃金、給料その他これに準ずる収入によって生活する」とされています。

この違いは、立法目的の違いによるものと理解されています。労基法は、労働条件の保護を及ぼすべき者を対象とし、罰則をもって最低労働条件を強制していますが、労組法は、団体交渉等の団体行動によって労働条件や集団的労使関係の形成が期待できる関係を対象としているからです。

②労基法上の労働者との違い

労組法上の労働者は、失業者・求職者を含むとされています。労基法上のそれが、個別の労働関係を前提とするのに対して、労組法は「賃金、給料その他これに準ずる収入によって生活する者」もその対象としているからです。

プロ野球選手は労基法上の労働者としては否定的に解されていますが労組法上の労働者としては肯定されています（日本プロフェッショナル野球組織事件・東京高決平16.9.8労判879-90）。

このように、労組法上の労働者は、労基法上の労働者よりも、広い概念であることには共通の理解があります。

③労組法上の「労働者」の判断基準

労組法上の労働者については、最高裁の示した判断基準が重要です。たとえば、INAXメンテナンス事件（最3小判平23.4.12労判1026-27）は、委託契約を締結していたカスタマーエンジニア（CE）の労働者性が争われた事例で、①「CEは、（会社）の上記事業の遂行に不可欠な労働力として、その恒常的な確保のために被上告人の組織に組み入れられていた」こと、②「（会社が）CEとの間の契約内容を一方的に決定していた」こと、③「CEの報酬は、…労務の提供の対価としての性質を有する」ことを理由に、労組法上の労働者性を肯定しました。

この判断は、新国立劇場運営財団事件（最3小判平23.4.12労判1026-6）（オペラ歌手）やビクターサービスエンジニアリング事件（最3小判平24.2.21労判1043-5）（修理業務を担当する個人代行店）でも踏襲されています。

INAX
メンテナンス
事件

新国立劇場運営
財団事件

ビクターサービ
スエンジニアリ
ング事件

④労使関係研究会報告

INAXメンテナンス事件や新国立劇場運営財団事件最高裁判決を受けて、労使関係法研究会が労組法上の労働者性について報告（2011年7月）をまとめています。それによれば、つぎのように整理されています。

基本的判断要素
　①事業組織への組み入れ
　②契約内容の一方的・定型的決定
　③報酬の労務対価性
補充的判断要素
　④業務の依頼に応ずべき関係
　⑤広い意味での指揮監督下の労務提供、一定の時間的場所的拘束

消極的判断要素

⑥顕著な事業者性

2 使用者

(1) 労働基準法上の「使用者」

労基法は、使用者を「事業主又は事業の経営担当者その他その事業の労働者に関する事項について、事業主のために行為をするすべての者をいう」(労基法10条)としています。このように広く定義しているのは、労働契約の契約当事者だけではなく、広く労基法上の義務の履行者として捉える必要があるからです。逆にいえば、労基法上の罰則はこれら使用者に適用がなされうるのです。

ここでいう①事業主とは、事業主個人(個人企業)または法人それ自体(法人企業)を指します。②経営担当者は、事業一般について権限と責任を負う代表取締役や支配人などがこれに該当します。③事業主のために行為する者とは、人事や給与など労働条件の決定や労務遂行の指揮命令などに権限と責任を有している者のことです。

(2) 労働契約法上の「使用者」

労契法は、使用者を「その使用する労働者に対して賃金を支払う者をいう。」(労契法2条2項)としています。労契法上の労働者概念を前提にその賃金支払者と捉えているということです。通常は、労働契約上の当事者である使用者を指すと考えられます。

(3) 労働契約上の「使用者」

労働契約上の使用者は、労働者に対する労働契約上の一方当事者のことを指し、労働契約上の義務履行者です。

しかし、形式的な契約当事者に義務履行を求めるだけでは適切に問題が解決できない場合もあります。社外労働者と受入会社の場合、親会社と子会社

従業員の場合などがその典型例です。そして、一定の場合には、使用者概念を拡大する必要があります。

(4) 労働組合法上の「使用者」

労組法には「使用者」の定義規定がありません。それは、労組法の個別の領域（不当労働行為や労働協約など）ごとに考えられるべきだからです。詳細は第3部のそれぞれの項目を参照してください。

ここでも、使用者概念の拡大について議論がなされています。下請企業の労働者を事実上指揮している元請会社に対してなされた、下請企業の労働者らで組織する労働組合からの団体交渉の申入れの拒否について争われた事件で、最高裁は「雇用主から労働者の派遣を受けて自己の業務に従事させ、その労働者の基本的な労働条件等について、雇用主と部分的とはいえ同視できる程度に現実的かつ具体的に支配、決定することができる地位にある場合に

朝日放送事件

は、その限りにおいて、右事業主は（労組法7）条の「使用者」に当たるものと解するのが相当である」と判断しました（朝日放送事件・最3小判平7.2.28労判668-11）。

3 労働組合

労働法において労働組合は重要なプレイヤーです。それは、憲法28条や労組法の主たる対象者というだけではなく、労基法などの個別的労働関係法においても同様です。

労基法等には、過半数代表との労使協定の締結を要件として、労基法上の規制を緩和することを認めている規定が多数あります。この「過半数代表」は、過半数で組織する労働組合がある場合には、排他的に当該過半数組合が過半数代表になります。

このように、労働組合は労働法全般にわたって重要な位置づけを与えられています。なお、労働組合の詳細は、「第3部第1章　労働組合の結成と運営

活動」を参照して下さい。

4 過半数代表・過半数代表者

　労基法等には、過半数代表との労使協定の締結を要件として、規制の例外を認める条項が多数あります。この「過半数代表」は、前述のように過半数組合があれば、当該過半数組合が過半数代表になります。労働組合の団結権を侵害しないように配慮がなされているのです。

　しかし、労働組合がない場合、あるいは労働組合があっても過半数を組織していない場合は、「過半数代表」は「過半数代表者」となります。このように、重要な役割を担う「過半数代表者」ですが、法律にはその選出方法の定めがありません。これに代わり、労基則に一定の定めがあります。それによれば、過半数代表者は、①「労基法41条二号の管理監督者ではないこと」、②「協定等をする者を選出することを明らかにして実施される投票、挙手等の方法（民主的選出）による手続により選出された者であること」のいずれの要件をも満たす必要があるとされています（労基則6条の2）。

　なお、全従業員で構成された親睦団体との間で締結された労使協定について、親睦団体の代表者が民主的に選出されていないことを根拠に無効と判断したものとして、トーコロ事件（最2小判平13.6.22労判808-11）があります。

5 労使委員会

　労使委員会は1998年労基法改正によって新たに導入された制度です。労使委員会は、「賃金、労働時間その他の当該事業場における労働条件に関する事項を調査審議し、事業主に対し当該事項について意見を述べることを目的とする委員会」と定義されています（労基法38条の4第1項）。

　労使委員会の設置は任意となっていますが、一部の労使協定は、労使委員会による決議で代替可能です（労基法38条の4第5項）。労使委員会の委員の半数は、過半数代表によって任期を定めて指名されている委員でなければならず（労基法38条の4第2項）、その決議は委員の5分の4以上の多数による

議決を経る必要があります（労基法38条の4第5項等）。

　なお、企画業務型裁量労働制（労基法38条の4）、および高度プロフェッショナル労働制（労基法41条の2）を導入する場合には、労使委員会決議が必須です（⇒第2部第7章　労働時間）。その限りで、労使委員会は重要な役割を担っています。

練習問題

(1) 直接の雇用関係がない者との間で、労働契約関係の成立が認められる場合について論じなさい。

(2) 経営者を含めた全従業員で構成される親睦会があり、その代表者は投票によって選出されている。Y社では、この親睦会の代表者と間に36協定を締結し、これを根拠にY社の従業員に時間外・休日労働をさせていた。Xさんは、時間外労働を拒否したため、出勤停止3日の懲戒処分を受けた。Xさんは、この懲戒処分は不当であると考えている。Xさんはどのような主張が可能か。なお、懲戒や時間外労働義務の問題は考慮しなくてよい。

参考文献

皆川宏之「労働法上の労働者」日本労働法学会編『講座労働法の再生〈第1巻〉　労働法の基礎理論』（日本評論社、2017年）73頁以下

本久洋一「労働契約上の使用者」日本労働法学会編『講座労働法の再生〈第1巻〉　労働法の基礎理論』（日本評論社、2017年）95頁以下

川口美貴『労働者概念の再構成』（関西大学出版部、2012年）鎌田耕一編著『契約労働の研究—アウトソーシングの労働問題』（多賀出版、2001年）

─ 第4章 ─

紛争解決

事例 学生です。授業に差しさわりのない時間帯でアルバイトをしよう
と、月曜日と木曜日の午前中2時間の約束で働き始めました。し
かし、すぐに、他の曜日や午後にも働くようにいわれるようにな
り、困っています。どこに相談すればよいでしょうか。

1 労使紛争とその解決

労使間のトラブルはいろいろあります。労働条件や組合活動などをめぐる
労働組合と使用者間紛争があります。ストライキに至ることもあります。こ
れらは労働組合が関わるので集団的労働関係の紛争です。また、労働契約の

内容をめぐる争いもあります。これは、個別的労働関係の紛争です。その解決制度も、二つに分かれます。

労働関係の紛争は、関係当事者で解決ができれば、労使自治に適い妥当です。企業内に設けられたセクハラなどの相談窓口や、団体交渉制度がそれです。

しかし、関係当事者では解決できない事態に発展することも多々あります。この場合は、外部にある紛争調整・解決機関に委ねることになります。

集団的労働関係の紛争調整には、労働紛争の早期解決を目指すあっせん・調停・仲裁制度があります。他に不当労働行為救済制度があります。

個別的労働関係の紛争調整制度は、急増する個別紛争を背景に、新たな制度が設けられました。

労働紛争の法的最終解決は裁判によることは言うまでもありません。

2　個別的労使紛争の増加と解決の必要性

戦後から1970年代に多発した労働争議には、集団的紛争処理制度が活躍しました。しかし、バブル崩壊以降の経済の構造変化、雇用・就業形態の多様化、労働組合の組織率の低下を背景に、企業人事労務管理の個別化（成果主義労働管理）は、労働関係に大きな変容をもたらし、労使紛争の様相も変わりました。集団的労使紛争の減少と個別的労使紛争の増加です。

主な個別的労使紛争は、解雇・懲戒処分や配転命令の効力問題、賃金の決定・差別の問題、就業規則による労働条件の不利益変更問題などです。労基法違反を扱う労働基準監督官制度にはなじみません。

こうした問題は、各都道府県の労働センター等での労働相談で不十分ながら対処されてきました。そこで、2001年「個別労働関係紛争の解決の促進に関する法律」（個別紛争法）が制定・施行され、(国の出先機関である)都道府県労働局が対処する制度が設けられました。

まず、総合労働相談コーナーによる情報提供および相談のワンストップサービス。次に、都道府県労働局長による助言・指導やあっせんです。

2010年代になると、ハラスメント相談が多くなりました。セクシュアル

ハラスメント（以下、セクハラ）やマタニティーハラスメント（以下、マタハラ）が増え、紛争解決の強化が図られました。さらにパワーハラスメント（以下、パワハラ）が大問題になりました。2019年、労働施策総合推進法を改正して、パワハラの定義を設け、使用者に相談体制の整備など防止対策を義務づけました（2020年6月施行）。ただ、罰則規定がなく、実効性確保が課題です。

3　個別労働紛争解決制度

（1）　紛争調整委員会による「あっせん」

個別紛争法は、労働条件その他の個別事項に関する個別労使間の紛争（個別労働紛争）について、あっせんなどを通して、迅速かつ適正な解決を図ることを目的としています。

個別労働紛争とは、たとえば、解雇、配転・出向や労働条件の不利益変更などの労働条件に関する紛争、パワハラなどの職場環境に関する紛争、会社分割による労働契約の承継や就業禁止など労働契約に関する紛争、退職に伴う研修費用の返還、営業車など会社所有物の破損などの損害賠償に関する紛争です。

 個別労働紛争解決システムの概要

労働組合と事業主の間の紛争、労働者と労働者の間の紛争、募集・採用に関する紛争、裁判で係争中や確定判決が出ているなどの他の制度で取扱われている紛争、個別事項であっても、労働組合と事業主との間で話合いが進められている紛争は対象となりません。

個別紛争法による紛争解決システムは、当事者の自主的解決を基本とし、当事者間の自主的解決を図る上で、相談・助言を都道府県労働局長（総合労働相談員）が行い、次に紛争調整委員会による「あっせん」が行われます。

「あっせん」は、紛争当事者の間に、公平・中立な第三者として、労働問題の専門家があっせん委員となって入ります。双方の主張の要点を確かめ、両者に対し具体的なあっせん案を提示します。そ

 紛争調整委員会によるあっせん手続きの流れ

して、紛争当事者が合意すると「合意書」が作成されます。

(2) 紛争調整委員会による「調停」

　男女均等取扱いに関するトラブルには、都道府県労働局長による相談・助言および紛争調整委員会による調停制度があります。この調停制度も「あっせん」と同様に、自主的解決を第一に考えますが、あっせんとは多少異なり、事実の確認を行い、その上で「受諾勧告」がなされます。ただし、紛争当事者の対立が著しく、歩み寄りが困難なときなど自主的解決に遠く及ばない場合には「打切り」となります。

　この調停は、均等法に基づく場合のほか、育介法に基づく場合、パート有期法に基づく場合（2020年4月）や派遣法に基づく場合（2020年4月）、障害者雇用促進法に基づく場合に実施されます。

　均等法に基づく調停の対象は、配置・昇進・降格・教育訓練などの性別による差別的取扱い、間接差別、セクハラ、マタハラなどです。

　育介法に基づく調停の対象は、育児介護休業制度、子の看護休暇制度、時間外労働の制限、所定労働時間の短縮措置や育児休業を理由とする不利益取扱いや、ハラスメントなどです。

　パート有期法に基づく調停の対象は、均衡均等問題が主で、教育訓練の実施、福利厚生の利用機会への配慮、正社員への転換推進に関することなどです。

　派遣法に基づく調停の対象は、均衡均等問題、雇入れ時の問題などです。

　障害者雇用促進法に基づく調停の対象は、賃金など処遇全般にわたる差別的取扱いや、働くにあたっての合理的配慮の提供に関することなどです。

(3) 裁判所による紛争解決

　司法機関である裁判所による紛争解決は、解雇の当否を争うなどの民事訴訟、賃金支払いの仮処分といった保全訴訟や、労災の適用などを求める行政訴訟などがあります。

①労働審判制度

　労働局長の相談・助言や、紛争調整委員会によるあっせん制度（調停制度は別）は、使用者側が手続きに参加しなければ打切りです。より実効性のある制度として、裁判官のほか労使の審判員との合議体で紛争解決にあたる制度が創設されました。労働審判制度です（労働審判法　2004年）。

　労働審判制度は、当事者の一方の申立てにより、個別労使間の民事紛争（労働契約の存否、解雇の当否や賃金・退職金の支払いなど）を、地方裁判所で、二人の審判員と裁判官からなる労働審判委員会で合議されます。3回以内の期日で審理され、迅速に解決されます。

　調停成立や審判確定は、「裁判上の和解」と同一の効力を生じます。詳しくは労働審判制度の概要を参照してください。

労働審判制度の
概要

②少額訴訟

　少額訴訟は、民訴法368条1項に基づき、簡易裁判所で行います。民事訴訟のうち、60万円以下の金銭の支払を求める訴えについて、審理を1回にして解決を図る手続です。即時解決を目指すため、証拠書類や証人は、審理の日にその場で調べられるものに限られます。裁判官と共に丸いテーブルに着席して、審理が進められます。

少額訴訟の流れ

③民事調停

　民事紛争を扱う民事調停も、個別労働紛争に利用されます。通常は被申立人の住所にある簡易裁判所に申立てます。

　話合いで紛争解決を図る手続です。一般市民のほか専門的知識が必要な事件にも対応できるよう、医師、建築士などからも調停委員が選ばれます。

　手数料は低廉で、調停委員が間に入って解決を

調停手続きの
流れ

図るので短時間で済みます。通常、2、3回の調停期日で、3か月以内に終了します。

(4) 労働委員会による紛争解決

　近年、労働委員会が、個別紛争法に基づき、個別紛争の解決を行うようになりました。現在は、東京都、兵庫県、福岡県を除く44の労働委員会が個別紛争のあっせんを行っています。

4　集団的労使紛争解決制度

(1) 労働委員会による労使紛争解決

　労働委員会は、労働者の団結を擁護し、労働関係の公正な調整を図ることを目的として、労組法に基づき設置された行政委員会です。国と都道府県に設置され国（厚労省）は中央労働委員会で、都道府県は都道府県労働委員会。

　労働委員会は、労使関係上の問題をめぐり、労働争議が発生した場合に、労使からの申請に基づき、あっせん、調停、仲裁を行います。

　労調法では、争議行為またはそのおそれのある状態を労働争議といいます（6条）。争議行為には、同盟罷業や怠業とともに、使用者がこれに対抗する行為も含まれます（7条）。労働争議が発生すると、労働委員会または知事に届けるよう義務づけています（9条）。

　労働委員会は、労働者側からの救済申立に基づき、不当労働行為の存否を審査し、不当労働行為の事実が認められる、使用者に対して禁止や是正など救済命令を出します（⇒第3部第3章　不当労働行為・救済）。

　不当労働行為事件の審査などには、公益委員のみが参与します。労・使委員は調査や和解等に参与します（労組法24条）。公益委員のみなのは、紛争調整とは異なり、準司法機関として中立の立場が求められるからです。

(2) あっせん、調停、仲裁という解決制度

　あっせんは、よく利用されている調整方法です。会長の指名するあっせん

員が、双方の主張の要点を確かめ、解決を図ります。あっせん員には、あっせん案を提示する義務はありません。また、当事者はあっせん案を受諾する義務もありません。

　調停は、あっせんよりも積極的です。調停は、委員の中から会長が指名する公・労・使三者からなる調停委員会が、出頭を求めて意見を聴き、調停案を示して自主的解決を促し受諾を勧告します（労調法21条、24条、26条）。とはいえ、調停案を受諾する義務はありません。調停案を双方が受諾すると事件は終了します。その調停案は労働協約化され、労使双方がそれを守ることになります。

　仲裁は、申請によって、主に、公益委員3人からなる仲裁委員会が開かれ、紛争当事者双方を拘束する仲裁裁定主に、公益を下す手続です（労調法31条、34条）。

　仲裁委員会は、意見聴取や実情調査を行い、裁定の内容を決議して、仲裁裁定書を作成、当事者に交付します（労調法33条）。仲裁裁定書は、労働協約と同一の効力を持ちます（労調法34条）。これに異議や不服を申立てることはできません。強力な力を持つ仲裁制度ですが、あまり使われていません。

練習問題

　(1)個別紛争法が制定された背景を述べよ。

　(2)労働組合を結成しようとしたら、解雇された。どうすればよいか。

参考文献

村中孝史「個別労働紛争解決制度の展開と課題」、岩村正彦「集団的労働紛争解決システムの展開と課題」、いずれも日本労働法学会編『講座労働法の再生〈第1巻〉　労働法の基礎理論』（日本評論社、2017年）所収
毛塚勝利編著『個別労働紛争処理システムの国際比較』（日本労働研究機構、2002年）

第 2 部

就活から退職までの
ルール

The "First Step" to learning Japanese Labor and Employment Law

第1章

採用・採用内定・試用

レジュメ

1 就職活動（募集・採用）と法令

 （1） 採用に係る法令

 （2） 募集に際しての労働条件の明示

 （3） 採用選考における差別禁止

 （4） 採用の自由

2 採用

 （1） 労働契約の成立

 （2） 採用内定と内定取消

 （3） 内々定取消

 （4） 内定辞退

 （5） 内定期間中の研修参加

3 試用期間

 （1） 試用期間の意義

 （2） 試用期間の長さ

 （3） 本採用拒否

 （4） 試用期間としての有期雇用

事例 大学4年生のC美は、Y社に6月の内々定を経て、10月1日の内定式に出席しました。しかし、併願していた市役所に合格したので、11月にY社に入社辞退をメールで伝えたところ、「内定式後の辞退は前例がない。入社誓約書に損害賠償の規定もある。謝りに来い。」と怒られました。内定辞退できますか。

56 第2部 就活から退職までのルール

1 就職活動 (募集・採用) と法令

(1) 採用に係る法令

　企業が求人を行う方法はさまざまです。企業が直接ポスター、チラシ、インターネット等で募集するほか、国の機関であるハローワークに求人票を出す場合、大学、高校等に求人を出す場合、民間職業紹介業者が行う有料職業紹介による場合などがありますが、いずれの場合についても職業安定法、労働施策総合推進法、障害者雇用促進法 (⇒第4部第8章　障害者)、均等法 (⇒第4部第2章　性差別の禁止)、労組法等、個人情報保護法等の法令を守らなければなりません。

　労働施策総合推進法9条は、求人に際して年齢制限を設けることを原則として禁止しています。ただし、新卒採用で無期雇用の場合、定年年齢を上限とする場合、法令の規定により年齢制限が設けられている場合 (深夜業、危険有害業務等)等は、例外的に年齢制限を設けることができます。

　また、採用しようとする企業等は、応募者から収集した個人情報を、個人情報保護法に基づき、収集目的に照らして適切に利用、保管しなければなりません。2019年には、大手の就職情報サイトで、学生の内定先企業に、当該学生の内定辞退の確率を通知するサービスを実施したことが不適切であったとして、個人情報保護委員会及び厚生労働省が行政指導を行った例がありました。

　採用に際して、労働組合に加入しない、脱退する、結成しないことを雇用条件とすることは労組法7条1号で不当労働行為として禁止されています (黄犬契約⇒第3部第3章　不当労働行為・救済)。

(2) 募集に際しての労働条件の明示

　企業が求人を行う際には、求職者に対して、書面 (または電子ファイル)によって労働条件を明示しなければなりません (職安法5条の3、職安則4条の2)。明示すべき事項は、労働者が従事すべき業務の内容、労働契約の期間、就業の場所に関する事項、始業及び終業の時刻、所定労働時間を超える労働

の有無、休憩時間、休日、賃金（臨時に支払われる賃金、賞与等を除く）の額に関する事項、健康保険・厚生年金保険・労災保険・雇用保険の適用に関する事項、受動喫煙防止措置の内容等です。

　もし、当初明示した労働条件と労働契約の締結に際して提示する労働条件とが異なる場合には、改めて書面交付の方法で労働条件を求職者に明示しなければなりません。さらに、面接等の過程で提示した労働条件に変更があった場合にも、求人を行う企業等は速やかに求職者に知らせる配慮が必要です。

労働条件通知書
のモデル

　求人時に労働条件を示して、その条件で採用する場合であっても、採用に際しては改めて労働条件通知書等で労働条件の明示が必要です（労基法15条1項）。

　採用に際しての労働条件の明示の方法は、①文書の交付、②労働者が希望した場合で労働者側で出力可能な状態にある場合にはFAX、メール、LINEやメッセンジャー等のSNSメッセージ機能等での明示も可能です。

(3) 採用選考における差別禁止

　企業は、応募者が提供する個人情報について、採用という目的に必要な範囲内で収集、保管、使用しなければなりません（職安法5条の4）。とくに、人種、民族、社会的身分、門地、本籍、出生地その他社会的差別の原因となる事項、思想・信条、及び労働組合への加入状況に関する情報を収集してはならず、これらにとらわれない公正な選考を行わなければなりません。履歴書やエントリーシート（ES）に、これらの事項を記載させたり、面接で質問したりすることは適切ではありません（平11労働省告示141号）。

　また、募集及び採用について、その性別にかかわりなく均等な機会を与えなければなりません（均等法5条）。採用に際して男女の予定採用人数を示したり、男女で採用基準を異ならせたり、性別を示す職名（例えばスチュワーデス、ウエイター等）で募集をすることはできません。また、女性の求職者に対して、採用面接等に際して、結婚や出産の予定を聞いたりすると「セクハ

ラ面接」と非難されることがあります。

　なお、障害者雇用促進法は、45.5人以上の労働者を雇用する民間企業に、障害者雇用率（民間企業2.2%）の達成を義務付けています。また、雇用の分野で障害者に対する差別が禁止されており、採用にあたっても合理的配慮の提供を義務づけています。

(4) 採用の自由

　企業の求人（募集）に応募してきた者の中から、誰を採用するかについては、基本的に使用者の自由です。三菱樹脂事件（最大判昭48.12.12民集27-11-1536）は、企業者は、自己の営業のために労働者を雇用するにあたり、いかなる者を雇い入れるか、いかなる条件で雇うかを、法律その他による特別の制限がない限り、原則として自由に決定できるとしました。企業の採用の自由を広く認めた三菱樹脂事件最高裁判決には、学説の批判があります。

　三菱樹脂事件のいうところの「法律その他による特別の制限」としては、(1)および(3)で触れた性別による差別（均等法5条）、年齢制限（労働施策総合推進法9条）、黄犬契約（労組法7条1号）、障害による差別などが該当します。

　また、選考方法（書類審査、面接、筆記試験、体力・技能の検査など）に関しても原則として自由です。ただし、新卒者採用の採用選考時に、労安衛法規則43条に「雇入時の健康診断」が規定されていることを理由に、血液検査等を含む健康診断を実施する例がありますが、労安衛法の雇入時健診は、雇い入れた際の適正配置、入職後の健康管理に役立てるために実施するものであって、採用選考時に実施することを義務づけたものでも、応募者の採否を決定するために実施するものでもありません。

　また、障害者雇用促進法は、事業主に、障害者に対し、採用過程から合理的な配慮を提供することを義務付けています（配慮の内容については、「障害者に対する差別の禁止に関する規定に定める事項に関し、事業主が適切に対処するための指針」平成27年厚労告116号）。

三菱樹脂事件

2 採用

(1) 労働契約の成立

労契法6条は、「労働契約は、労働者が使用者に使用されて労働し、使用者がこれに対して賃金を支払うことについて、労働者及び使用者が合意することによって成立する。」としています。すなわち、労働契約関係は、応募者に対し、雇用主になろうとする者が、選考の結果、採用の意思表示をすることによって、成立します。

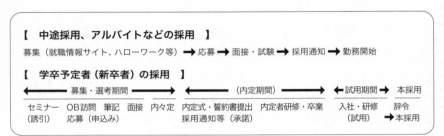

契約締結過程では、雇用主になろうとして求人を行う企業等が募集をすることが「申込の誘引」に当たり、仕事を探している求職者が応募することが「契約の申込」に、雇用主になろうとする者が採用決定の意思表示をすることが「申込に対する承諾」に当たるからです。労働契約は、当事者間の意思の合致によって成立するからです（有償諾成契約）。

企業によっては、採用予定者から、入社承諾書や、誓約書等を徴して、入社意思の確認を行う場合もありますが、法的にみれば、使用者からの採用通知によって労働契約は成立しています。

誓約書の例

(2) 採用内定と内定取消

採用に際して、採用決定時期と就労開始時期とが離れている場合があります。現在の大学生の新卒採用が典型例ですが、中途採用やパートの採用にあたっても起こり得ることです。新卒採用について判例（大日本印刷事件・最2

小判昭54.7.20民集33-5-582）は、募集が労働契約締結に向けた「誘引」、学生の応募が労働契約の「申込」、企業からの採用内定通知が労働契約の「承諾」に当たり、これによって、入社予定日を就労の始期とする始期付の労働契約（始期付解約権留保付労働契約）が成立したとして、内定取消に客観的に合理的な理由がなく、社会通念上相当と認められ

大日本印刷事件

ない場合には無効となると判断しました。この判断枠組みは中途採用者等の内定取消にも適用されています。他方、電電公社近畿電話局事件（最2小判昭55.5.30民集34-3-464）では、契約の効力の発生の始期を4月1日とする効力始期付解約権留保付労働契約の成立と判断しています。

なお、公務員の場合は、試験に合格しただけでは採用内定とはいえず、最終的に任用行為があって初めて採用が確定します（東京都建設局事件・最1小判昭57.5.27民集36-5-777）。

東京都建設局事件

一般的な内定取消事由としては、①卒業できなかったこと、②健康を害し就労に耐えられないこと、③刑事事件を起こし就労できないこと、④申告・提出した書類などに虚偽の事実があること（重大な経歴詐称）、⑤経営上の理由等を、内定通知書や入社誓約書に定める例が多いようです。

（3）内々定取消

採用内定の前段として、企業が「内々定」として採用の意思を応募者に示すことがあります。就職協定があったころの名残りで、10月1日の内定式以前の採用決定を内々定として伝えるものです。これは内定と同視すべきなのか、まだ労働契約の締結過程にあり労働契約の成立に至っていないと解すべきかは議論がありますが、契約締結過程であるとしても、採用されるとの期待権を侵害した場合には不法行為（民法709条）に基づく損害賠償が認められる場合があります（コーセーアールイー（第2事件）

コーセーアールイー事件

福岡高判平23.3.10労判1020-82)。

(4) 内定辞退

内定者が採用を辞退することは、労働者からの労働契約の解除に当たり、民法627条1項の問題とされます。労働者には職業選択の自由があり、退職の自由もあるからです。内々定者の辞退についても同様です。しかし、入社時期直前の辞退や、連絡を入れない「サイレント辞退」はルール違反です。内定辞退の意思が固まったら早急に連絡をすることが重要です。

(5) 内定期間中の研修参加

内定期間中に、採用内定者に対して、研修に参加させたり定期的なレポート提出を義務づけたりすることがあります。内定期間中の権利義務関係については「効力始期付労働契約」と捉える考え方と、「就労始期付き労働契約」とする考え方があります。効力始期付き労働契約とすれば、内定期間中は労働契約は成立していますがその効力は入社日まで発生しないので、内定期間中に内定者に事前研修に参加を求めたりレポート提出等の義務はないということになります。就労始期付き労働契約とすれば、就労は入社日以降でよいが、内定期間中も権利義務関係は発生していることから、内定者には研修参加やレポート提出の義務が生ずることになります。実務的には、事前研修参加やレポート提出等が義務づけられているのであれば後者、そうでなければ前者として扱っているということでしょうが、在学中の内定者については、学業に支障を来すような研修への参加を強制することはできませんし、研修への不参加を理由に内定取消はもちろん不利益な取扱をすることも許されません（宣伝会議事件・東京地判平17.1.28労判890-5）。

3 試用期間
(1) 試用期間の意義

入社日から一定の期間を試用期間や研修期間等として設定し、研修したり、

配属にあたっての適性の見極めをすることは広く行われています。試用期間を設けるか否か、試用期間を設ける場合には、その長さや試用期間中の労働条件について、求人及び採用時に明示する必要があります。もし、試用期間中の労働条件が、本採用後の労働条件と異なる場合には、その内容を明示するとともに、労働者に説明を行う必要があります。

　前掲・三菱樹脂事件は試用期間について解約権留保付労働契約の成立としたうえで、新卒者の採否判断の当初は、適格性を判断する適切な資料が十分に収集できないために、最終決定を試用期間中の調査や観察後まで保留するというものであり、このような留保をつけることは、今日の状況に鑑みると合理性があるとしました。

(2) 試用期間の長さ

　試用期間の長さについては、法律上の制限はとくにありません。アルバイト、パートなどでは2週間、正社員の場合には2、3か月とするものが多く、まれに、公務員の条件付き採用と同様に半年とするところがあるようです。あまり長くすると新規採用者の地位の不安定につながることから望ましくありません。

　また、使用者による試用期間の延長は、労働者の地位を不安定に陥れることになることから、原則として許されませんが、試用期間延長が労働者にとって有利な場合には可能です（大阪読売新聞社事件・大阪高判昭45.7.10労民集21-4-1149）。

(3) 本採用拒否

　試用期間満了時に労働者を解雇することは「本採用拒否」と呼ばれています。前掲・三菱樹脂事件最高裁判決は、試用期間の性格を解約権留保付きの労働契約の成立としつつ、本採用拒否は留保解約権の行使であって、通常の解雇と全く同一とは解し得ず、通常の解雇よりも解雇の自由は広く認められるとしました。

とはいえ、試用期間中も使用者と労働者は労働契約関係にあり、試用期間満了時の本採用拒否や試用期間中の解雇には、客観的に合理的な理由がなければならず、社会通念上相当と認められる場合でなければ、解雇権濫用にあり無効となります（労契法16条）。

　龍神タクシー（異議）事件（大阪高判平3.1.16労判581-36）では、タクシー乗務員は有期契約の臨時職として採用するが、例外なく更新されている実情の下では、使用者による更新拒否は信義則に反するとしました。またブラザー工業事件（名古屋地判昭59.3.23労判439-64）は、中途採用者をまず2か月契約の見習社員とし、正社員登用試験に合格しなかった者への解雇を、解雇権濫用に当たるとしています。

(4) 試用期間としての有期雇用

　採用に際して、当初は有期雇用の契約社員等として採用し、その後に良い人材であれば正社員に登用するが、そうでない場合には契約期間満了をもって労働契約を終了するということは許されるのでしょうか。前述の龍神タクシー事件はそのような事案でしたが、更新拒否を信義則に反するとしています。

　この点について最初の最高裁判決である神戸弘陵学園事件（最3小判平2.6.5労判564-7）では、使用者が労働者を新規に採用するにあたり、その雇用契約に期間を設けた場合において、その設けた趣旨・目的が労働者の適性を評価・判断するためのものであるときは期間の満了により契約が当然に終了する旨の明確な合意が当事者間に成立しているなどの特段の事情が認められる場合を除き、この期間は契約の存続期間ではなく、試用期間であると解するのが相当であるとしました。そして、期間満了での雇用契約の終了については、客観的に合理的な理由があり社会通念上相当として是認される場合に許されるものであって、通常の雇用契約における解雇の場合よりも広い範囲における解雇の自由が認められるが、解約権留保の目的の範囲でのみ許されるとしています。

練習問題

（1）経営悪化を理由とする採用内定取消は有効でしょうか。

（2）試用期間中の勤務態度不良や適格性欠如を理由とする本採用拒否はどのような場合に許されるでしょうか。

参考文献

所浩代「労働契約の成立」日本労働法学会編『講座労働法の再生〈第 2 巻〉 労働契約の理論』（日本評論社、2017 年）

小宮文人『労働契約締結過程（労働法判例総合解説 9）』（信山社、2015 年）

労働者の人権

レジュメ

1 労働憲章
（1） 不当な労働者の拘束の防止
（2） 中間搾取の禁止
（3） 公民権行使の保障
2 均等待遇の原則ー労働基準法3条
3 労働者のプライバシー
（1） 総論ー労働者のプライバシー・人格権に関する法的問題
（2） 各論ー紛争の類型と判断の方法

事例　A大学大学院を修了後、研究機関であるY研究所で研究員として勤務していたXさんは、所内の海外留学制度を利用して、研究のために1年間フランスに留学しました。そして、留学を終えて帰国した直後、母校のA大学から教授として採用したいと打診を受けました。Xさんは、Yを退職してAに移籍しようとしたところ、所長から「海外留学制度を利用した場合、帰国から5年間は退職を認めない。退職する場合は、留学に要した費用を返還せよ」と言われました。Xさんは、A大学に移籍するためには、留学費用を返還しなければならないでしょうか。

1　労働憲章

（1）不当な労働者の拘束の防止

①強制労働の禁止

　労基法5条は、精神・身体の自由を不当に拘束する手段ーたとえば、暴行、脅迫、監禁ーによって、労働者の意思に反して労働を強制することを禁止し

ています。この規定は、違反に対して労基法の中で最も重い刑罰、すなわち1年以上10年以下の懲役または20万円〜300万円の罰金が科されています。労働法が、労働者の「自由」の保護を重視していることの表れです。

②有期労働契約の期間制限

期間を定めて労働契約を締結した場合、「やむを得ない事由」がなければ、解約することができません（民法628条）。これは、労働者にとって、期間中の雇用が保障される意義を有します。一方で、労働者からの退職を制約することにもつながります。すなわち、あまりに長い期間を定める有期労働契約は、結果として、労働者の退職の自由、ひいては職業選択の自由を制約し、不当な拘束をもたらすおそれがあります。そこで、労基法は、長期にわたる人身（人心）拘束を防止するため、有期労働契約の期間の上限を定めています。

具体的には、有期労働契約については、3年を超える期間を定めることが原則として禁止されます。加えて、1年を超える有期労働契約が締結された場合、1年経過した後については、労働者は自由に退職することができます（労基法137条）。例外は、一定の事業の完了に必要な期間を定める場合です。また、高度の専門的知識等を有する労働者（博士、公認会計士等）、または満60歳以上の労働者については、5年を上限として有期労働契約を締結することができます。

③賠償予定の禁止

労基法16条は、労働契約の不履行に対し、違約金・損害賠償を予定する契約を禁止しています。民法にもとづく一般の契約では、契約の不履行等につき、あらかじめ損害賠償額を定めておくことは適法であり、実務でも用いられています。それでは、労働契約ではこうした賠償の予定が、なぜ禁止されるのでしょうか。それは、第一に、労働者と使用者の交渉力の不均衡を背景に、不当に高い賠償の予定がされるおそれがあるためです。第二に、労働契約の不履行に対する賠償金をあらかじめ定めておくことによって、使用者が労働

者を不当に拘束し、足止めすることを防止する目的があります。

　この労基法16条による賠償予定の禁止に関連して問題となるのが、冒頭の事例のように、使用者が労働者に対し、研修や海外留学などの費用を貸付け、終了後に一定期間勤続すれば返還を免除する制度です。これは、労働者に対する足止めを目的とする「損害賠償の予定」に当たるでしょうか。

　前提として、例えば、美容師、医師、看護師などの研修費用や専門学校の学費等を貸付したうえで、一定の勤続期間を強制することは、古くから問題とされてきました。こうした、いわゆる「お礼奉公」については、行政通達（昭23.7.15基収2408号）および裁判例（サロン・ド・リリー事件・浦和地判昭61.5.30など）において、労基法16条に違反し、許されないとされています。

　これに対し、事例のような研修または留学の場合、そこで労働者が学ぶ内容が必ずしも「業務上の目的」とは限らない点が、典型的な「お礼奉公」とは異なります。こうした制度については、労基法16条が禁止する賠償予定には当たらないとした例（長谷工コーポレーション事件・東京地判平9.5.26など）と、労基法16条に違反するとした例（富士重工業事件・東京地判平10.3.17など）があります。裁判所がこの問題を判断するにあたっては、当該研修・留学が労働者による自発的なものか、留学先・修学内容などを労働者が自由に選択できるか、修学内容と業務との関連性、修学中が「業務」扱いとなるか（研修・留学中に並行して会社の仕事にも従事するのか、就業規則などの規定に服するのかなど）といった要素を考慮する傾向にあります。そして、研修や留学が「業務」としての性質が（も）強いと評価されれば、その後の勤続に応じた費用返還規定は、労基法16条違反と評価される傾向にあります。裁判所は同時に、返還免除基準の合理性（基準の明瞭さ、期間の長さなど）、返済額・方式の合理性（勤続に応じた減額の有無など）も補足的に考慮したうえで、労基法16条違反の有無を判断しています。

④前借金相殺の禁止

　「食事代を無料とし、代わりに食後に皿洗いをする」というサービスがある

としましょう。これは、労働することを条件にした前借金と賃金との相殺を禁止する労基法17条の規定に、形式的には違反するといえそうです。もっとも、その目的を踏まえ、労働者を不当に拘束するのでなければ許容されるとの理解が多数です。苦学生に多額の奨学金を貸し付け、働くことを強制し、賃金を相殺する形で返済を強いることは、労基法17条違反になります。

⑤強制貯金の禁止

労基法18条は、労働契約に付随して貯蓄および貯蓄金管理の契約をすることを禁止しています（18条1項）。ただし、例外として、使用者と労働者代表との労使協定を締結し、協定において貯蓄金管理に関する規定の整備、利子の設定をする等の条件を満たせば、例外的に認められます（18条2項以下）。

（2）中間搾取の禁止

労基法6条は、「業として」、「他人の就業に介入」して利益を得ることを、「中間搾取」として禁止しています。労基法6条が禁止する「中間搾取」の具体的な要件は、「第三者（労働契約の当事者でない者）」が、「労働契約の成立（存続）の斡旋」を、「営利を得る目的で反復継続して実施」することです。

ただし、法律に基づいて許される場合には適法とされます。職業安定法は、有料職業紹介事業について、行政の許可制のもとで、一定の規制の枠内で適法なものとしています。また、労働者派遣法は、同法にもとづく「労働者派遣」を適法なものとしています（⇒第4部第6章　派遣労働者）

（3）公民権行使の保障

労基法7条は、労働者による公民権の行使を保障することを定めています。労働時間中に、労働者が公民としての権利の行使、あるいは公の職務を執行するために必要な時間を請求した場合、使用者は拒否できません。

会社の承認を得ない公職への就任を禁止（違反したら懲戒解雇）する条項は、労基法7条に違反します（十和田観光電鉄事件・最2小判昭38.6.21民集

17-5-754)。ただし、実際に労働者が公職に就任した結果、使用者に不利益が生じる、あるいは当該労働者の業務遂行が不能になるといった場合に、これを理由として当該労働者を普通解雇とすることは、必ずしも禁止されません。もっとも、実務上は、このような場合「休職」扱いとすることが一般的です。

2 均等待遇の原則—労働基準法3条

労基法3条は、労働者の国籍、信条、社会的身分を理由とする、賃金、労働時間その他の差別的取扱いを禁止しています。なお、この労基法3条の規定では、「性別」による差別的取扱い禁止（女性差別禁止）が挙げられていません。これは、労基法制定当時においては、女性に対する「保護」規定が多く存在し、これが一種の「優遇」に当たりうるため、性別による差別禁止の規定が盛り込まれなかったと説明されています（⇒第4部第2章　性差別の禁止）。

労基法3条の要件は、第一に、当事者が「労働者」、「使用者」であること、第二に、労働者に対する「差別的取扱」が存在すること、第三に、「国籍」「信条」「社会的身分」を「理由としている」こと、第四に、「労働条件」に関する差別であることです。なお、ここでいう「信条」には、宗教的信条および政治的信条の双方が含まれます。また、人種および出身国については、「国籍」か「社会的身分」のいずれかに含まれるとされています。「雇用形態」（パートタイマー、派遣労働、アルバイトなど）による差別が、「社会的身分」による差別に当たるかについては、議論があります。通説は、「社会的身分」は自らの意思で左右できない地位を意味すると考えており、契約によって設定されることとなる「雇用形態」は、これに含まれないとしています。もっとも、現在ではさまざまな立法により、雇用形態による労働条件の格差についても規制がされています（⇒第4部第5章　有期雇用労働者・パート労働者、第6章　派遣労働者）。

3 労働者のプライバシー

（1）総論—労働者のプライバシー・人格権に関する法的問題

プライバシー権とは、一般に、私生活・個人的な情報につき、他人から干

渉を受けない権利と説明されます。そして、労働関係においても、労働者は使用者に対して労働力を提供する義務を負うものの、契約上の義務を超えて使用者に対して全人格的に服従を強いられるわけではありません。したがって、使用者が労働者の私生活に不当に介入し、干渉することは、プライバシーの侵害または人格権侵害として、不法行為（民法709条）に該当します。

　他方、使用者には、業務遂行や雇用管理の目的から、労働者に関する様々な情報を入手する必要が生じることがあります。そこで、使用者にとっての事業運営上の必要性と、労働者のプライバシーや人格権とが衝突する場面が生じます。特に、個人のプライバシーや個人情報の保護の要請が近年高まってきていることから、議論や紛争が増えてきています。

　この問題について、一般的には、使用者は労働者に対して、業務遂行に際し、労働者の人格権を損なうことがないように配慮する義務を負っているとされます。これに反して、使用者が労働者の人格的利益を侵害した場合、不法行為に基づく損害賠償責任等を負うことになります。また、使用者の業務上の必要性から、労働者の個人情報やプライバシーに関する情報を収集した場合、使用者がそうした情報を取得する必要性と、労働者が被るプライバシー侵害などの不利益を比較衡量し、また使用者が用いた方法の適切性なども考慮して、社会的に相当な範囲と評価できるかが判断されます。

（2）各論―紛争の類型と判断の方法

　使用者による労働者のプライバシー侵害が問題とされる例として、古くから存在した類型としては、使用者による労働者の思想調査の行為です。関西電力事件（最3小判平7.9.5労判680-28）では、使用者が、労働者の思想調査のために、退社後の労働者を監視・尾行し、また職場のロッカーを無断で開け、私物を無断で撮影したことが、プライバシーを侵害し、人格権を侵害する行為として不法行為に当たると判断されています。

　近年紛争が増加しているのは、労働者の健康に関する情報の取得や開示をめぐる問題です。社会医療法人天神会事件（福岡高判平27.1.29労判1112-

5) は、労働者がHIVウイルス陽性と診断された事実を、無断で同僚に伝達し、就労制限を行ったことが不法行為に当たるとしました。また、HIV感染者解雇事件（東京地判平7.3.30労判667-14）は、HIV感染の事実を使用者が労働者に告知した態様が配慮に欠くとして、不法行為の成立を認めました。

　ところで、使用者が労働者を採用するに際して、健康診断を受診させ、労働者の健康・疾患に関する情報を収集することが一般に行われますが、違法なプライバシー侵害に当たらないのでしょうか？これについては、業務の遂行に必要な範囲で、本人に同意を得て健康状態等を確認することは問題ないと理解されています。他方で、合理的必要性のない健康・疾患に関する情報について、本人に同意を得ることなく収集することは、プライバシーの侵害

職場における
エイズ問題に
関する
ガイドライン

となりえます。東京都（警察学校HIV検査）事件（東京地判平15.5.28労判852-11）では、採用時に採取した血液について、本人の承諾なくHIV抗体検査を行ったことが違法であると評価されています

（「職場におけるエイズ問題に関するガイドライン」も参照。また、採用その他における個人情報の取扱い等に関する通達も参照）。

職業安定法に
基づく厚生労働
大臣指針

　このほか、使用者は、職場の規律維持を理由として、労働者の服装・髪型・身だしなみを規制する─たとえば、「ひげの禁止」「黒髪以外禁止」などを命じる─ことができるでしょうか。裁判例は、業務上の必要性と、労働者の人格的利益との比較考量を通じて判断する傾向にあります。具体的には、顧客に不快感を与える等、業務に支障が生じる範囲でのみ命令可能としています。たとえば、イースタン・エアポートモーター事件（東京地判昭55.12.15労判354-46）では、ひげを剃る旨の勤務要領について、不快感を伴う無精ひげ等を禁止する範囲で許容されるとし、不快感等を生じさせない口ひげは禁止の対象には当たらないと判断しています。また、東谷山家事件（福岡地小倉支決平9.12.25労判732-53）では、髪を黒く染める命令に従わなかったことを理由とする諭旨解雇につき、髪の色・髪型、容姿、

服装などの労働者の人格や自由に関する事柄については、企業秩序の維持を名目に制限するにあたって、制限が合理的な範囲にとどまり、相当性を欠くことがないようにする特段の配慮が必要であるとしたうえで、髪を黒く染める命令が無効であるとされています。最近では、大阪市・大阪市高速電気軌道事件（大阪高判令元9.6労経速2393-13）で、地下鉄運転士に対し、職務上の命令として、その形状を問わず一切のひげを禁止し、あるいは単にひげを生やしていることを理由に人事考課の減点対象とすることは、服務規律として合理的な限度を超え、違法であるとされています。

練習問題

> 労働者のプライバシーが問題となる場合として、どのようなケースがあるでしょうか。労働者のプライバシーに関して使用者が負っている配慮義務の内容と合わせて説明しなさい。

参考文献

長谷川聡「プライバシーと個人情報の保護」日本労働法学会編『講座労働法の再生〈第4巻〉人格・平等・家族責任』（日本評論社、2017年）
島田陽一「企業における労働者の人格権」日本労働法学会編『講座21世紀の労働法〈第6巻〉労働者の人格と平等』（有斐閣、2000年）

— 第**3**章 —

労働契約上の権利・義務

事例 Xさんは、休日にスポーツをしていたところ、大きなけがをしてしまいました。会社を休んで治療に専念し、回復したものの、けがの影響で、腰に負担がかかる長時間のデスクワークは難しいと診断されました。Xさんは、そのまま同じ会社で働き続けることが認められるでしょうか。

1 総説

（1）労働契約による権利・義務の発生

　労働関係とは、労働者が使用者の下で働き、賃金を受け取る関係のことで

す。そして、労働関係は、労働契約という労働者と使用者の間の合意によって成立します（労契法6条、民法623条）。したがって、労働関係における労働者・使用者のそれぞれの権利・義務は、労働契約で合意した内容によって決まります（詳細は、⇒第1部第2章　労働法の法源と労働条件の決定ルール）。

　具体的には、労働契約により、労働者は、労働力を提供する義務を負う一方、賃金を受け取る権利を得ます。他方、使用者は、労働者をその指揮命令の下で就労させる権利を得る一方、対価として賃金を支払う義務を負います。また、これらの基本的な義務に加え、付随的な義務が発生します。

（2）労働契約に関する基本原則

　労働契約法は、労働契約の締結・変更につき遵守すべき基本原則について、以下のように規定しています。第一に、労働契約は、労働者及び使用者が、対等な立場において、合意によって締結し、変更することとされます（労働契約の対等決定原則・合意原則：労契法3条1項）。第二に、労働契約の内容は、就業の実態に応じ、「均衡」を考慮しなければならないとされます（均衡原則：労契法3条2項）。労働契約内容の「均衡」をめぐっては、近年はいわゆる「正社員」と「非正規労働者」との労働条件の格差への対応が、重要な課題となっています（⇒第4部第5章　有期雇用労働者・パート労働者、第6章　派遣労働者）。第三に、労働契約は、仕事と生活の調和（ワーク・ライフ・バランス）に配慮しなければならないとされます。2007年には、「ワーク・ライフ・バランス憲章」が策定され、ワーク・ライフ・バランス実現を促進する取り組みが進められています。

仕事と生活の調和（ワーク・ライフ・バランス）憲章

　労働契約法は、労働者及び使用者が、労働契約に基づく権利や義務を行使する際に遵守すべき原則も定めています。すなわち、労働者及び使用者は、労働契約に基づき、信義に従って誠実に権利を行使し、義務を履行しなければなりません（信義誠実の原則（信義則）：労契法3条4項）。また、労働者及

び使用者は、労働契約に基づく権利であっても、これを濫用してはなりませ
ん（権利濫用の禁止：労契法3条5項）。使用者による労働者に対する権限は、
この権利濫用の禁止の原則によって、制限されます（配転命令権の濫用禁止
⇒第2部第5章　人事―配転・出向・転籍・組織変更、解雇権濫用の禁止⇒第
2部第11章　労働契約の終了、懲戒権限の濫用禁止⇒第2部第10章　懲戒）。

2　労働契約の意義と労務提供義務

（1）労働契約とは

　労働契約を締結すると、労働者は使用者に対して「労働する」義務（以下、
労務提供義務）を負うことになります。それでは、「労働する」とは具体的にど
のようなことをいうのでしょうか。

　民法では、「労務」の供給を目的とする契約は、「雇用」「請負」「委任」の3種
類あります。このうち、労働法の適用対象として基本的に想定されているの
は「雇用」です。これは労働契約に基づく労働のことです（厳密には、「雇用」と
「労働」の違いの有無について議論があります）。そして、労働契約に基づく労
働とは、使用者に「使用されて」就労することだと考えられています。

　請負は、「一方の当事者が仕事の完成を約し」、「他方がその結果に対して報
酬を支払うこと」とされています（民法632条）。すなわち、請負は、仕事の「完
成」を目的とした契約です。「労務の供給」そのものが契約（報酬支払）の対象
となっている労働契約とは、この点で違いがあります。

　委任は少し特殊です。まず委任は、「ある者が他人に法律行為を行うこと
を委託する契約」（民法643条）とされ、準委任は「法律行為以外の事務を委
託する契約」（民法656条）とされています。すなわち、委任および準委任は、
「労務の供給自体を目的」とする点では、労働契約と共通します。他方で、（準）
委任の場合、その事務処理については、これを履行する者が幅広い裁量を有
するのが一般的とされます。また、必ずしも報酬の支払いを必要としません。
指揮命令に服して労務を提供し、対価として報酬（賃金）が支払われる労働契
約とは、この点で異なるといえるでしょう。

以上に見た請負や委任との違いからも分かるように、労働契約による労務提供義務を果たすことは、より具体的には、それぞれの労働者の労働の内容・場所・時間・方法などについて使用者が決定し、そして使用者の指揮命令に従って、労働者が労働力を提供することであるといえます。

（2）債務の本旨に従った契約の履行

　労働者は、労働契約に基づき労働義務を履行しなければなりません。そして、その「労働義務」の履行は、「債務の本旨に従った履行」であることが必要とされています（民法415条参照）。

　それでは、「債務の本旨に従った」労働義務の履行とは、具体的にはどのようなことをいうのでしょうか。基本的には、使用者の命令ないし指示に従って労務提供をすることであると考えられています。

　関連して、労働者が病気やけがなどにより、以前に従事していた仕事ができなくなったが、別の仕事であればこなすことができるというケースが問題になることがあります。この場合、使用者は「債務の本旨に従った労働の履行」ができないとして、労務提供の受領および賃金の支払を拒否できるでしょうか。判例は、労働契約等で職種・業務内容等が特定されていないこと、当該労働者を配置する現実的可能性がある業務があること、その業務を当該労働者が履行でき、かつ履行を申し出ている場合には、「債務の本旨に従った労働義務の履行」がされているとして、使用者は労務の受領を拒否し、賃金支払いを拒絶することができないとしています（片山組事件・最1小判平10.4.9労判736-15）。最高裁がこのような判断をした背景には、日本においては労働契約に基づく労働義務、言い換えれば使用者

片山組事件

の指揮命令権の範囲が広範に認められているという事情があります。すなわち、使用者が労働者を指揮命令の下で働かせることができる範囲が幅広く認められるのであれば、労働者の就労能力に一定の制約が生じたとしても、その労務提供が可能な範囲について柔軟に捉えるべきだということです。

（3）誠実義務・職務専念義務

労働契約の当事者は、信義に従い、誠実に権利を行使し、義務を履行しなければなりません。したがって、労働者が「労働」義務を履行するにあたっては、「誠実な履行」であることが必要となります。この点に関連して問題となるのが、「職務専念義務」です。

この点、公務員は、法律で「職務専念義務」が規定されています（国公法101条、地公法35条）。これに対し、民間の労働者については、たとえば労働契約法などに、「職務専念義務」に関する規定は存在しません。

判例は、電電公社目黒電報電話局事件（最3小判昭52.12.13民集31-7-974）が、「職務専念義務」に関する規定に基づき、勤務時間中は、「職務上の注意力のすべてを職務遂行のために用い、職務にのみ従事しなければならない」と判示しています。その後の判例も、全力を挙げて職務を遂行すべきとする就業規則につき、注意力のすべてを職務に用いるべきとの判断を是認しています（国鉄鹿児島自動車営業所事件・最2小判平5.6.11労判632-10）。

国鉄鹿児島
自動車営業所
事件

これに対し、学説の多数は、「職務専念義務」が観念できるとしても、労働者が労働契約に基づき職務を「誠実に履行する」義務にとどまるとします。したがって、勤務時間中における職務と無関係の行為も、それが直ちに職務専念義務違反となるのではなく、（職務遂行に具体的な悪影響を与えない限り）職務専念義務と両立することがありうると理解しています（大成観光事件・最3小判昭57.4.13労判383-19　伊藤正己裁判官補足意見も参照）。

大成観光事件

（4）労働者に対する損害賠償とその制限

労働者が負っている「誠実に労務提供を履行する義務」と関連して、もう一つの重要な問題は、労働者が労務の提供に関連して使用者に損害を生じさせた場合です。労働者が労働義務に違反し、また労務提供にあたって必要な注

意を怠った結果、業務遂行過程で、使用者に損害等をもたらした場合、不法行為に基づく損害賠償の義務を生じうることになります（民法709条）。

他方で、仕事をする上でのミスはしばしば生じうるものです。これによって使用者に生じた損害をすべて労働者が賠償しなければならないとしますと、場合によっては労働者にとって過酷な負担となるおそれもあります。そこで、判例は、このような場合に使用者が労働者に対して損害賠償請求を行うこと自体は認められるとしつつも、損害賠償請求が可能な範囲について、事業の性格・規模・施設の状況、労働者が従事していた職務内容、当該労働者の賃金等の労働条件、日頃の勤務態度、加害行為の態様（過失や悪質性の程度）、労働者の行為による損害発生の防止や損失分散のための使用者の対応などの事情を考慮して決定するとしています。最高裁は、上記のような事情を考慮しつつ、「損害の分担の公平」の見地から、信義則上、相当の範囲に限って、労働者は賠償責任を負うとして、賠償の範囲（金額）を限定しているのです（茨城石炭商事事件・最1小判昭51.7.8参照）。

茨城石炭商事
事件

3 労働者の権利

労働者がその義務である労働義務を履行すれば、その対価としての賃金を請求する権利が発生することになります（⇒第2部第6章　賃金の規制も参照）。

関連して重要な問題の一つとして、労働者は「権利」として、使用者に対し実際に就労することを求めることができるか（就労請求権）という問題があります。

労働契約に基づき、労働者は労働する「義務」を負い、使用者の側が労働させる「権利」を有しているのが本来ですが、労働者が使用者に対して、自身を「就労させる」よう請求できるかについて、学説の考え方は分かれています。

これに対し裁判例は、業務の性質上、労働者が就労することに特別な合理的利益がある場合には就労請求が認められる余地もある旨を示したケースもある（レストラン・スイス事件・名古屋地判昭45.9.7）ものの、一般論として

は、労働者は就労請求権を有しないという立場を堅持しています（読売新聞社事件・東京高決昭33.8.2など）。

　しかし、近年、労働者のキャリア形成を重視する社会的な傾向が強まる中では、使用者は少なくとも労働者のキャリア形成に配慮すべきであり、これを毀損するような合理性のない就労拒否は認めるべきではないでしょう。

4　労働者の付随義務

　労働者は、労働契約に基づき労務提供義務を負いますが、これに加え、労働契約に付随するいくつかの義務を負うと考えられています。

（1）職場規律維持（企業秩序遵守）義務

　企業の組織的な性格から、労働者は企業で就労するにあたって、職場規律維持（企業秩序維持）義務を負うと考えられています（この問題についての詳細は⇒第2部第10章　懲戒177頁参照）。

（2）誠実義務

　労働者は、労働契約に基づき誠実に労働する義務を負いますが、これとは別に、使用者の利益を侵害しないようにする付随義務を負うと考えられています。こうした義務は、一般に「誠実義務」と呼ばれます。特に問題となるのは、競業避止義務についてです。また、兼業・副業の可否も問題となりえます（⇒第2部第10章　懲戒181頁参照）。

（3）競業避止義務

　競業避止義務とは、労働者が使用者と競合する業務をしない義務のことです。具体的には、同業他社での就労、及び使用者と競合する事業を自ら行うことが制約されます。この競業避止義務も、秘密保持義務と同様、労働契約に付随して信義則上当然に生じ、その違反は懲戒等の理由となりえます。

　もっとも、競業避止義務について、実際に問題となるのは、退職後の労働

者がこうした義務を負うかどうかという問題です。この点、退職後について
は、特約がない限り競業避止義務は生じないと考えられます。

　加えて、退職後の競業避止を定める特約については、労働者の（退職後の）
職業選択の自由を制約する性質を有することから、そもそもそのような特約
が有効となるのかが問題となります。この点、他方では、退職後の労働者の
競業行為を制約することについての使用者の利益・必要性も存在することを
考慮して、合理的な範囲内での競業避止特約については認められると考えら
れています。競業避止特約の合理性を判断するにあたっては、a)使用者にとっ
ての競業を制限する必要性の有無・程度、b)競業が制限される範囲（期間・
場所・職種）、c)競業制限に対する代償の有無・程度、d)在職時における労働
者の地位などが総合的に考慮されます（フォセコ・ジャパン・リミティッド
事件・奈良地判昭45.10.23判時624-78など）。

練習問題

> 就労請求権は、労働契約に基づく労働者の権利として認められるべきでしょう
> か。論じなさい。

参考文献

川口美貴「労働契約上の権利・義務—人権保障を内包した雇用・労働条件保障」日本労働
法学会編『講座労働法の再生〈第2巻〉 労働契約の理論』（日本評論社、2017年）

両角道代「キャリア権の意義」日本労働法学会編『講座労働法の再生〈第4巻〉 人格・平
等・家族責任』（日本評論社、2017年）

第4章

就業規則と労働条件の変更

レジュメ

1 企業における統一的画一的労働条件の変更

2 労働条件変更の合理性と周知

　（1）　労働条件決定と変更の際の合理性

　（2）　不利益変更の判例法理

3 就業規則改訂による不利益変更の合理性判断枠組み

　（1）　労契法による集約化

　（2）　就業規則では変更されないとの特約

　（3）　労契法11条所定の手続きと契約内容としての効力

4 個別合意を用いた就業規則による労働条件の不利益変更

5 変更解約告知

事例　私は60歳です。わが社は65歳定年です。最近会社は、能力主義賃金制度に変えることを表明し、60歳を超える従業員の賃金一律50%カットを明らかにしました。これによって若手の賃金は増えますが、高齢者でも働き次第で今よりも増えるといいます。会社は、不利益変更ではないといっていますが、無理です。時代の流れと諦めるしかありませんか。

1　企業における統一的画一的労働条件の変更

　企業における労働条件の統一的画一的決定については、すでに触れました（⇒第1部第2章　労働法の法源と労働条件の決定ルール）。

　ここでは、労働条件の変更の場合について考えてみます。

　労働条件は労使が対等な立場で決定するべきことから言えば、労働条件変

更も同様に、労使合意によるのが筋です。労契法8条もこれを確認しています。勤務地や職務内容といった労働条件が変更されるときも、この合意が基本です。この合意に、あらかじめの合意を含むかが問題です（⇒第2部第5章　人事―配転・出向・転籍・組織変更）。

　労働条件の変更合意ができないと解雇やむなしということになるでしょうか。これは合意を強制することになりますし、合意のないことが解雇理由になるかといえば、雇用の法的安定の見地から直ちには認められないでしょう（⇒第2部第11章　労働契約の終了）。

　労働協約を改訂して労働条件の変更がなされる場合もあります（⇒第3部第4章　労働協約）。不利益変更は容易ではないですし、改訂されないから解雇というわけにもいきません。

　そうなると、解雇回避を前提に、労働条件変更やむなしのルールを作る以外にありません。これが、就業規則改訂による労働条件不利益変更のルールです。

2　労働条件変更の合理性と周知

（1）労働条件決定と変更の際の合理性

　労契法は、使用者が労働者の同意なしに就業規則を一方的に変更することで労働者の不利益に労働条件を変更することはできないが、10条による場合はできるとしています（9条）。

　そして、労契法10条は、合理性と周知を要件として、(変更後の)就業規則で定める労働条件を労働契約の内容とみてよいと定めています。一見すれば、労働条件の決定（労契法7条）と変更（労契法9、10条）は同じように映ります。しかし、労働条件の決定と変更では事情が異なります。労働条件の決定（7条）では、異議をとどめて働き始めるということは考えにくいのに対して、不利益変更（9条・10条）の場面では、今のままがいいと明確に反対する労働者が出てくることは想定内です。つまり、不利益変更の場面では、これまでの労働条件が奪われるので、変更内容が合理的であるとして労働者が受け入れる

ことは考えにくいからです。ではどうして、合理性と周知の要件が、労働条件変更の場面でも設けられたのでしょうか。

(2) 不利益変更の判例法理

　ここに至るまでには多くの議論や判例の蓄積がありました。労働条件の決定の場合と同じです。

　リーディングケースである、秋北バス事件 (最大判昭43.12.25民集22-13-3459)は、概要以下の通りです。主任以上の職にあるものは55歳をもって停年とする旨の就業規則の改正 (新設)がおこなわれ、すでに55歳に達していることを理由として労働者に解雇通知をしました。その労働者はその条項に同意していないので、効力が及ばないと主張して雇用関係存続確認等を求めて提訴しました。最高裁は、①就業規則改訂による労働条件の一方的不利益変更は原則許されない、②ただし、労働条件の不利益変更に合理性が認められる場合は、反対する労働者の労働条件にも適用される、としました。その後、この合理性の具体的な要素として、変更の必要性、労働者の受ける不利益の程度、不利益を緩和する措置の有無、労働者への説得などが示され、就業規則改訂による労働条件不利益変更法理として定着していきました。

　労契法9、10条は、この不利益変更法理に加えて、改訂された就業規則の労働者への周知がなされていることを要件として、その変更内容が労働契約の内容であるとしてよいと定めたのです。

　ただ、次の点に、留意しておく必要があります。それは、この規定が合意原則の埒外にあることであり、法論理としては解決していないということです。すなわち、立法的に紛争解決ルールを示したにすぎません。

労働条件の不利益変更をめぐる裁判例
◎主任以上55歳定年制の新設。
　[秋北バス事件・最大判昭43.12.25民集22-13-3459　労働者側敗訴]

秋北バス事件

◎農協合併に伴う退職金規定改訂で退職金支給基準を変更。

　［大曲市農協事件・最3小判昭63.2.16労判512-7　労働者側敗訴］

大曲市農協事件

◎定年を55歳から60歳に延長。従前の定年延長（58歳）分の総収入を60歳まで支払うことに変更され年収減に。

　［第四銀行事件・最2小判平9.2.28労判710-12　労働者側敗訴］

第四銀行事件

◎55歳で賃金が25％から46％の減額によって高年齢労働者のみが不利益に変更された。そのほかに代償措置なし。

　［みちのく銀行事件・最1小判平12.9.7労判787-6　労働者側勝訴］

みちのく銀行事件

◎週所定労働時間を変えずに完全週休2日制導入するため、1日当たりの所定労働時間が25分延長となった。組合の同意を得られなかった。

　［函館信用金庫事件・最2小判　平12.9.22　労判788-17］

函館信用金庫事件

◎成果主義賃金が導入され、給与が3万ないし7万円強減少した従業員らが、役付手当や賞与等を含め旧賃金との差額を求めた事例で、国際化のもと将来の経営危機回避には改定が必要としつつも、2年で打切る減額に対する代償措置が不十分とされ不合理とされた例。

　［ノイズ研究所事件・横浜地川崎支判平16.2.26労判875-65　労働者勝訴］

　［同事件・東京高判平18.6.22労判920-6　労働者逆転敗訴］

3　就業規則改訂による不利益変更の合理性判断枠組み

(1)　労契法による集約化

①労契法9、10条

裁判例によって形成され定着した就業規則改訂による不利益変更法理です

が、それは労契法9、10条に明文化されました。

労契法9条は、(就業規則による労働契約の内容の変更)という見出しの下、「使用者は、労働者と合意することなく、就業規則を変更することにより、労働者の不利益に労働契約の内容である労働条件を変更することはできない。ただし、次条の場合は、この限りでない。」と、合意原則を維持し、労働者の不利益に変更する労働条件を就業規則改訂でおこなうことは「できない」と念押ししています。ただ、例外として、労契法10条を定めました。

労契法10条は、労働者にとって不利益な労働条件の変更が就業規則改訂を通しておこなわれる場合、例外的に②で述べる要件を具備したときに労働契約内容となるとしています。

② 変更の合理性判断枠組み

その要件は、(a)周知、(b)変更の合理性の二つです。

(a) 周知　労契法10条の周知は、労基法106条(⇒第1部第2章　労働法の法源と労働条件の決定ルール)に定められた「周知」より広く、知ろうとすれば簡単に知ることができる状態(実質的周知)とされています。

(b) 変更の合理性　労契法10条は、①不利益の程度、②変更の必要性、③変更内容の相当性、④労働組合との交渉の状況、⑤その他就業規則の変更にかかる事情、の五つの判断基準を定めています。各基準の内容は、個々の事案によって変わります。その意味では、判例の蓄積は今後も有益です。

なお、この合理性には、変更内容が当該労働者に適用することの相当性も含まれます。

判例では、第四銀行事件最高裁判決が、これまでの最高裁判例を集大成したといわれて、上記判断基準④との関係で、本判決を根拠に、多数組合との合意が重視される傾向にあるといわれてきました。

しかし、みちのく銀行事件で、最高裁は多数組合との同意があるにしても「同意を大きな考慮要素とするのは相当ではない」と判示しました。「高年層の行員に対しては、専ら大きな不利益のみを与える」ことは、適用の相当性を欠

くと判断しています。判断基準④は絶対ではないのです。

また、判断基準⑤には、労契法11条すなわち労基法89、90条の手続きも含みます。11条違反は合理性を欠く要素として重視されます。

③ 使用者の立証責任

この変更法理が労契法に規定された意義として、証明責任の所在がはっきりした点を挙げることができます。労契法10条に明記された合理性と周知の有効要件は、変更を必要とした者＝使用者が主張・説得するということです。説得できないと、責任を負って敗けになります。

(2) 就業規則では変更されないとの特約

労契法10条は、但書で「労働契約において、労働者及び使用者が就業規則の変更によっては変更されない労働条件として合意していた部分については、第12条に該当する場合を除き、この限りでない」として、就業規則の最低基準効を下回らないことを条件に合理的不利益変更がきかない労働条件の設定を認めています。もっとも、特約を上回る変更はそれが最低基準効となりますから、それを下回る特約の効力は失われます。

(3) 労契法11条所定の手続きと契約内容としての効力

就業規則の変更は、労契法11条によって、労基法90条に定める過半数代表の意見を聴取したうえで、同法89条の定めに従って行政官庁に届出なければ、事業場内労働条件の最低基準（最低基準効、労基法93条、労契法12条）とは認められません。過半数代表の意見聴取と不十分ながら集団的に労働者の意思を表明する機会が保障され、第三者によるチェックがあるからです。個別労働関係における非対等性・非対称性を不完全ながら法の視野に入れて、労働条件労使対等決定（変更）への配慮を示しているからです。

したがって、労契法11条所定の手続きをとらずに、不利益変更された労働条件には、最低基準効は認められません。その結果、契約内容となる効力も

認められません。同条の手続きを履践して初めて、契約内容もまた変更されることになります。

　ただ、この11条を単なる手続規定であるとして、最低基準効の有効要件ではないとする見解もあります。その場合、変更された労働条件の最低基準効は、周知を満たしていれば認められることになります。労働者代表の意見が労働条件に及ぼす影響は弱くなり、最低基準効の変更は使用者の意思で容易できるようになります。それへの歯止めとしての最低基準効の意義は無意味化します。

　このことはさらに、契約内容となる効力にも影響します。就業規則改定による労働条件変更が個別の合意に向かい、変更は労働者の集団的意思からますます乖離し、容易に使用者の意思が通るからです。この点を考えると、労契法11条を手続規定であるとする見解に賛同できません。強いて、手続規定であるとしても、集団的に労働者の意思を考慮する仕組みは、変更の合理性判断枠組みには残しておくべきです。すなわち、11条を履践しない就業規則改訂による労働条件の不利益変更は、合理性判断基準⑤を欠き、契約内容とはならないと考えるべきです。

4　個別合意を用いた就業規則による労働条件の不利益変更

　就業規則による労働条件の不利益変更について労契法10条のほかに、労契法9条の反対解釈、すなわち労働者が個別に就業規則改訂に合意すれば、労働契約の内容とすることができるか問題になりました。

山梨県民
信用組合事件

　判例では、山梨県民信用組合事件最高裁判決（最2小判平28.2.19労判1136-6）があります。事案は、合併に伴う退職給与規程の退職金支給基準の変更です。変更内容は主に、旧規定よりも支給総額を半額以下とするなどで、中には、退職金が0円となる者、合併後の在職期間の退職金分が支払われなくなる者がでました。使用者は説明文書を作成し、各支店で支店長が読み上げ、「職員説明についての報告書」にある「新労働

条件による就労に同意した者の氏名」欄に署名させました。労働者側は、これについての効力を争い、退職金の差額を請求しました。

最高裁は、変更の効力を認めた高裁判決を破棄差戻しました（差戻審：東京高判平28.11.24労判1153-5　労働者側勝訴）。その論旨は以下です。

労契法9条の反対解釈については、容認しました。ただし、労働者は指揮命令に服すべき立場に立ち、自らの意思決定の基礎となる情報を収集する能力にも限界があるから、同意の有無は慎重に判断されるべきであるとしました。

そのうえで、同意の有無は、①受け入れる旨の労働者の行為の有無だけでなく、②労働者の自由な意思に基づくものと認めるに足りる合理的な理由が客観的に存在するか否かという観点からも判断されるべきであるとしました。その客観的合理的理由の判断要素として、ア）不利益の内容及び程度、イ）労働者が同意するに至った経緯および同意の態様、ウ）同意に先立つ労働者への情報提供または説明の内容などを示しました。

これらの要素を本件に適用して、本件は0円の者がいるなど著しく均衡を欠く内容であったことや、情報提供も足らないなどを理由にして、高裁判決を破棄して差戻ししました。

こうして、山梨県民信用組合事件で、最高裁は労契法9条の反対解釈を認めたのですが、その一方で、労契法9・10条に文言のない合意の存否に関する判断基準を示しました。つまり、労使関係や情報収集能力に関する労使間の非対等性・非対称性を認めて、労働者の同意が労働者の自由意思による行為であることを客観的に立証することを使用者に求めました。

なぜ、こうまでして、就業規則改訂による労働条件の不利益変更法理を、労契法9条の解釈論によって構築しようとしたのでしょうか。労契法10条に定める不利益変更の合理性およびその判断基準と遜色ない解釈基準を立ててまで、反対解釈を認容する意義はあるのでしょうか。

5　変更解約告知

会社組織改編などで、勤務先の支店を閉鎖したり、今までの職務を統廃合

したりすることがあります。こうした場合、配転などの人事異動（⇒第2部第5章　人事―配転・出向・転籍・組織変更）で個別に対応することもありますが、人員整理を視野に入れて労働条件を変更することを申し入れることが行われたりもします。変更申入れに対する労働者の拒否が解雇の合理的理由になるとすれば、使用者にとっては、労働者の拒否、承諾いずれでも、スムーズな会社組織改編が期待できます。しかし、労働者にとっては、労働条件の不利益変更か、解雇か、いずれも認めがたい選択を強いられます。

　労働条件変更に応じない場合、解約を告知する（解雇する）ので、「変更解約告知」といわれます。

　元来はドイツ労働法上の法理です。ドイツでは、この問題について立法的解決がなされています。「留保付承諾」と呼ばれるものです。その考え方とは、労働条件変更の申入れが社会的に不当でないならば、と、いったん留保して、受入れる、つまり承諾して変更内容に応じた就労をするというものです。裁判所が変更内容の合理性や相当性を審査します。その間は解雇の効力は停止します。妥当な変更とされれば、労働者もそれを受入れて就労を続けることになりますし、不当と裁判所が判断すれば、その変更解約告知は無効となり、従来の労働条件で就労することになります。

　日本では、東京採用のフライトアテンダントをパリに移籍させる際に変更解約告知がなされ、配転および解雇の法理が適用され、解雇不当とされた例があります（エールフランス事件・東京高判昭49.8.28労判210-49）。また、航空事業の再編で東京支社の人員を大幅に削減したのち、残った労働者について、雇用形態を含む労働条件の根本的な変更を企図して実施された合理化案について、これに応じるよう促すとともに解雇予告を行い、応じなかった労働者を解雇した事案で、変更解約告知の問題と捉えて判断し有効とした例（スカンジナビア航空事件・東京地決平7.4.13労判675-13）やホテル配膳人の賃金計算方法の変更につき、変更解約告知が用いられた例（日本ヒルトンホテル事件・東京地判平14.3.11労判825-13）などがあります。

　変更解約告知を解雇法理の問題と捉える見方があります。しかし、日本で

は、解雇法理が労契法16条で明文化されています。たとえば、配転に異議をとどめて就労していれば解雇にはできませんし、その命令の当否を争うこともできます。このように変更解約告知の問題は、労働条件変更の当否を争う問題と考えるのが妥当です。

練習問題

> わが社では、会社の存亡をかけて、今までの年功制処遇制度を抜本的に改めて、成果主義処遇制度を全面的に導入することが決まりました。会社はこれを、就業規則の改訂によって実施すると、すべての従業員に対して提案しました。私たちは労働組合を交えて反対を表明していますが、会社は、賛同する従業員だけにでも適用して、ゆくゆくはこの改訂に同意しない従業員は解雇することも考えていると表明しています。こんな解雇はできるのでしょうか。

参考文献

山下昇「就業規則と労働契約」、新屋敷恵美子「合意による労働契約の変更」、石田信平「就業規則の変更による労働条件の不利益変更」、いずれも日本労働法学会編『講座労働法の再生〈第2巻〉 労働契約の理論』（日本評論社、2017年）所収

第5章

人事―配転・出向・転籍・組織変更

レジュメ

1 人事と法
- （1） 人事考課・査定と昇進・昇格
- （2） 人事異動

2 配転（配置転換、転勤）
- （1） 業務命令は合意の範囲
- （2） 配転
- （3） 配転命令権の濫用
- （4） 通常甘受すべき程度を著しく超える不利益

3 出向（在籍出向）
- （1） 予めの合意
- （2） 出向命令権の濫用
- （3） 出向中の労働関係
- （4） 復帰命令

4 転籍（移籍、移籍出向）
- （1） 個別の合意が必要
- （2） 転籍拒否と解雇

5 組織変更
- （1） 合併
- （2） 事業譲渡
- （3） 会社分割

事例　　大卒勤続10年のAさんは、過去に何度か経理、総務など部署を変わる異動を経験しましたが、このたび遠方への転勤を打診されました。Aさんには共働きの配偶者のほかに就学前の子供がいます。Aさんはこれを断りたいのですが、会社は単身赴任手当を支給す

るからと異動を迫ります。拒否するとどうなるか心配です。

1 人事と法

　企業での従業員の地位の決定を人事といいます。企業にはそもそも、従業員の地位を一方的に決定する権限があるといわれます。この権限を人事権といいますが、法的に当然あるといえるでしょうか。労働関係は契約関係です。労働者が特に委ねたといえる場合にしかありえません。

(1) 人事考課・査定と昇進・昇格

　企業では、一般に、従業員の企業貢献度や勤務態度を評価し、処遇に反映させます。これを人事考課といい、その評価を査定といいます。査定の結果、係長や課長という地位に就く資格が決まります。

　この資格の上昇を昇格、下がることを降格といいます。係長や課長に就任することを昇進といいます。逆は、降職などといいます。昇格によって賃金等級が上昇し給与が上がることを昇給といいます。さらに、係長等の役職に就くと手当がつくのが一般的です。

　人事考課や査定について、使用者に権限が認められるとしても、自由勝手に決める権限が認められるわけではありません。職務遂行上の能力判定ですから、信義則に則る義務があります。

　昇進や昇格はあまり法的問題にはなりません。しかし、降職や降格は、労働者にとって不利益ですから、法的問題になり得ます。裁判例では、労働契約上の根拠が必要であるとして、降格を認めなかった例があります（アーク証券（本訴）事件・東京地判平12.1.31労判785-45）。

　不当な動機や差別的取扱いと判断される場合には、裁量権の濫用となり無効です。また、不当な動機や差別取扱いで、昇進させないことも問題になります。男女差別事件で、差別的取扱いが認定されて昇給は認められましたが、昇進は使用者の裁量行為であるとして認められなかった例があります（芝信用金庫事件・東京高判平12.12.22労判796-5）。

(2) 人事異動

　配転とか出向、転籍といった人事異動は、出張など臨時的ではなく、長期に労働者を確保するために職場や仕事内容を定期的に変更する制度として生まれ（配転）、企業の発展とともに系列企業や関連企業への異動（出向、転籍）としても実施されてきました。近時は長期安定雇用の見直しがいわれますが、人事異動は従業員を効率的に働かせるうえで欠かせません。

　使用者は、人事異動を円滑に実施するため、業務命令と捉えます。命令違反を理由とした解雇や懲戒処分が背景に控え、うまくいくと考えるからです。

　しかし、労働者生活の中には、会社の意向に従えない事情が生じます。たとえば、育児や介護などで単身赴任ができず、会社を辞めてしまうことがあります。そうでなくても、働く場所や仕事内容、ひいては上司が変わります。労働条件は、就業規則など集団的決定によることが多いのですが、勤務地や仕事内容は個別です。使用者が一方的に決めることは、労働者の契約意思や、労基法・労契法上の労働条件労使対等決定原則に抵触します。人事異動は、法的問題なのです。

　人事異動の呼称や意味するところは会社により違いますが、配転（配置転換、転勤）、出向（在籍出向）、転籍（移籍、移籍出向）といいます。

　配転は、同一会社内での異動です。出向や転籍は系列企業や関連企業等の他の企業との間での異動ですので、使用者が変わります。この点が配転と大いに異なります。出向は系列や関連企業から元の企業に戻ることを前提としますが、転籍は元の労働契約を終了して新しい契約を締結する点で出向とは異なります。

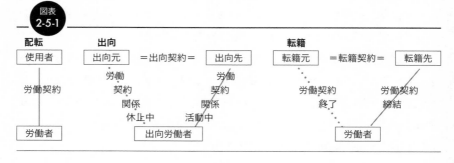

図表 2-5-1

2 配転（配置転換、転勤）

(1) 業務命令は合意の範囲

　勤務地や仕事内容は労使合意によって決まる労働条件です。使用者が簡単に業務命令権として行使できるとはいえません。たとえば、勤務先は首都圏と合意したのに大阪に赴任せよというのは理不尽と感じます。それは、労働契約で勤務先の範囲を決めたからであって、それを超える業務命令権は生じないからです。

　このように、労使合意の中身によって業務命令できる範囲は決まります。この範囲を超える命令は、法的には業務命令権の行使ではなく、労働条件変更の申入れです。労働者はこれを拒否することができますし、拒否したからといって解雇や懲戒処分をすることは、解雇権や懲戒権の濫用であって無効です。しかし、たとえば事業を縮小せざるを得ず、労働者をこれまでどおりの仕事でこれ以上雇えないような場合には、解雇（整理解雇）はありえます（⇒第2部第10章　懲戒、第11章　労働契約の終了）。

(2) 配転

　長期安定雇用を実現するには、従業員の適正配置や人事交流は欠かせません。企業は、長期安定雇用の対象である正社員の採用に時間をかけます（⇒第2部第1章　採用・採用内定・試用）。そして、正社員には勤務地や仕事内容を決めず、就業規則などで業務上の都合により配転を命ずる旨を定めて、配転を広く実施しているのが実情です。

　最高裁は、このような実情を背景に、①大卒定期採用で、②就業規則等に業務上の都合により配転を命じる旨の定めを設け、③実際に広く運用されている場合には、使用者に配転命令権があると判断しました（東亜ペイント事件・最2小判昭61.7.14労判477-6）。

　労契法のもとでは、就業規則の包括的な配転条項が合理的であれば、契約内容として配転命令権が使用者にあるというわけです（労契法7条）。

東亜ペイント
事件

(3) 配転命令権の濫用

使用者に配転命令権がある場合でも、その濫用は許されません。労契法は、権利の濫用を戒めていますが（3条5項）、これは権利行使の大原則です（民法1条3項）。濫用と判断されると、その行為は無効となり、損害賠償請求の対象にもなります。配転命令は個別労働者の事情を考慮して慎重であるべきです。

判例では、濫用判断について、以下の基準を掲げています。ア）業務上の必要性があるか、イ）業務上の必要性があっても、不当な動機・目的はないか、ウ）業務上の必要性が認められても、労働者が通常甘受すべき程度を著しく超える不利益を課していないか、の三つです。

ただ、ア）の業務上の必要性は、余人をもって代え難いほどの必要性ではなく、人事交流、スキルアップ、事業拡大など、事業運営上の必要性があれば足りるとされています。これでは、事業上の都合で、何でも認められます。例外的に業務上の必要性を認めなかった例には、NTT東日本（北海道・配転）事件（札幌地判平18.9.29労判928-37）があります。しかし、これも、札幌高裁は地裁判決をひっくり返してしまいました（平21.3.26労判982-44）。

イ）の不当な動機・目的の具体例としては、セクハラ被害者が労働局雇用均等室に相談するなど話を大きくしたとして、その責任をとらせるために不利益処分を課す目的として配転を命じたことが無効とされた例などがあります（名古屋セクハラ（K設計）事件・名古屋地決平15.1.14労判852-58）。

ウ）も問題です。項目を新たにして述べます。

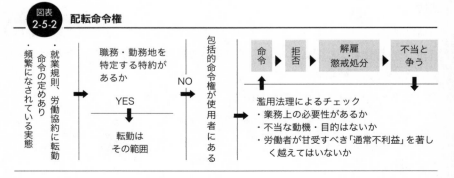

図表 2-5-2 配転命令権

(4) 通常甘受すべき程度を著しく超える不利益

配転命令権の濫用と判断されるためには、「通常甘受すべき程度を著しく超える不利益」でなくてはなりません。では、何が通常甘受すべき程度の不利益なのでしょうか。

最高裁は、前掲・東亜ペイント事件で、単身赴任程度では通常甘受すべき程度を著しく超えるものではないと判断しました。では、単身赴任のレベルを超える不利益とは何でしょうか。下級審では、家族が重い病気を患い、その看護や介護をしつつ家計を支えている労働者になされた、単身赴任を余儀なくさせる配転命令が、濫用に当たるとされた事例があります（北海道コカ・コーラボトリング事件・札幌地決平9.7.23労判723-62、ネスレ日本事件・大阪高判平18.4.14労判915-60）。

単身赴任に伴う経済上の不利益に考慮して、別居手当や帰宅の旅費の支給を判断要素とする裁判例もあります。また、結論は濫用ではないとされましたが、単身赴任によって受ける経済的・社会的・精神的不利益を軽減、回避するために社会通念上求められる措置を講じる配慮義務があるとした例もあります（帝国臓器製薬（単身赴任）事件・東京地判平5.9.29労判636-19）。

他にも、育介法26条の趣旨を踏まえ、重い皮膚炎に苦しむ子供の看病を理由に、単身赴任を余儀なくする配転命令を拒否した労働者に対して、配転命令を強制する態度が、配転命令権の濫用になるとした例もあります（明治図書出版事件・東京地決平14.12.27労判861-69）。

人生には今しかできないことがあります。労働者にとってそれが重要であれば、退職してでも守るでしょう。事実、介護で会社を退職する者もいます。会社は貴重な労働力を失っていることに思いを致すべきです。

3 出向（在籍出向）

出向には、在籍出向と移籍出向があるといわれます。法的検討に際しては、出向は前者の在籍出向を指して、移籍出向は4の転籍として区別しています。

出向（在籍出向）は、①出向前の元の企業に籍を残して、②出向先企業と出

向元企業の間で使用者としての権利義務の調整を行う出向契約を結び、③出向契約の内容に従って、④一定期間、出向労働者と出向先企業が労働契約を結んで、出向先の指揮命令に従って働く関係です。出向は配転と異なり、指揮命令権者たる使用者が一定期間とはいえ変わるのです。

　指揮命令権は、労働契約によって発生します。指揮命令に服することは、労働者の同意なしにはありえません。民法も労働契約上の一身専属性を定めて、このことを確認しています（625条1項、日東タイヤ事件・最2小判昭48.10.19労判189-53）。

(1) 予めの合意

　この労働者の同意に関して、最高裁は当初、一身専属性を認め、労働者の同意に特段の根拠が必要であるとし、就業規則に定めを設ける場合でも出向義務を明確に規定することを求めていました。しかし、その後、就業規則で、出向先を明確にし、出向期間や身分、処遇などを明確にした規定を設ければ、個別に合意を得なくとも出向義務があるとの姿勢に転じています（新日本製鐵（日鐵運輸第2）事件・最2小判平15.4.18労判847-14）。

　こうした出向の特徴を考えると、出向期間の定め、復帰の明確化、復帰後の勤続年数のカウントなどの処遇、出向中の労働条件などが明確であることが求められます。さらに、出向の時期や出向先次第で労働者の意思も変わります。この点に関する丁寧な判断が重要です。

新日本製鐵
（日鐵運輸第2）
事件

(2) 出向命令権の濫用

　出向命令権が認められるにしても、その濫用が許されないのは当然です（労契法14条）。業務上の必要性がなく、動機目的が不当であることなどは、出向命令権の濫用になります。

(3) 出向中の労働関係

出向中、労働者は出向先の業務命令に従って働きます。とはいえ、出向元との労働契約は存続しています。出向先と出向元との間の出向契約によって違ってきますが、出向元にも一定の義務と権利があります。出向中は出向元と出向先と二つの企業と労働契約が結ばれていることになりますが、それらがバッティングせず、かつ使用者の責任に空白が生じないよう、生じても両者の間で調整して労働者に犠牲を強いることがないよう、調整されるべきです。出向の利益はもっぱら使用者側にあり、労働者側には昇進などの淡い期待があるかもしれませんが、指揮命令権者＝使用者を変える事情はないからです。

(4) 復帰命令

出向は、出向期間満了で終了し、労働者は出向元に復帰します。復帰させずに新たな出向先に出向を命じることは、復帰という出向命令の構成要素に反します。出向命令権の濫用になります。また、期間満了時に復帰命令を出さなくても、出向時に明確にされた復帰の場所に戻ります。

出向時に明確にされた内容に従って復帰は果たされます。特段の事情がないかぎり、労使ともにそれによります（古河電気工業・原子燃料工業事件・最2小判昭60.4.5労判450-48）。

古河電気工業・
原子燃料工業
事件

4　転籍（移籍、移籍出向）

(1) 個別の合意が必要

転籍は、移籍出向ともいわれます。転籍は、転籍元企業との労働契約を解消して、転籍先企業と新たな労働契約を締結することです。転籍は、配転や出向とは性質が全く異なり、労働者が使用者の業務命令としての転籍命令を予め同意していることは想定されません。労働者は転籍元の企業を辞めるのですから、労働者の意思はその時になってみないと決められないからです。先述の労働関係の一身専属性（民法625条1項）から、労働者の個別合意の必要性が全面的に肯定されます。

したがって、就業規則や労働協約の定めを根拠に、転籍を命じることはできませんし、転籍の必要が生じたときに、その都度合意が必要です（ミロク製作所事件・高知地判昭53.4.20労判306-48）。この場合、転籍元企業との解約の合意と、転籍先企業との労働契約締結の合意の両方必要です。また、転籍先が特定され、転籍先の労働条件が以前と同じであって、転籍する可能性が高いとしても、合意があったことにはなりません（三和機材事件・東京地決平4.1.31判時1416-130）。

(2)　転籍拒否と解雇

　転籍拒否を理由に解雇されることがあります。経営不振で事業縮小を計画している場合などです。その解雇が直ちに正当化されることはありません。整理解雇法理による検討が求められます（千代田化工建設事件・横浜地判平元.5.30労判540-22　⇒第2部第11章　労働契約の終了）。

5　組織変更

　企業活動が活発化して、合併や事業譲渡（営業譲渡）が盛んになり、会社法が制定され（2005年）、会社分割という簡便な事業再編の手法もできました。こうした組織再編は、労働者の雇用に影響を及ぼします。

(1) 合併

　複数の企業が合体することを合併といいます。一つの企業が存続する吸収合併、新規の会社を立ち上げる新設合併があります。いずれの場合も、財産や事業は合併後の会社に包括的に承継されます。

　組織再編については、従業員もまた包括的に継承されると考えられます。つまり、民法625条1項の適用は排除され、労働者の個別的合意を待つことなく新企業の従業員と扱われます。元企業はなくなるので、異議ある労働者は、退職する他ありません。

(2) 事業譲渡

　事業譲渡は、営業目的のために財産を一部、新たな経営主体に譲渡して事業を継承する行為です。この際に、その部署にいる従業員をどう処遇するか問題となります。どう処遇するかは、個々に決める（特定承継）というのが多くの裁判例の考え方です。しかし、労働者の同意なしには移れません（民法625条1項）。譲受企業に移ったと扱った譲渡会社に対して、同意をしていないとの労働者の主張が認められ譲渡会社との雇用関係が認められた例があります（マルコ事件奈良地葛城支決平6.10.18判タ881-151）。

　譲渡対象事業に従事してきた労働者が事業譲渡を機に譲受企業に移動を希望することがあります。この場合は黙示の合意を介して、雇用継承を認める傾向にあるといわれています。

(3) 会社分割

　M&Aなど企業再編が活発化したことを受けて、2000年に商法改正がなされ（その後、会社法制定）、会社の全部または一部を分割して他の会社に承継する「会社分割」制度が生まれました。会社分割は、債権者の同意を不要とするなど、事業譲渡に求められる手続きを簡素化しました。また、分割に必要な資金調達も、新設会社の株式発行を認めるなどして容易になりました。

　労働者の処遇も会社分割を成功させるには重要です。商法改正時に、「会社分割に伴う労働契約の承継等に関する法律（労働契約承継法）」が制定され、分割され承継される事業に主として従事する労働者は、その意思を問わずに労働契約が承継される取扱いにして、浮上する問題を整理・調整するようにしました。たとえば、分割会社（分割をする会社）は労働者や労働組合に対して労働契約の承継に関する事項等を通知し、一定の期間（最低2週間）を設けて異議の申出を受付けることが求められます。承継される事業へ主として従事する労働者が、それに反して残留対象とされ、これに対して異議の申出を行ったときには、労働条件が維持されたまま、労働契約が承継することになります。異議の申出は、労働者の権利ですから、会社がこれを理由とした解雇等の不利益な

取扱いをすることは許されません。しかし、承継される労働者が、移動を拒否する場合、その意思を尊重して保護する方途は十分ではありません。民法625条1項の適用がなく、労働者は拒否できないと解されているからです（日本アイ・ビー・エム（会社分割）事件・東京高判平20.6.26労判963-16）。

図表 2-5-3　会社分割における労働者保護のための手続の流れ・概要

手続の流れ

```
┌─────────────────────────┐ ┌─────────────────────────────────────┐
│ 労働者の理解と協力を得る努力 │ │ 労働協約の債務的部分の承継に関する労使同意 │
└─────────────────────────┘ └─────────────────────────────────────┘
```

労働者との協議

分割会社は、労働契約の承継の有無や業務の内容等について、下記の通知を行う日までに十分な時間的余裕をみて労働者と協議することが必要です。

労働者・労働組合への通知

労働者・労働組合に対して、労働契約の承継の有無や業務の内容等や異議申出を行うことができること等の会社分割に関する事項を通知することが必要です。

該当労働者による異議の申出

労働者に対して、労働契約の承継の有無について通知日から最低2週間を確保して異議の申出の機会を設けることが必要です。

労働契約の承継・不承継

図表 2-5-4　労働者の区分と労働契約の承継

		分割契約への記載の有無	通知の有無	異議申立権の有無	異議申立権行使	継承会社に継承
継承事業に主として従事する労働者		有	有	有	行使	有
		なし	有	有	不行使	無
その他の労働者		有	有	有	行使	有
		無	無	無	不行使	無

練習問題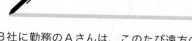

製造業Ｂ社に勤務のＡさんは、このたび遠方の新規開発事業の本部へ総務主任としての異動を内示されました。その本部は近く分社化され子会社になることが決まっています。

Ａさんには介護が必要な家族がいます。総務主任は他の人でも十分に果たせる職務です。Ｂ社に残留したいと思っています。

そこでＡさんは、内示を断わりました。ところが、異動の辞令が出されました。Ａさんはこの異動を拒否すれば、何か不利益を被ることがありますか。

参考文献 ─────────

小畑史子「使用者の人事権と労働者の職業キャリア・個人の生活および事情」、成田史子「企業変動・企業倒産と労働契約」、いずれも日本労働法学会編『講座労働法の再生〈第2巻〉労働契約の理論』（日本評論社、2017年）所収

—— 第**6**章 ——

賃金の規制

事例　　学生です。アルバイトを始めました。仕事が面白くないので、2週間で辞めました。すると店長が、「賃金は払わない。君を雇う経費も掛かったから、罰金を払ってもらう」と言うのです。そんなのありですか。

1　日本の賃金制度

　指揮命令に従って働いた報酬としての賃金に関心を寄せるのは、使用者と労働者ばかりではありません。労働法も重大な関心を寄せています。どうしてでしょうか。それは賃金の決まり方にあると思います。

　賃金は重要な労働条件の一つです。労働条件は、労使の対等な立場で決定すべきであり、賃金もまた同じです（労基法2条、労契法3条）。しかし、個別的労働関係は、非対称・非対等であり、使用者優位です。また、企業にとって賃金は人件費コストですから、抑制的です。他方、労働者には賃金は生活費ですから、高くと期待します。こうして賃金の法的問題が生じます。

(1)　賃金制度

　賃金制度は法的問題理解と妥当な解決の発端です。高度経済成長のもとでは、年齢や勤続年数に応じて上昇する年功的賃金制度が主でした。

　日本が少子高齢化人口減社会になり、世界ではグローバル化や急速なイノベーションが進行するなか、年功制賃金制度を維持することが困難になってきました。能力・成果主義的要素を考慮した賃金制度改革が試みられるよう

になりました。

能力・成果主義賃金制度は、一般的に労働者の能力を重視するとし、成果または業績を査定・評価して賃金額を決定します。このため労働者と企業の個別交渉、人事考課部分が多くなりました。

(2)　賃金の構成

日本の賃金は、一般には、毎月支払われる基本給と住宅手当などの諸手当で構成される月例賃金と、これとは別の賞与・退職金などの特別賃金からなっています。月例賃金には、基本給や諸手当から構成される所定内賃金のほかに、残業手当などの所定外賃金も入ります。月ごとに支払われるといっても、月ごとの勤務評価で決まる月給制と時間や日単位で決まった賃金を月ごとに支払う日給月給制があります。

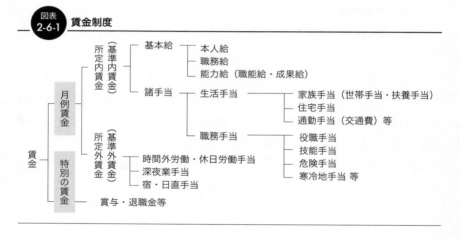

図表 2-6-1　賃金制度

2　賃金の基本原則

ここでは、賃金自体の原則について述べます。男女同一賃金原則や同一労働同一賃金原則は均等待遇原則から導かれますから、それぞれの項を見てください。

(1) 賃金後払いの原則

　賃金は、労働に対する報酬として支払われます。労働者は、特別に定めない限り、労働した後でなければ賃金を請求できません（民法624条1項）。これを、「賃金後払いの原則」といいます。働いた後でなければ、賃金を具体的に請求できませんから、そうなのでしょう。

　通勤定期代とか家族手当とかの諸手当にはあまり意識されません。

(2) ノーワークノーペイの原則

　労働者が働かない限り、賃金の請求権が発生しないということを、「ノーワークノーペイの原則」といいます。しかし、債権者（使用者）に帰責事由のある不就労については別です（民法536条2項　⇒6（3）休業手当）。

　勤務時間途中で使用者に帰責事由のない事情で仕事ができなくなったときや、契約期間の途中で契約が終了したときは、労働者は働いた割合に応じて賃金を請求できます（民法624条の2〈新設〉）。

　ノーワークノーペイの原則は、従来は、労働者がストライキをした場合の賃金カットの範囲に関わって議論されました。労働者は、労働義務のある時間に不就労するのですから、賃金請求権は発生しません。ただ、そのノーペイの範囲が問題となりました。日本の賃金制度には、具体的な労働に関する部分以外の諸手当があるからです。どこまでかは労働協約や労使慣行に照らして判断されます（⇒第3部第5章　争議行為）

(3) 賃金債権の消滅時効

　いつまでも請求しないと賃金請求権は消滅してしまいます。改正前の民法は、「使用人の給料」については、短期消滅時効で1年（民法174条）と定められていました。労基法は、それを踏まえて賃金は2年、退職手当は5年としてきました（115条）。

　2017年の民法改正（施行2020年4月1日）で、民法174条は削除され、債権の消滅時効は5年とされました。それに伴い、2020年労基法が改正され、

賃金債権の時効を5年と定め、当分の間は3年となりました。退職手当の時効は変わりません（厚労省労働局「2020年改正労基法等に関するQ&A」令和2年4月1日）。

3　賃金を規制するにあたって

（1）　規制の対象となる「賃金」

　労働者にとって賃金は、生活の糧として重要です。労働法は人間らしい生活実現の観点から、契約自由に委ねるのではなく、規制の下に置きます。したがって、規制対象となる賃金とは何か、定義が必要になります。

　労基法は、賃金を「賃金、給料、手当、賞与その他名称の如何を問わず、労働の対償として使用者が労働者に支払うすべてのものをいう」（11条）と定義します。名称かを問わないのは、法の実効性を確保するためです。

　「労働の対償」とは、具体的労働に対応する部分より広く、家族手当などの具体的労働に対応しない部分も含みます。日本の実情に対応しているのです。

　そこで、実務上、「賃金」にあたらない基準で賃金か否か判断されています。

 賃金の判断基準
図表2-6-2

賃金となるもの
　下記以外の使用者が労働者に支払うすべてのもの

賃金とならないもの
　① 使用者が支払わないもの … チップなど
　② 任意的恩恵的なもの……… 結婚祝金、死亡弔慰金など（ただし、労働契約、就業規則、労働協約などで予め支給条件が明確になっているものを除く）
　③ 福利厚生給付など…………住宅の貸与など（ただし、住宅を貸与する場合に、住宅の貸与を受けない者に均衡上一定額の手当を支給している場合を除く）
　④ 企業の用意する備品……… 制服、作業着など
　⑤ 業務遂行の必要経費……… 出張旅費など

　後に触れる賞与や退職金は、労基法では就業規則の相対的必要記載事項に位置づけられます（89条）。この場合、労基法の規制対象になります（賞

与：大和銀行事件・大阪高判昭56.3.20労判399-1、退職金：後掲・伊予相互金融事件）。ただ、それは任意的性格が薄れ、義務的性格を持つからで、「恩恵的な」意味が完全に否定されるとはいえません（伊予相互金融事件・最3小判昭43.5.28判時519-89）。

伊予相互金融
事件

（2）出来高払制の保障給

　賃金が、作った物の数量や売上額に応じて支払われる場合があります（出来高払制）。たとえば、客の多寡によってタクシー運転手の収入が大きく上下するといった、労働者の責に帰すべきでない事由による賃金の上下は、賃金が生活の糧である点を軽視しています。労基法は、この点をとらえて、生活費として労働時間に対応した一定の賃金が保障されるべきことを定めています（27条）。本条は、成果主義賃金にも及ぶと考えるべきです。

（3）平均賃金

　平均賃金とは、技術的概念です。平均賃金は、労基法が労働者の生活保障をするため、使用者に支払いを義務づけた給付（解雇予告手当、休業手当、年次有給休暇手当など）について、その額を算定するために使います（12条）。算定に際しては、慶弔金などの臨時的なものや、夏季・年末の賞与は算入されません。算定方法は、算定すべき事由の発生日以前の3か月間の賃金を、その期間の総暦日で除して算定されます（12条1項）。

（4）基準内賃金

　使用者は、時間外・休日労働をした場合に割増賃金を支払わなくてはなりません。それを算定する基礎となる賃金のことを、基準内賃金といいます。
　割増賃金の基礎は、所定労働時間の労働に対して支払われる1時間当たりの賃金です。各種手当も含めた賃金の場合、個々の労働者の事情に基づいて支給されている手当も多くあります。そこで、労基法は、基準内賃金から除

外することができる賃金を列挙しました（労基法37条5項、労基則21条）。

　列挙されているのは、ア）家族手当、イ）通勤手当、ウ）別居手当、エ）子女教育手当、オ）住宅手当、カ）臨時に支払われた賃金、キ）1か月を超える期間ごとに支払われる賃金です。なお、これらの名称を付けたから除外できるのではありません。内容です。

4　賃金額への関心―最低賃金

　賃金額は労使で決めるものです。しかし、放任すると、使用者優位の労働関係ですから、生活に支障が出る、低賃金なってしまいかねません。

　賃金の最低基準の設定は、大きな課題でした。日本の最低賃金制度は法律によって作られました。

　最低賃金は、労基法規定を置くことから始まり、その後、実効性ある最低賃金法が制定され、数次の改正、2007年大改正を経て現在に至っています。

(1)　最低賃金法の意義

　第一に、使用者は最賃額以上の賃金を支払わなくてはなりません（最賃法4条1項）。最賃を下回る賃金を定める労働契約は、その部分が無効となり、無効となった部分は最賃額によって埋められます（4条2項）。最低賃金額は、時間単位で定められます（3条）。

　第二に、最低賃金は、雇用形態に関わりなくすべての労働者に適用されます。なお、一般の労働者より著しく労働能力が低いなどの場合、最低賃金を一律に適用するとかえって雇用機会を狭めるおそれなどがあるとして、都道府県労働局の許可を条件に、最低賃金を減額できる特例があります（7条）。その対象は、障害により著しく労働能力の低い者や、試みの試用期間中の者、基礎的な技能等を内容とする認定職業訓練を受けている者のうち厚生労働省令で定める者、軽易な業務に従事する者、断続的労働に従事する者です（7条各号）。

　第三に、最賃法違反に対しては刑罰が適用されます（40条）。

　なお、船員の最低賃金に関しては、特例で、国土交通省の下で実施されて

います（35条）。また、派遣労働者は、派遣先の事業所在地の最低賃金額が適用されます（13、18条）。

（2）　最低賃金の種類と決まり方

（a）地域別最低賃金

　地域別最賃は、都道府県単位の最賃です。最賃額は、労働者の生計費や賃金、通常の事業の賃金支払能力を総合的に勘案して決定されます（最賃法9条2項）。生計費を考慮するに際しては、2007年改正により、生活保護費を下回らない、社会保障との整合性を配慮することになりました（9条3項）。

　地域別最賃決定の手続きは、中央最低賃金審議会で全国を四つに分けて目安額を示し、それを地方最低賃金審議会で審議・答申し、答申を受けた各都道府県労働局長が決定・公示します。

　地域別最賃は、最賃の中の最賃です。2007年改正で罰金が50万円に引上げられました。

（b）特定最低賃金

　特定最賃は、特定の産業の基幹的労働者を対象にして、地域別最賃よりも高い最低賃金を定めることが必要であるとして、2007年に、「産業別最低賃金」に代えて、設定されました。都道府県単位が主ですが、全国を適用地域とした全国非金属鉱業最低賃金もあります。

特定最賃の全国一覧（含む、地域別最賃）

　特定最賃を下回る賃金額の定めは無効となります（4条2項）。

　特定最賃違反には、罰則がありません（6条2項）。しかし、最賃法の罰則が適用されないからと、地域別最賃よりも高い特定最賃額があるにもかかわらず、地域別最賃額で賃金を支払うとどうなるでしょうか。最賃法の罰則の適用は受けませんが、特定最賃額が最低賃金で賃金額となりますから、賃金未払が生じます。労基法24条の全額払いの原則に違反し、労基法違反として30万円以下の罰金が科せられます（120条）。

全国設定の特定最賃

5 賃金支払いへの関心

(1) 通貨払い

賃金は、日本において強制通用力のある通貨で支払わねばなりません（労基法24条1項）。換金の際の価格変動が激しい現物による支払では、安定した生活が送れないからです。日本銀行券や財務省造幣局発行の補助貨幣での支払いになります。

ただし、この原則には例外が三つあります。

一つに、法令に別段の定めがある場合です。ただし、現在この例外の定めはありません。

二つに、労働協約による場合です。これによれば、現物や通勤定期で支払うことも許されます。

三つに、厚生労働省令で定める賃金について、確実な支払方法による場合です。銀行などの口座振込みです（労基則7条の2）。必要な要件は、労働者本人の同意、労働者の指定する本人名義の口座、給与明細書の交付です（昭50.2.25基発112）。なお、退職金については、労働者の同意に基づきますが、口座振込に加え、小切手、郵便為替でも支払えます（労基則7条の2）。

(2) 直接払い

使用者は、働いた労働者本人に直接賃金を支払わなくてはなりません（労基法24条1項）。この原則は、親や親方、職業仲介業者などによる中間搾取（ピンハネ）や、賃金の代理受領が横行したことに由来します。したがって、法定代理人または労働者の委任を受けた任意代理人への支払も認められません。未成年者の賃金を、その親が代理受領することも禁止されます（59条）。

ただし、労働者が病気などで欠勤し賃金を受取れない場合、本人に代わる使者（たとえば配偶者）に支払うことは、直接払いの原則に反しないと解されています（昭63.3.14基発150号）。

損害賠償として賃金債権の一部を譲渡したといった場合はどうでしょう。直接払いの原則は厳格に解されています。すなわち、譲渡自体は認められますが、

譲受人が使用者から受取ることはできません（小倉
電話局事件・最3小判昭43.3.12民集22-3-562）。

小倉電話局事件

　使用者が譲渡人と譲受人との間に介在するこ
とで、問題が複雑になることを恐れたのでしょう。
税金滞納のための賃金差押え（国税徴収法76条）や民事執行法に基づく差押え
には限度がありますが、この原則は適用されません。

（3）全額払い

（a）控除の禁止

　使用者は、賃金全額を支払わなくてはなりません（労基法24条1項）。こ
の原則の趣旨は、罰金などと称して使用者が賃金の一部を控除するのを禁止
して、賃金の確実な受領を確保することにあります。

　例外が二つあります。一つは、法令に定めがある場合。所得税、住民税、
社会保険料の給与天引きです（所得税法など）。二つは、労使協定による場合。
会社の親睦会の会費徴収などで利用されます。

　なお、労働組合費の代理徴収（使用者が組合員の賃金から控除して組合に
納めること。チェックオフ）は、過半数代表との労使協定を必要とするか否か
が問題となります（⇒第3部　集団的労使関係のルール）。判例は、集団的労
使関係の問題でもありますが、本条の手続きを必要とするとしています（済生会
中央病院事件・最2小判平元.12.11労判552-10）。

済生会
中央病院事件

　チェックオフには、労使協定に加え、組合員の
個別同意も必要とされています。

（b）相殺の禁止

　相殺は、使用者が労働者に対して持っている債権を、賃金債務と差引くも
のですから、控除とは違います。しかし、全額払
いの原則の趣旨は、賃金の確実な受領を保障する
ことですから、相殺も禁止されます（日本勧業経済
会事件・最大判昭36.5.31民集15-5-1482）。

日本勧業
経済会事件

しかし、判例では、いくつかの例外を認めています。つまり、一定の場合、相殺がこの原則に反しないとされるわけです。三つあります。

一つは、調整的相殺です。賃金支払い事務で生じる過払い分等を、近接する月の賃金で清算する一方的相殺です。その行使の時期（合理的に接着した時期）、方法、金額等が労働者の生活を脅かさない場合は、この原則の禁止する相殺にあたらないというわけです（福島県教組事件・最1小判昭44.12.18労判103-17）。

福島県
教組事件

二つは、合意による相殺です。労働者の自由意思による合意といえる合理的理由が客観的に認められる場合は、この原則に反しないとされます（日新製鋼事件・最2小判平2.11.26労判584-6）。

日新製鋼事件

判例は、労働者の意思を慎重に見極める立場をとっています。しかし、意思によってこの原則の強行法規性を免れさせる根拠とはなりませんし、労使協定によって解決できる場合も多いと思います。

三つは、賃金債権の放棄です。判例は、労働者の自由意思によると認められる限り、この原則に反しないとしています（シンガー・ソーイング・メシーン事件・最2小判昭48.1.19民集27-1-27）。賃金債権の放棄は、労働者にとって現実的ではなく、容易に肯定できません。本件最高裁判決には反対意見もあります。

シンガー・
ソーイング・
メシーン事件

北海道
国際航空事件

また、認容しなかった判例もあります（北海道国際航空事件・最1小判平15.12.18労判866-14）。

（4） 月1回以上払い

労基法は、賃金支払いを、毎月1回以上と、義務づけています（24条2項）。労働者生活の不安定を慮（おもんぱか）ってのことといわれます。月1回以上払いの原則といいます。したがって、日給、週給、隔週給は原則の範囲内です。

年俸制は賃金決定制度のことですから、この原則とは別です。したがって、

この原則は年俸制賃金にも適用されます。ただ、この原則は、臨時に支払われる賃金、賞与や通勤手当などには適用されません（2項但書）。

（5）定期日払い

　賃金は、決められた一定の期日に支払われなければなりません（労基法24条2項）。これを定期日払いの原則といいます。一定の期日に「支払わなければならない」とは、労働者が受け取って使うことができる状態になっていなければならないとの意味です。留意しましょう。

6　賃金の確保

（1）非常時払い

　月1回以上定期日に支払われることで、労働者は安定した生活を営むことができます。しかし、いつも生活が安定しているとは限りません。非常時があり得ます。労基法は、出産、疾病、災害、結婚、死亡や、やむをえない事由による1週間以上にわたる帰郷の場合を、この非常時と認めて、この場合、すでに働いて賃金支払期日を待っている賃金について、労働者の請求があれば支払うよう使用者に義務づけています（労基法25条）。

（2）賃金支払確保法（賃確法）

　企業倒産によって、受取れるはずの賃金が受取れなくなったり、ましてや退職金請求するなど考えることもできないといった状況になることがあります。

　民法は、賃金について優先権を認めています（先取特権、民法306条など）。しかし、抵当権などに劣後する一般先取特権にすぎず、労働者が賃金を確保するには十分ではありません。

　賃確法は、こうした場合に対処しようと、制定されました。国による未払賃金の立替払制度（7条）が大きな措置で、他に、事業主に対して貯蓄金の保全措置義務（3条）、退職金の保全措置の努力義務（5条）などが設けられています。

　立替払制度の適用を受けるには、事業主が労災保険の適用事業の事業主で

あり、1年以上事業をおこない、倒産したことが必要です。

　立替払制度を利用できる労働者は、倒産の申立（事実上の倒産の認定）の6か月前から2年間に退職した労働者です。請求できる未払賃金は、退職日の6か月前から立替払請求日の前日に、すでに支払期日が到来している未払賃金と退職金です（賞与は含まれません）。その未払賃金の80％（ただし、上限あり）です。ただし、未払賃金総額が2万円未満のときは対象外です。

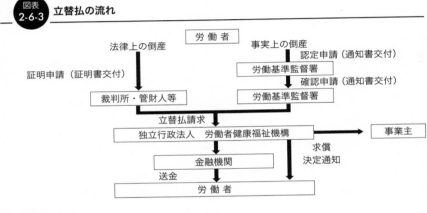

図表 2-6-3　立替払の流れ

図表 2-6-4　立替払対象者の年齢と立替払額等の上限

退職日における年齢	未払賃金総額の限度額	（参考）立替払の上限額
45 歳以上	370 万円	296 万円
30 歳以上 45 歳未満	220 万円	176 万円
30 歳未満	110 万円	88 万円

（3）休業手当

（a）　休業手当と危険負担

　労働者は準備ができているのですが、使用者側の事情によって働けなくなってしまった状態が、労基法26条にいう休業です。特定の工場、事業場の全体または一部の休業だけでなく、特定の労働者に対する就労拒否も含みます。

　労基法はこの場合、使用者に、労働者の平均賃金の6割以上の休業手当を

支払うように義務づけています（26条）。支払わない使用者には、労働者は休業手当の支払いとそれと同額の付加金の支払い（114条）を請求できます。違反に対しては30万円以下の罰金が科せられることがあります（120条）。

　民法でも危険負担のルールとして、債権者（使用者）の責めに帰すべき事由によって労働義務を果たせなくなった債務者（労働者）は、反対給付を受ける権利を失わない、としています（536条2項）。これによれば、労働者は賃金の100％を請求できることになります。

　また、休業期間中のアルバイトの場合、使用者は、休業手当を平均賃金の6割は支払わなくてはなりません。しかし、それを超えて支払っていれば、特段の事情がない限り、その部分について、アルバイト代分を中間利益として、賃金から控除できます（米軍山田部隊事件・最2小判昭37.7.20民集16-8-1656。あけぼのタクシー事件・最1小判昭62.4.2労判506-20）。

（b）　帰責事由の範囲に違い

　民法の「債権者の責めに帰すべき事由」は、使用者の故意・過失または信義則上これと同視すべき事由に限定されます。過失責任主義の下、不可抗力またはその他経営障害はこれに含まれないと解されています。これに対して労基法の「使用者の責に帰すべき事由」は、不可抗力は除かれますが、広く経営障害を含むと解されています（昭23・6・11基収1998号。ノース・ウェスト航空事件・最2小判昭62.7.17労判499-6）。これには範囲に違いはないとする見解もあります。

ノース・ウェスト航空事件

　なお、休業手当を受けとることは、反対給付請求権の放棄を意味するわけではありません。労働者は、残りの賃金相当額を請求できます。

7　賞与をめぐる諸問題

　賞与をめぐって、就業規則に定められた支給日在籍条項が問題になることがあります。「賞与はその支給日に従業員として在籍している者に支給する」という支給条項です。

一般的に、賞与は、一定期間の勤務実績を評価して算定され、支給されます。したがって、当該期間を勤務していれば受取れる賃金の後払いであり、賞与支給日に在籍していないだけで受取されないことは、納得できません。しかし、使用者にすれば、賞与とは、一定期間の勤務への報奨と今後の忠勤を期待する奨励として支払うとの思いがあります。辞めた者に払う必要はないというわけです。

　労働者が退職する「時期」を選ぶことができるときは、賞与支給日在籍条項は公序に反していないと解されます。この場合、賞与支給日前に退職した労働者には具体的な請求権がないことになります（大和銀行事件・最1小判昭57.10.7、本件下級審判決も参照のこと。労判399-11）。

大和銀行事件

　ただし判例には、整理解雇のように労働者が退職時期を選べない場合、賞与不支給は在籍条項の濫用的行使として無効となるとした例があります（リーマン・ブラザース証券事件・東京地判平24.4.10労判1055-8）。

8　退職金をめぐる諸問題

(1)　退職金の不支給・減額

　退職金制度は、多くの企業で実施されています。会社都合か自己都合かといった退職事由によって、支給額に差が出るのが一般的で通常は、会社都合のほうが多く支給されます。また、永年勤続者に多く支給されます。ここに功労報奨的性格が読み取れます。さらに、懲戒解雇や「同業他社への転職」といった、使用者にとって好ましくない退職には、退職金を全額不支給したり減額したりする規定を設けている企業も多くあります。

　退職金は、就業規則などで明確な退職金規定を設けている場合（労基法89条3号の2参照）、賃金であると解されます。

　退職金は、退職時にその時の退職事由や支給基準に照らして、初めて確定します。勤続年数ごとに確定した退職金債権が退職時にまとめて支払われる

わけではありません。したがって、在職中、賃金に未払いがあるわけではありませんから、全額払いの原則にも反しません。

（ａ）　懲戒解雇と退職金の不支給・減額

　就業規則などによって退職金支給に一定の条件を付けること自体は、公序に反するとはいえません。就業規則において、懲戒解雇された場合には退職金を減額もしくは不支給の定めがあり、それに基づき不支給・減額されても無効とはなりません。

　しかし、退職後の生活を支える退職金です。不支給が有効であるには、懲戒解雇事由に在職時の勤務を完全否定すると評価できる程度の著しい背信性のあることが必要です。裁判例では、そのような程度に至らない場合の不支給は、権利の濫用として無効になるとした例があります（小田急電鉄（退職金請求）事件・東京高判平15.12.11労判867-5）。

（ｂ）　「同業他社への転職」と退職金の不支給・減額

　「同業他社への転職」を理由にする退職金の不支給・減額に関して、判例では、退職金の半額を減ずる就業規則の規定を、「ある程度の期間」内に転職すると勤務中の功労に対する評価が減るという趣旨であるとして、退職金減額を有効としています（三晃社事件・第2小判昭52.8.9労経速958-25）。

三晃社事件

　また、同業他社への6か月以内の転職につき退職金を全額不支給とする就業規則の規定に関して、労働の対償たる退職金を失わせることが相当であるような顕著な背信がある場合に限って有効とする例もあります（無効と判断：中部日本広告社事件・名古屋高判平2.8.31労判569-37）。

　同業他社への転職に関して退職金を不支給・減額する旨の就業規則の規定は、経営上の打撃を低く抑えようと設けられます（⇒第2部第3章　労働契約上の権利・義務 81頁参照）。しかし、退職金が賃金であることからすれば、マイナス評価は在職中の勤務内容に限るべきです。退職金の不支給・減額が、労働者の職業選択の自由や退職（転職）の自由を過度に制限するに至れば、公

序に反するからです。退職金の不支給・減額は、退職金を不支給・減額するに足る強度の背信性があるなどの合理的理由があること、合理的期間内に限ること、転職先（場所）、専門性などから判断される競業避止の必要性、減額幅の妥当性、転職されて打撃を受ける経営活動の範囲、被る使用者の具体的損害などを考慮する必要があります。

(2) 企業年金の減額・打切り

　企業年金をめぐって、支給額減額が問題になりました（幸福銀行事件・大阪地判平10.4.13労判744-54、早稲田大学事件・東京高判平21.10.29労判995-5）。

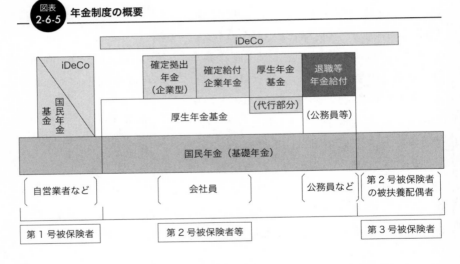

図表2-6-5 年金制度の概要

　1990年以降の長期不況や少子高齢人口減社会では、企業年金基金を底支えする経済が縮小傾向にあり、加えて受給者の増加が、企業年金原資の減少・枯渇に拍車をかけます。こうして、受給額の減額が現実になったのが、前掲・幸福銀行事件です。同事件は、退職金規定に上積支給されてきた部分をカットし、規定通りの年金額に戻すことの当否が争われました。裁判所は、年

金の功労報償的性格を認めて、受給額変更の合意が有効であるとしたうえ
で、永年にわたり期待も大きかった上積支給を勝手に改定することは許され
ず、「経済変動及び社会保障制度などに著しい変動」があるなどの「一定の合理
性及び必要性が認められる場合にのみ許され、そうでない減額は権利の濫用
として無効となる」としました（本件の場合は有効）。

　しかし、事はこれで収まらず年金原資の枯渇が現実となりました。経営破
たんした会社は、3か月分の年金を支給して、事情変更を理由に年金支給を
打切りました。退職者は支給継続を求めて提訴しました（幸福銀行（年金打切
り）事件・大阪地判平12.12.20 労判801-21）。大阪地裁は、前掲・幸福銀行
事件判決の論理に沿い、本件打切りの事情変更の合理性及び必要性を判断し
て、事情の変更に当たらず、3か月の支給が代償措置ともいえないなどを判
示して、本件退職年金の打切りを違法無効としました。

　企業によっては、将来の経営状況や社会保険制度の変動を考慮して、年金
規程に年金額の減額・制度廃止など改廃条項を設ける企業も出ています。こ
の改廃条項が会社の巨額赤字をきっかけに支給率2％引下げに用いられ、争
いになりました（松下電器産業（年金減額）事件・大阪高判平18.11.28労判
930-13、最1 小決・上告不受理平19・5・13）。裁判所は、本件年金契約に
加入しすでに権利義務が発生している場合、給付の不利益変更は信義則に反
するので、年金受給者の権利を変更するにつき改定の必要性・程度等必要に
見合った最低程度であるといった相当性が求められるとルールを示しました
（本件の場合は有効）。

　賃確法には退職年金の立替払制度はありません。企業年金の原資枯渇ある
いは経営破たんによる支給不能に対する抜本的解決はまだありません。

(3)　兼務役員と退職金

　日本では従業員兼務取締役という地位が広く普及しています。この場合の
退職金に関しては、退職金には二つの部分があると解されています。一つは
取締役の報酬として。この部分は、定款または株主総会の議決によります（会

前田製菓事件

社法361条)。二つめの従業員としての退職金は、労働者に対して支払われる退職金です（前田製菓事件・最2小判昭56.5.11判時1009-124）。

column 1

2020年、新型コロナウイルスの蔓延が雇用社会に大きな影響を与え、政府は感染拡大を懸念して、時差出勤やテレワーク、自宅待機を要請しました。その中、営業不振から休業する企業も出てきました。休業期間中の賃金（所得保障）はどうなるのでしょうか。

疫病の蔓延が不可抗力で使用者の責に帰すべき事由に当たらないとされれば、賃金が支払われなくても民法上の反対給付はもとより、労基法上の休業手当も認められないことになるでしょう。しかし、時差出勤やテレワークで企業活動ができる程度なら不可抗力とはいえません。したがって、休業手当の支給は避けられないでしょう。としても、企業にとって収益悪化に加えて休業手当の支給は大きな痛手です。

国による各種の対策が求められます。

練習問題

わが社は最近、ボーナスをやめるといっています。ボーナスとは恩恵的に支払うものだから、いつでも止められるというのです。就業規則に夏と冬に支払う賞与の計算対象期間、支払時期、計算方法などが規定されているのに、それはありですか。

参考文献

唐津博「賃金の法政策と法理論」、浜村彰「労基法上の賃金規制」、島村暁代「退職金と賞与」、河合塁「企業年金」、神吉知郁子「最低賃金」、いずれも日本労働法学会編『講座労働法の再生〈第3巻〉労働条件論の課題』（日本評論社、2017年）所収

第7章

労働時間

レジュメ

1 法定労働時間

（1） 労働時間規制の必要性

（2） 日本の労働時間規制

（3） 特例など

2 労働時間とはなにか

（1） 労働時間の概念

（2） 具体的な事例

3 休憩

4 休日

（1） 法定休日

（2） 変形休日制

（3） 休日の特定と振替

5 深夜労働

6 時間外・休日労働

（1） 時間外・休日労働の基本的考え方

（2） 臨時の必要がある場合の時間外・休日労働

（3） 通常想定される時間外・休日労働

7 時間外・休日労働の割増賃金

8 フレキシブルな労働時間制度

（1） フレキシブルな労働時間制度の必要性

（2） 変形労働時間制

（3） フレックスタイム制

9 みなし時間制度

（1） 事業場外労働のみなし時間制

（2） 裁量労働制

事例　Xさんは、上司から1日では終わらない量の仕事を明日の朝までに終えるように言われました。4時間の残業を行っても終わらなそうだったので、仕事を自宅に持ち帰りました。自宅でこの仕事に従事した時間は、労基法上の労働時間でしょうか。

1 法定労働時間

（1） 労働時間規制の必要性

　労働条件規制の中でも、労働時間規制はもっとも重要な規制の一つです。「過労死」ということばを聞いたことはあるでしょう。「過労死」とは、異常な長時間労働によって労働者の生命が奪われることです。生活のために働いているのに、これによって生命を奪われるのは本末転倒です。

　かつての労働者らも、労働時間規制の必要性を訴えていました。世界最初の労働条件規制法であるイギリスの工場法（1802年）も、繊維産業で労働に従事する年少徒弟の労働時間制限でした。また、1919年に設立されたILO（国際労働機関）の第1号条約（1919年採択）も、工業的企業における労働時間を1日8時間かつ1週48時間に制限するというものでした。このことからも、労働時間規制の重要性は明らかです。

（2）日本の労働時間規制

　戦前の日本にも工場法（明治44年3月29日法律46号）が存在していました。しかし、日本における本格的な労働時間規制は、1947年に制定された労基法の登場まで待たなければなりませんでした。そして、労基法は労働時間規制の原則を明記しました。これを「法定労働時間」といいます。現在の法定労働時間は、1週40時間・1日8時間労働制（労基法32条1項、2項）が採用されています（労基法最初の法定労働時間は1日8時間・1週48時間制）。

　法定労働時間を超えてなされる労働を「時間外労働」といいます。そして、労基法は一定の要件のもとに、例外的に時間外労働を許容しています（⇒6(1)）。使用者がこの要件を満たさないまま労働者に時間外労働をさせた場合には、罰則が適用されます（労基法119条、120条）。すなわち、法定労働時間規制に反してなされた時間外労働は犯罪なのです。

　また、異なる事業場で就労する場合であっても、労働時間は通算されます（労基法38条1項）。

（3）特例など

　法定労働時間規制には例外があります。商業、映画演劇業（映写など）、保健衛生業および接客娯楽業のうち常時10人未満の労働者しか使用しない使用者には、1週44時間・1日8時間労働制が適用されます（労基法40条等）。これを「特例適用事業場」といいます。

　また労基法は、時間外労働、労働時間規制の適用除外など、様々な例外を認めています（⇒6、10）。

2　労働時間とはなにか

（1）労働時間の概念

　法定労働時間が罰則を伴った厳しい規制であることから、どのような時間が労基法上の労働時間かが問題となります。最高裁は、始業時刻前・終業時刻後の更衣時間、および休憩時間中の散水に要した時間の労働時間性が争われた事

件で、労基法上の労働時間とは、労働者が使用者の指揮命令下に置かれている時間をいうと判断しました（三菱重工業長崎造船所事件・最1小判平12.3.9労判778-11）。このような立場を、「指揮命令下説」といいます。ただし最高裁は、

三菱重工業長崎造船所事件

準備行為等を事業所内において行うことを使用者から義務づけられている場合だけではなく、余儀なくされている場合も労働時間としていますから、文字通りの「指揮命令下」よりも広く捉えています。

（2）具体的な事例

　最高裁で争われた事例に、警備員の不活動仮眠時間の労働時間性が争われた事案（大星ビル管理事件・最1小判平14.2.28労判822-5）や、住み込み管理人の所定労働時間外のゴミ出し、消灯、入居住民への対応に要した時間の労働時間性が争われた事案（大林ファシリティーズ（オークビルサービス）事件・最2小判平19.10.19労判946-31）があり、いずれも労基法上の労働時間とされました。

大星ビル管理事件

下級審判決では、正規の勤務時間内に完了できない業務に従事した時間や勤務時間外の会議等への出席が事実上義務づけられていた場合に、「黙示の指示」の存在を認め労働時間性を肯定したものがあります。また、使用者から命じられたらすぐに業務に就くことができる態勢で待機している時間（手待時間）も労働時間だとされています。

大林ファシリティーズ（オークビルサービス）事件

一方で、出張の際の往復に要する時間の労働時間性が争われた事案では、出勤に費やす時間と同一性質であることを理由に労働時間性を否定したものがあります。

3　休憩

　労基法は、使用者に対して、1日の労働時間が6時間を超える場合に45分、8時間を超える場合に1時間の休憩を、労働時間中に付与する義務を課して

います。休憩は、原則として、事業場の労働者に対し一斉に付与しなければなりません（一斉付与原則）。また、休憩は、労働からの解放のみならず、労働場所からの離脱の自由が認められていなければなりません（自由利用原則）。

　ただし、一斉付与原則と自由利用原則については、坑内労働、サービス業、警察官・消防吏員・児童養護施設に例外が設けられています。

4　休日

（1）法定休日

　労働者にとって休日は、法定労働時間規制と並んで重要な利益です。そこで労基法は、休日についても規制しています。

　休日とは、労働契約上労働義務のない日のことです。労基法は、この休日について法律上の最低基準を定めています。これを「法定休日」といいます。法定休日の原則は週休制です（労基法35条1項）。すなわち、使用者は、1週間に1日以上の休日を労働者に付与する義務が課せられています。法定休日については、日曜日や国民の祝日以外とすることも構いません。また、法定休日は暦日（午前0時から午後12時）が原則です。

（2）変形休日制

　週休制を原則とする法定休日ですが、変形休日制という例外があります。すなわち、4週につき4日以上の休日を付与する使用者には、週休制が適用されないとされています（労基法35条2項）。ただし、これを制度として採用するには、就業規則で起算日を定める必要があります（労基則12条の2第2項）。

（3）休日の特定と振替

　法定休日は、たとえば日曜日とするなど、特定することがのぞましいとされていますが、法律上の規制はありません。ただし、就業規則等で法定休日を特定した場合には、使用者はそれを勝手に変更できません。

　それでは、下記のような就業規則の規定があった場合はどうなるでしょうか。

> 「法定休日は日曜日とする。」
> 「業務上の必要がある場合には法定休日に出勤を命じることができる。この場合、同じ週の別な曜日に指定した休日が法定休日となる。」

　このような就業規則の規定は、労基法が法定休日の特定を求めていない以上、ただちに問題となりません。したがって、使用者によって日曜日に就労させられ、代わりに同じ週の火曜日に休むよう指示された場合、就労した日曜日は休日労働とはなりません。このような取扱いを、休日の「振替」といいます。一方で、振替制度がなく、特定された休日に労働させ、代わりに別な所定労働日の出勤義務を免除することを「代休」といって区別します。なお、振替や代休は、それぞれの会社ごとに名称が異なることがあります。

5　深夜労働

　深夜時間帯の労働は、それだけで労働者の心身に過重な負担を強いることになります。そこで労基法は、使用者に対して深夜時間帯の労働について割増賃金（2割5分増以上の割増賃金率）の支払いを義務づけて、深夜労働を抑制しようとしています（労基法37条4項）。この深夜時間帯は、午後10時から午前5時とされています。

6　時間外・休日労働

（1）時間外・休日労働の基本的考え方

　時間外労働や休日労働は、法定労働時間規制および法定休日規制の例外ですから、一定の限度で例外的に許容されています。労基法は、この例外的労働を許容する要件として、①手続きの履践と②割増賃金の支払いを求めています。①手続きの履践は、一定程度の労働者の関与と国による監督的規制を目的としています。一方、②割増賃金の支払いは、特別な労働に対する補償とそのような労働の抑止という意義を持っています。

（2）臨時の必要がある場合の時間外・休日労働

　労基法33条1項は、災害その他避けることのできない事由による臨時の必要のある時間外・休日労働を許容しています。手続的要件としては、行政官庁の事前の許可が求められています。しかし、事態急迫の場合には、事後の届出に代えることが認められています。

　労基法33条3項は、国家公務員および地方公務員に関して、公務のために臨時の必要がある場合における時間外・休日労働について規定しています。

（3）通常想定される時間外・休日労働
① 36協定の締結・届出

　日常的に発生する時間外・休日労働には、労使協定の締結届出が必要です。労基法36条を根拠とする労使協定であることから、特別に「36協定」といわれています。36協定は、事業場ごとに、使用者と過半数代表（過半数組合または過半数代表者）との間で締結します。これを、所轄の労働基準監督署長に届け出ることも必要です。

②「延長できる時間」と「労働させることができる休日」

　36協定は、記載すべき事項が法定されています。具体的には、モデル36協定を見てください。この中でもっとも重要な記載事項が、「延長することができる時間数」および「労働させることができる法定休日の日数」です。時間外・休日労働は、法定の基準を超える労働です。「延長することができる時間数」などは、法定基準を超える労働の新たな「限度」として機能するからです。

　また、重要な記載事項としては、「時間外労働をさせる必要のある具体的事由」および「休日労働をさせる必要のある具体的事由」も重要です。

モデル36協定

③絶対的上限規制の導入

　2018年の労基法改正までは、「延長することができる時間数」に目安としての

限度基準が定められており、その基準を超えた時間数を36協定に記載することは原則できませんでした。しかし、特別条項付き36協定を締結すれば、基準を超える延長時間を記載することが可能だったのです。この特別条項付き36協定で記載できる延長時間に限度基準はなく、事実上労働時間は青天井という状態でした。

　2018年改正労基法は、このような超長時間労働を合法的にさせることが可能であった構造にメスを入れました。現行の基準は下表のとおりです。

図表2-7-1　絶対的労働時間の上限

・時間外労働の上限規制は、原則として月45時間、かつ、年360時間。
・特例として、臨時的な特別の事情がある場合として、労使が合意して労使協定を結ぶ場合においても上回ることができない時間外労働時間は、年720時間。
・ただし、次の条件をクリアすることも必要となる。
①休日労働を含み、2か月ないし6か月平均で80時間以内
②休日労働を含み、単月で100時間未満
③原則である月45時間（1年単位の変形労働時間制の場合は42時間）の時間外労働を上回る回数は年6回まで

　法規制レベルで青天井状態だった以前の労働時間規制から比べれば、大きな前進です。しかし、図表2-7-1の基準は、長時間労働によって労働者が脳・心臓疾患に罹患（りかん）したと労災認定される目安の基準（いわゆる過労死認定基準⇒第2部第9章　災害補償）とも重なっています。このことから、新たに導入された絶対的上限規制に対しても批判があります。

　一方、2018年労基法改正でも、休日労働の上限規制は導入されませんでした。「働き方改革」にとって、この点は課題でしょう。

④絶対的上限規制の例外

　2018年労基法改正で導入された労働時間の絶対的上限規制には、例外が認められています。この例外には、ア）恒常的なものと、イ）時限的なものがあります。

　ア）恒常的例外としては、新技術、新商品等の研究開発の業務については、

専門的、科学的な知識、技術を有する者が従事する新技術、新商品等の研究開発の業務の特殊性が存在することから、医師の面接指導、代替休暇の付与等の健康確保措置を設けた上で適用除外とされています。

また、イ）時限的例外としては、自動車の運転業務、建設事業、医師、鹿児島県及び沖縄県における砂糖製造業については、改正法施行後も5年間は適用されず、また、施行後も一部は別基準が設けられることになっています。

⑤契約上の根拠も必要

使用者が労働者に対して時間外・休日労働をさせるためには、36協定の締結・届出だけでは足りません。36協定という労使協定には、刑事責任から解放する（免罰的効果）という効果しか認められていないからです。

そうすると、別途労働契約上の根拠が必要となります。この契約上の根拠の理想は、その都度の個別労働者の同意です。しかし、集合的に組織されている企業では、組織的な対応をしたいというニーズがあることも事実です。

それでは、就業規則に「36協定の範囲内で時間外労働を命じることができる」という規定を置いて、これを根拠に時間外・休日労働を命じるとすることはできるでしょうか。この点、日立製作所武蔵工場事件（最1小判平3.11.28労判594-7）において最高裁は、「使用者が当該事業場に適用される就業規則に当該三六協定の範囲内で一定の業務上の事由があれば労働契約に定める労働時間を延長して労働者を労働させることができる旨定めているときは、当該就業規則の規定の内容が合理的なものである限り、それが具体的労働契約の内容をなすから、右就業規則の規定の適用を受ける労働者は、その定めるところに従い、労働契約に定める労働時間を超え

日立製作所
武蔵工場事件

て労働をする義務を負う」と解しました。判旨によれば、就業規則の合理性審査に服することになるのですが、合理性がないとされる場面は少なそうです。ただし、この判決後に制定された労契法3条3項にいわゆるワーク・ライフ・バランスに関する規定が定められましたので、いまでも判決のような枠組みが維持

できるかは疑問があります。

7　時間外・休日労働の割増賃金
①割増賃金の意義
　時間外・休日労働をさせるためには、割増賃金の支払いも義務づけられます。前述のように割増賃金は、特別な労働に対する補償と、そのような労働の抑制を目的としています。

②割増賃金率
　割増賃金率について、労基法37条1項本文は2割5分以上5割以下の範囲内で政令で定める

・割増賃金率

・割増賃金の支払いに代えた有給休暇の付与

と規定します。これを受けて政令は、時間外労働については2割5分増、休日労働については3割5分増の割増率を設定しています（平6.1.4政令5号）。
　なお、2010年4月以降は、1か月当たり60時間を超える時間外労働部分の割増賃金は、5割以上の割増率に引き上げられました（労基法37条1項但書。2023年3月まで中小企業は適用猶予）。また、1か月当たり45時間を超える時間外労働部分についても、2割5分増以上の割増率を設定する努力義務が課せられています（「労働基準法第36条第1項の協定で定める労働時間の延長及び休日の労働について留意すべき事項等に関する指針」（平30.9.7厚労告323号）。

③割増賃金の支払いに代えた有給休暇の導入
　1か月当たり60時間を超える時間外労働部分の割増賃金については、労使協定の締結により、割増賃金の支払いに代えて有給休暇を付与することが可能になります（労基法37条3項）。ただし、有給休暇の付与に代えられるのは、引き上げられた2割5分増部分に限られます。

8 フレキシブルな労働時間制度

（1）フレキシブルな労働時間制度の必要性

　労基法の労働時間規制の原則は、製造業などの工場労働をモデルとした画一的な労働時間管理を前提としています。しかし、現代の主力の産業は、サービス業などになっています。これらの産業では、むしろ画一的な労働時間管理はなじまない構造になっています。

　労基法も、このような経済構造の高度化に対応して、柔軟な労働時間管理にフィットするような例外的制度（変形労働時間制・フレックスタイム制）を認めています。

（2）変形労働時間制

①変形労働時間制の考え方

　変形労働時間制とは、一定期間を平均し、1週間当たりの労働時間が法定労働時間を超えない範囲内において、特定の日または週に法定労働時間を超えて労働させることができる制度です。

図表 2-7-2　変形労働時間制導入前

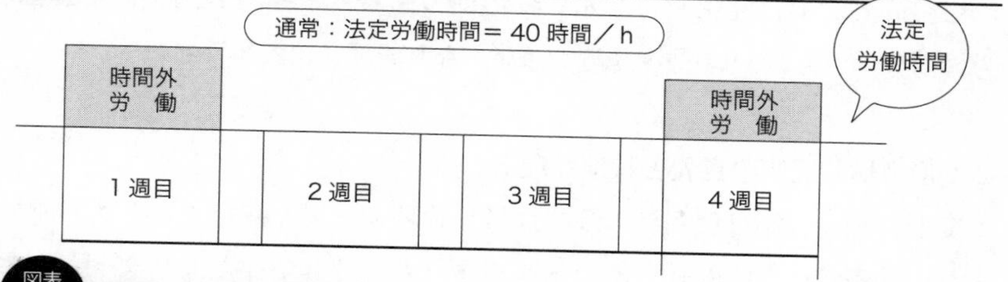

通常：法定労働時間＝ 40 時間／h

法定労働時間

時間外労働			時間外労働
1 週目	2 週目	3 週目	4 週目

図表 2-7-3　変形労働時間制の考え方

通常：法定労働時間＝ 40 時間／h

変形制：法定労働時間＝ 40 時間 × 4（週）＝ 160 時間

法定労働時間

1 週目	2 週目	3 週目	4 週目

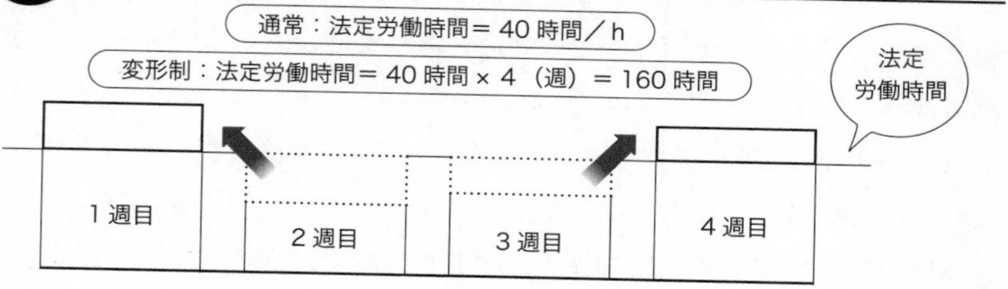

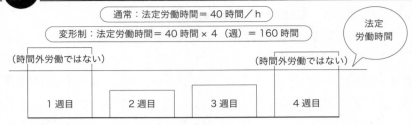

図表 2-7-4　変形労働時間制導入後

通常：法定労働時間＝40 時間／h

変形制：法定労働時間＝40 時間×4（週）＝160 時間

法定労働時間

（時間外労働ではない）　　　　　　　　　　（時間外労働ではない）

1 週目　　　　2 週目　　　　3 週目　　　　4 週目

　変形労働時間制の考え方についてわかりやすく説明しましょう。法定労働時間が週40時間の場合に4週間単位で変形した場合を想定してください。図表2-7-2は変形労働時間制が導入される前の状態です。この想定では月初と月末が繁忙期で、時間外労働がなされています。一方、変形労働時間制は、変形期間を平均して法定労働時間を超えなければいいわけです。よって、従来時間外労働によって担われていた時間を、閑散期（2週目・3週目）から捻出すれば、平均の労働時間は変わらないことになります（図表2-7-3）。この考え方に基づいて変形されたのが図表2-7-4ということになります。ここで注意が必要です。変形労働時間制の場合、平均して法定労働時間を超えなければ時間外労働は発生しません。変形前の図表2-7-2でなされていた時間外労働部分は、もはや時間外労働ではなくなります（図表2-7-4）。

②変形労働時間制の意義と特別な配慮

　変形労働時間制は使用者の多様な労務管理ニーズを満たすことが可能です。また、労働者にも時間外労働の削減や休日の増加といったメリットがもたらされると説明されています。しかし、延長される週や1日単位でみれば、労働者に過重な負担を強いることは間違いありません。そこで、変形労働時間制には導入要件などが定められています。

　また、育児・介護を行う労働者、職業訓練・教育を受けている労働者らには、これらの負担はさらに重くのしかかります。そこで、使用者に対して、これら特別の配慮を要する者に対して、必要な時間を確保できるよう配慮する義

務を課しています（労基則12条の6）。

③三つの制度

　変形労働時間制には、最長の変形期間の長さに応じて三つの制度があります。

　変形労働時間制の基本は、1か月単位の変形制です（労基法32条の2）。その名のとおり、変形期間の最大が1か月となります。月はじめ、月末等に業務が忙しくなる職場を念頭においた制度ですが、導入事業場に制限はありません。他の制度と比較すると、導入要件が異なります。また、法定労働時間の特例事業場の場合、変形の単位は44時間となります（それ以外の制度では、特例事業場でも変形の単位は40時間になります）。

三つの変形労働
時間制

　1年単位の変形制は、変形期間が1か月を超え1年以内です（労基法32条の4）。季節ごとに業務量の変動が大きい事業場を想定した制度ですが、導入事業場に制限はありません。長期間での変形が可能となるので、1日当たりの労働時間の上限や連続労働日数に制限が設けられています。

　1週間単位の変形制は特殊なもので、「日ごとの業務に著しい繁閑の差が生ずることが多く、かつ、これを予測した上で……各日の労働時間を特定することが困難」な場合に適用できる制度です（労基法32条の5）。小売業、旅館、料理店および飲食店で常時30人未満の労働者のみ雇用する事業場のみで導入可能です。労働時間の制限（1日10時間まで）もあります。

1年単位変形労
働時間制の労働
日数の制限等

④週および日の労働時間等の特定

　1か月単位の変形制と1年単位の変形制は、労使協定等で変形される週および日について「特定」することを求めています。すなわち、各日各週の労働時間、各日の始終業時刻について事前に特定しておかなければならないとい

うことです。このように法が「特定」を求めている趣旨は、不規則な労働時間とそれによって被る労働者の私生活上の不利益を調整することにあります。

しかし、すべての労働者の始終業時刻等を労使協定等で事前に特定しておくことは現実的ではありません。そこで行政解釈は、一定の要件の下で作成された勤務割表によって「特定」することを認めています。

一方、一度「特定」した勤務時間を使用者の都合で変更しうるとする就業規則等の規定は合理的でしょうか。これを認めると、「特定」が意味をなさなくなるからです。裁判例は、労働者から見てどのような場合に変更が行われるのかを予測することが可能な程度に変更事由を具体的に定めていなければ、「特定」の要件に反して無効になるとしています（JR西日本事件・広島高判平14.6.25労判835-43）。

⑤時間外労働の計算方法

変形労働時間制下でも、一定の要件をクリアすれば、時間外・休日労働をさせることは可能です。この時間外労働の計算については、特則が設けられています。

（3）フレックスタイム制

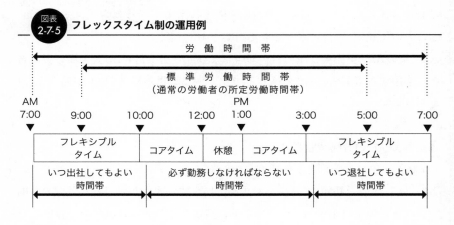

図表2-7-5　フレックスタイム制の運用例

①フレックスタイム制の意義

フレックスタイム制は、始終業時刻の決定を労働者に委ねることを認める制度です。すなわち、フレックスタイム制が適用されている労働者には、始業および終業の時刻を自主的に決定できる労働契約上の権利が付与されているということです。このように、この制度が適用されている労働者は、ある程度、出退勤時刻が自由となるので、裁量的な働き方ができる労働者や育児・介護に従事している労働者に適した制度とされています。

②導入要件

フレックスタイム制を導入するためには、就業規則（または、それに準ずるもの）に始終業時刻を労働者の決定に委ねることを定めた上で、労使協定を締結する必要があります。また、労使協定には、①対象労働者の範囲、②「清算期間」（3か月以内）（※1か月超3か月以内で清算期間が設定されて場合には、1か月ごとの労働時間が、週平均50時間を超えない必要がある。）、③清算期間の総労働時間、④標準となる1日の労働時間、⑤コアタイムを定める場合の開始と終了時刻、⑥フレキシブルタイムを定める場合の開始と終了時刻を定める必要があります。

コアタイムとは、在社することが義務づけられる時間をいいます。一方、フレキシブルタイムは、自由に出退勤できる時間について、始業、終業のそれぞれに制限を設けるものです。これらは、設定が義務づけられているわけではありません。しかし、これらの制限を設ける場合には労使協定に記載する必要があります。

③清算期間と時間外労働

フレックスタイム制は、法定労働時間の適用除外制度ではありません。フレックスタイム制では、清算期間における法定労働時間を超えた場合に時間外労働が成立します。清算期間における法定労働時間は、たとえば、清算期間を1か月に設定した場合の31日間ある月の法定労働時間は177.1となりま

す（40（週当たり法定労働時間）×31（清算期間の歴日数）÷7）。

　2018年労基法改正で、清算期間の最長が1か月から3か月に延長されました。1か月超の清算期間の設定は労働者に過重な負担を強いることになるので、1か月ごとの労働時間が週平均で50時間を超えてはならないとの規制がなされています。また、清算期間が1か月を超える場合には、労使協定の届出が必要となります。

9　みなし時間制度

（1）事業場外労働のみなし時間制

①意義

　営業や出張などのために事業場外で業務を行う場合、労働時間の把握が困難な場合があります。この場合、「所定労働時間労働したものとみなす」のが事業場外労働のみなし時間制です（労基法38条の2第1項本文）。後述するように、近年の通信手段の発達によって、この制度が適用できる場面は少なくなっています。

②要件

　この制度が適用できる場合は、次の二つの要件を満たした場合に限られます。すなわち、①「労働時間の全部又は一部について事業場外で業務に従事」していること、および、②「労働時間を算定し難い」ことです。

③「労働時間を算定し難い」場合

　②についての行政解釈の一つに、「事業場外で業務に従事するが、無線やポケットベル等によって随時使用者の指示を受けながら労働している場合」は労働時間の算定し難い場合にあたらないとするものがあります（昭63.1.1基発1号）。ポケットベルサービスはすでにありませんが、現代では携帯電話に置き換えられます。すると、「労働時間を算定し難い」場合は少なそうです。

　判例も「労働時間を算定し難い」場合を認めることに消極的です。たとえ

ば、海外も含む団体旅行の添乗員にこの事業場外労働のみなし時間制が適用されていた事案で、最高裁は、①マニュアルにより具体的な業務の内容を示していたこと、②携帯電話を所持して常時電源を入れておき、問題が生じた場合には会社に報告して指示を受けること、③業務終了後、添乗日報によって、業務の遂行の状況等の詳細かつ正確な報告を求めていることを認定した上で、「労働時間を算定し難いとき」にあたらないと判断しました（阪急トラベルサポート事件・最2小判平26.1.24労判1088-5）。

　なお、厚生労働省は、一定要件下で在宅勤務にこの事業場外労働のみなし時間制が適用できるとしています（「情報通信技術を利用した事業場外勤務の適切な導入及び実施のためのガイドライン」）。

阪急トラベル
サポート事件

情報通信技術を利用した事業場外勤務の
適切な導入及び実施のためのガイドライン

④効果

　事業場外労働のみなし時間制が適用できる場合の法的効果は、「所定労働時間労働したものとみなす」というものです。

　また、所定労働時間を超えて労働することが必要となる場合は、当該業務の遂行に通常必要とされる時間労働したものとみなされます（労基法38条の2第1項但書）。この「通常必要とされる時間」は、労使で合意できる場合は労使協定で定めることが可能です（労基法38条の2第2項）。なお、この労使協定は届出が必要です（労基法38条の2第3項）。

（2）裁量労働制

①裁量労働制とは

　高度専門職などは、その日の具体的な働き方についてその自律的決定に委ねた方がいい場合があります。このような働き方について、実際の労働時間にかかわらず、一定の時間働いたものとみなすという形で認めたものが裁量

・実労働時間管理

・裁量労働制

労働制です。

　裁量労働制は、労働時間算定の特則ですから、法定労働時間制度の適用除外制度ではありません。法定労働時間は、みなし時間に及んでいます。みなし時間が8時間を超えている場合には、割増賃金の支払いが義務づけられます。また、休憩、休日、深夜業規制の適用も排除されません。

②裁量労働制の制度趣旨と適切な運用

　裁量労働制は、その裁量性を担保するため「対象業務の遂行の手段及び時間配分の決定等に関し、当該対象業務に従事する労働者に対し使用者が具体的な指示をしない」ことが前提とされています。たとえば、数人でプロジェクトチームを組み、チームの管理の下に業務遂行、時間配分がなされている場合は、裁量労働に該当しません（昭63.3.14基発150号）。この点、裁判例も厳格に解しています（たとえば、京彩色中嶋事件・京都地判平29.4.27労判1168-80など）。

③労働時間管理をしなくていいのか

　裁量労働制が適用されている労働者についても、労働時間の管理はなされるべきです。そもそも、事業主に対しては、タイムカードによる記録等の客観的な方法により、労働者の労働時間の状況を把握することが義務づけられています。これは、長時間労働に従事している労働者の面接指導を効果的に実施させるための措置ですが、これは裁量労働制適用労働者についても例外ではありません。

　また、使用者は労働者に対する安全配慮義務を負っており、長時間労働を漫然と放置することは許されません。この点からも、使用者は裁量労働制適用下の労働者についても、労働時間の把握・管理義務があるといえます。

④専門業務型裁量労働制

（a）対象業務

　専門業務型裁量労働制は、その名のとおり、研究開発や放送番組の製作者

などの高度な専門的業務に従事している労働者を対象に導入可能な制度です。

（ｂ）要件

専門業務型裁量労働制を導入するためには、労使協定を締結したうえでそれを届出る必要があります。

労使協定で定めるべき事項は、①対象業務、②業務遂行の手段および時間配分の決定について具体的指示をしない旨の定め、③健康及び福祉を確保するための措置、④苦情処理に関する措置、⑤みなし時間です。

専門業務型
裁量労働制の
適用対象業務

⑤企画業務型裁量労働制

（ａ）対象業務等

企画業務型裁量労働制は、ホワイトカラーの労働者を対象とした新たな管理方法の必要性から導入されたものです（2000年4月施行）。対象業務は、法律上「事業の運営に関する事項についての企画、立案、調査及び分析の業務であって、当該業務の性質上これを適切に遂行するにはその遂行の方法を大幅に労働者の裁量に委ねる必要があるため、当該業務の遂行の手段及び時間配分の決定等に関し使用者が具体的な指示をしないこととする業務」と定義されています。しかし、これでは対象業務が具体的ではないので、指針（平11.12.27労告149号）によって①対象事業場、②対象業務、③対象労働者等が具体的に示されています。

指針
（平11.12.27
労告149号）

指針によれば、①対象事業場は、本社・本店である事業場、あるいは本社・本店に準じる事業場としています。②対象業務については、指針を参照してください。指針では、「個別の営業活動の業務」が、「対象業務となり得ない業務の例」として掲げられている点が重要です。③対象労働者についても指針を参照していただきたいのですが、とくに「例えば、大学の学部を卒業した労働者であって全く職務経験がないものは、客観的にみて対象労働者に該当し得」ないとしている点は留意が必要です。

（ｂ）要件

労使委員会における委員の5分の4以上の多数による議決（＝労使委員会決議）をし、これを所轄の労働基準監督署長に届出することが必要です。

労使委員会決議で決議すべき内容は法定されており、①対象業務（企画、立案、調査・分析業務で使用者が具体的指示をしない業務）、②対象労働者、③みなし時間、④健康・福祉を確保するための措置、⑤苦情処理の措置、⑥個別同意の措置と制度の適用に同意しない労働者への不利益取扱い禁止についての措置、⑦その他命令で定める事項となっています。なお、④健康・福祉を確保するための措置に関する実施状況の報告義務（労基法38条の4第4項）があります。

専門業務型裁量労働制と企画業務型裁量労働制の大きな違いは、後者の決議事項の中に、⑥個別同意の措置と制度の適用に同意しない労働者への不利益取扱い禁止についての措置を定める必要がある点です。しかし、実態として労働者がこれに基づいて制度の適用を拒否することは困難でしょう。

10　労働時間制度の適用除外

（1）適用除外の意義

様々な理由で、厳格な時間規制になじまない一定の労働者が存在することも事実です。労基法は、一定の労働者については労働時間規制の適用除外を認めています（労基法41条）。この適用除外者については、労働時間、休憩、休日に関する規定が適用されません。なお、これら適用除外者であっても、深夜業規制は適用されます（ことぶき事件・最2小判平21.12.18労判1000-5）。

（2）適用除外者

適用除外者は、①農業、漁業に従事する者（一号）、②監督若しくは管理の地位にある者（機密の事務を取り扱う者を含む）（二号）、③監視または断続的労働に従事する者（三号）です。①農水産業従事者については、天候などに左右されやすいため、厳格な労働時間規制になじまないとされています。また、③

監視断続的労働従事者については、労働密度が低いことを理由に適用が除外されています。なお、使用者による濫用を防ぐため、三号の監視断続的労働従事者については、使用者が行政官庁の許可を受けた場合に適用除外が認められます。

（3）管理監督者（機密の事務を取り扱う者も含む）

①管理監督者が適用除外される理由

　労基法41条二号の管理監督者（機密の事務を取り扱う者も含む）は、職務の性質上、出退勤もある程度自由であり、労働時間規制の適用を除外されても保護に欠けることがないことを理由に、適用が除外されています。しかし、「管理監督者」については法律で「事業の種類にかかわらず監督若しくは管理の地位にある者又は機密の事務を取り扱う者」としかされておらず、解釈によって補充する必要があります。この点、一般的に管理監督者については、労働者の労務管理について経営者と一体の立場にある者をいうとされ、具体的には、職務内容、権限、勤務態様、賃金の処遇などを考慮して決められるとされてきました。

　最近の事例では、部下1名のマネージャー（課長相当職）について（年収1230万円強）、〔1〕当該労働者が実質的に経営者と一体的な立場にあるといえるだけの重要な職務と責任、権限を付与されているか、〔2〕自己の裁量で労働時間を管理することが許容されているか、〔3〕給与等に照らし管理監督者としての地位や職責にふさわしい待遇がなされているか、という観点から判断すべきであるとしつつ、マネージャーは経営意思の形成に対する影響力は間接的であるなどとして管理監督者性が否定されています（日産自動車事件・横浜地判平31.3.26労判1208-46）。

②多店舗展開している店舗店長の管理監督者制

　近年、多店舗展開している個別店舗の店長などについて、これを労基法上の管理監督者として扱うことの是非が争われています。とくに、管理監督者としての実質を備えずに管理監督者として扱われ、割増賃金等の支払いをさ

れていないような「名ばかり管理職」の場合は深刻です。

　この点、店舗店長の管理監督者性が争われた日本マクドナルド事件（東京地判平20.1.28判時1998-149）は参考になります。判決は、「〔1〕職務内容、権限及び責任に照らし、労務管理を含め、企業全体の事業経営に関する重要事項にどのように関与しているか、〔2〕その勤務態様が労働時間等に対する規制になじまないものであるか否か、〔3〕給与（基本給、役付手当等）及び一時金において、管理監督者にふさわしい待遇がされているか否かなどの諸点から判断すべきである」（傍線筆者）として、管理監督者性が否定されました。その他、九九プラス事件（東京地立川支判平23.5.31労判1030-5）では、チェーン展開しているコンビニ型直営店舗の店長の管理監督者性が争われ、管理監督者性が否定されています。

（4）高度プロフェッショナル労働制
①概要
　働き方改革関連法により新たに認められた労働時間の適用除外制度が高度プロフェッショナル労働制（労基法41条の2）です。

　以下に説明するように、裁量労働制に近い制度ですが、下記の点で異なります。すなわち、①深夜労働についても適用が除外されていること、②法律上は、労働者の裁量性が要件となっていないことです（命令では、使用者から具体的な指示を受けて行うものは対象から除かれるとされています（労基則34条の2第3項））。

②対象業務等
　この制度の対象業務は、「従事した時間と従事して得た成果との関連性が通常高くない業務」とされていますが、実際は厚生労働省令（労基則34条の2第3項）で詳細（たとえば、「金融工学等の知識を用いて行う金融商品の開発の業務」）が定められています。

　対象労働者は、①使用者との間の合意に基づき職務が明確に定められてい

ること、②使用者から支払われると見込まれる賃金額が基準年間平均給与額の3倍の額を相当程度上回る水準として厚生労働省令で定める額以上であることです。後者の要件については、現在1,075万円以上とされています。

③導入要件

労使委員会における委員の5分の4以上の多数による議決（＝労使委員会決議）をし、これを所轄の労働基準監督署長に届出することが必要です。また、個別の労働者に適用するためには、個別の労働者の書面等による同意も求められます（同意の撤回も可能です）。

決議すべき事項は下表の通りです。

 高度プロフェッショナル制度解説

 高度プロフェッショナル労働制導入のための決議事項

11　その他の労働時間規制

（1）労働安全衛生法が定める労働時間に関する制度

①医師の面接指導制度

長時間労働による疲労の蓄積は、過労死や精神障害による過労自死を招きかねません。そこで、労安衛法は一定時間以上の長時間労働に従事している労働者（1週間当たり40時間を超えて労働させた時間が1か月当たり80時間を超える時間労働に従事し、かつ、疲労の蓄積が認められる者（労安衛法52条の2））に対して、労働者の申出（労安衛則52条の3）により、医師の面接指導を受けさせることを事業者に命じています（労安衛法66条の8第1項）。これにより、過労死などの重大な健康障害の発生を未然に防止させようとしています。この医師による面接指導については、労働者にも受診を義務づけています（労安衛法66条の8第2項）。

時間外労働の絶対的上限規制の適用のない研究開発業務従事者や高度プロフェッショナル制度対象労働者については、1週間当たり40時間を超えて労

働した時間が1か月当たり100時間を超えていれば、事業者は労働者の申出なく医師による面接指導を実施しなければなりません。

　事業者は、面接指導の結果に基づき、当該労働者の健康を保持するために必要な措置について、医師の意見を聴く必要があります。また、医師の意見を勘案し、必要があれば、就業場所の変更、作業の転換、労働時間の短縮、深夜業の回数の減少等の措置を講ずる義務が生じます。さらに、医師の意見を衛生委員会等に報告することも求められます。

②労働時間の把握義務

　医師の面接指導制度は、一定の労働時間を超えて労働に従事していることを要件に適用されます。そうすると、その前提として労働時間の正確な把握が必要となります。この点、2019年4月より、事業者に対して厚生労働省令で定める方法により労働時間の把握をする義務が課せられました（労安衛法66条の8の3）。具体的な方法は、「タイムカードによる記録、パーソナルコンピュータ等の電子計算機の使用時間の記録等の客観的な方法その他の適切な方法」（労安衛則52条の7の3第1項）とされています。

　労働時間の正確な把握については、通達においてそれを求めるものがあるものの、労働基準法自体にはこの種の規定がいまだ存在していません。

（2）勤務間インターバル制度の普及（労働時間設定改善法）

　働き方改革関連法によって改正された労働時間設定改善法（2019年4月施行）は、いわゆる勤務間インターバル制度導入の努力義務を事業主に課しました（2条1項）。また、高度プロフェッショナル労働制の対象労働者に提供する選択的措置の一つともなっています。

　この勤務間インターバル制度とは、前日の終業時刻と翌日の始業時刻の間に一定時間の休息時間を確保する制度のことをいい、ヨーロッパでは、EU指令により11時間のインターバルを設けることが原則とされています。今後、日本でも本格的な制度導入が待たれるところです。

勤務間インターバルの例

休憩時間を 11 時間とした上で、休息時間を確保するために勤務開始時刻は 10 時からとなり、
始業時刻の 8 時から 10 時までの時間を勤務したものとみなすもの

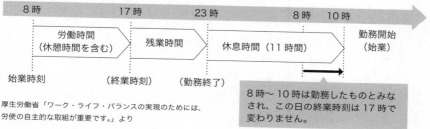

厚生労働省「ワーク・ライフ・バランスの実現のためには、
労使の自主的な取組が重要です。」より

練習問題

(1) 時間外・休日労働は、どのような場合に命じることができるか。

(2) 変形労働時間制における「特定」の趣旨について述べ、一度特定した勤務
割の変更条項の有効性について検討しなさい。

(3) X さんは、Y 社が経営する書店チェーンの A 店舗の店長を務めている。
X さんは、店長として①陳列する書籍の発注、返品、②店舗の売上金等
の出納業務、③アルバイトの管理等を行うほか、④店長会議に出席して
店舗運営の方針を確認する業務に従事している。

X さんは、管理監督者として扱われ、店長手当以外には基本給と通勤手
当のみが支給されている。これをおかしいと考えた X さんは、Y 社に対
して時間外・休日労働分の割増賃金を請求したいと考えている。X さん
の主張は認められるだろうか。

参考文献

緒方桂子「労働時間の法政策」、長谷川珠子「労働時間の法論理」、柳屋孝安「多元的な労
働時間制度」、沼田雅之「憲法 27 条と時間外・休日労働規制」、いずれも日本労働法学会編
『講座労働法の再生〈第 3 巻〉労働条件論の課題』（日本評論社、2017 年）所収
東京大学労働法研究会『注釈労働時間法』（有斐閣、1990 年）

── 第8章 ──

休暇

レジュメ

1 労働法にとって休むこととは
2 年次有給休暇
（1） 年休権という考え方
（2） 年休権の発生要件
（3） 法定付与日数
（4） 年休利用の最低単位
（5） 時季指定・時季変更方式
（6） 計画年休方式
（7） 年休取得に対する不利益取扱いの禁止
（8） 年休の繰越と買上げ
3 その他の休暇・休職制度
（1） その他の休暇制度
（2） 休職制度

事例　Aさんは4月入社で勤続6年の正社員。今冬のクリスマスに20日の家族旅行を計画しています。年休を使おうと、上司に伺いを立てたところ、会社は人員かつかつでやっているし、そもそも年休は暇なときにご褒美としてもらうものなので、認められないよと言われました。年休を取るのはあきらめないといけないのでしょうか。

1 労働法にとって休むこととは

　休暇制度は、労働者の人間らしい私的生活を過ごす時を確保するため、憲法27条2項にいう「休息」の具体化として、設けられました。年次有給休暇（労

基法39条)です。年単位で、まとまった休暇を、有給で、取得する制度です。

　欧州では早くからバカンスの制度化が実現されており、ILO でも、1936年に、労基法が参考にした「年次有給休暇に関する条約」(第52 号条約)が採択され、1970 年に、その改正条約(第132 号条約)が採択されました。改正条約には、6か月継続勤務について、3 週間の休暇を付与することを求め、うち2 週間は分割できません。欧州では、休暇期間は6 週間で、年休手当も先払いになっています。

　日本の年次有給休暇制度は、数次の改正を通じて変化してきました。

　今は、時間単位にまで小分けして取ることができます。病気休業や通院といった特別な休暇・休業制度が未整備であることが窺われます。まとめて休むことが年次有給休暇の本来の趣旨です。問題は深刻です。

2　年次有給休暇

(1)　年休権という考え方

①労働者の基本的権利

　年休は使用者が労働者に授けるのではなく、労働者の基本的権利です。使用者は、年休権を尊重するとともに、労働者が自由に行使できるよう労働環境を整備するよう求められ、年休実現のため状況に応じた配慮義務も課されています。

　以前は、使用者が賃金を支払って休ませるのだから、使用者にとっても有益であるべきとの考えがありました。「労働力維持培養」説といわれます。この考え方は、使用者が労働者に与え給うとの考えが根底にありました。この考えは、年休権の法的性質について、労働者の請求に対して使用者が応えて(給付行為)、初めて休めるとの考え(請求権説)に通じるものでした。

　しかし、最高裁は、全林野労働組合の拠点闘争に参加する目的で、2日間の年休を時季指定し休んだ労働者に対して、営林署がその不就労を欠勤扱いし、休んだ日の賃金をカットした白石営林署

白石営林署事件

事件 (いわゆる3.2判決。白石営林署事件・最2 小判昭48.3.2 民集27-2-191、国鉄郡山工場事件・最2 小判昭48.3.2 民集27-2-210)で、①年次有給休暇は労働者の余暇を拡充し、人間らしい生活を保障するための労基法上の権利であり、労働者の請求を待って初めて生ずるものではなく、労基法39条1項・2項に定める要件を客観的に満たすことで発生する、と労働者の基本的権利であると判示しました。さらに、②同条3項 (現在は5項)にいう「請求」とは、休暇の時季にのみかかる文言であって、休暇の時季の指定を意味するにすぎないとしました。つまり、年休権の行使は労働者が時季を指定し使用者の承諾を待つことなく決まり (時季指定)、それに対して使用者は「事業の正常な運営を妨げる」場合にのみその年休をストップさせることができる (時季変更)、としました。①の権利発生と②の年休実現と分けて考える考え方です。「二分説」といいます。

　さらに、使用者の承諾を待ちませんから、時季指定は形成権ということになります。こうして、年休権の法的性質について、労働者の基本的権利であることを踏まえた解釈が採用されました。今では、この考え方に異を唱える見解はありません。

②利用目的の自由

　年休権は労働者の権利ですから、その利用する目的によって権利としての性質が失われることは、基本的にはありません。しかし、労基法39条には休憩 (34条)のような、自由利用原則が明示されてはいません。明示されていないことから、以前には、使用者の利益に反する目的については拒否できるとする考えも見られました。現在では、3.2判決によって自由利用原則が確認されています。したがって、本当は利用する目的で与えたくないのに「事業の正常な運営を妨げる場合」であると、時季変更権行使の口実にするのも許されません。

③年休権の法的効果

年休権を取得した労働者は、特定した年休日の就労義務の消滅と賃金請求権を取得することになります。

　使用者は、労働者の年休権行使を妨害しない不作為義務を負うとともに、労働者が希望する時季 (時期) に休めるよう、状況に応じた配慮をする義務 (弘前電報電話局事件・最2小判昭62.7.10労判499-19) を負います。

弘前電報電話局
事件

　年休日の賃金 (年休手当) の算定は、就業規則その他これに準ずるものに、①「平均賃金」か、②「所定労働時間労働した場合に支払われる通常の賃金」のいずれかで支払うか、あるいは労使協定により、健康保険法上の標準報酬日額によるか、定めておかなくてはなりません (労基法39条9項)。

　労基法39条違反には、6か月以下の懲役または30万円以下の罰金が科せられます (119条1項)。年休手当を支払わず、労働者がその支払請求に併せて、賃金と同額の付加金の支払いも請求できます (114条)。

④使用者の付与義務

　使用者の付与義務は、すでに触れました (⇒2 (1)①)。それ以外に年休実現に向けた積極的行為が使用者に義務づけられることはありませんでした。

　しかし、重大な例外が2019年4月に設けられました。使用者の年休時季指定義務といわれています。しかし、それは、年休権の実現方法である労働者の時季指定を一部であるとはいえ否定しますから、いったんは否定された使用者の積極的な給付義務に相当します。それは以下です。

　「働き方改革関連法」により、労基法39条7項で、使用者は10日以上の年休日数を有する労働者の年休について、5日未満しか使われていない場合は5日になるまでは、労働者の意向を汲みつつ、時季指定しなければならないとするものです。

　時季指定義務といいつつも、労働者に代わって使用者が一方的に指定して年休消化させるのですから、労働者の権利を換骨奪胎するといえます。

(2) 年休権の発生要件

年休権発生要件は、以下の二つです（労基法39条1、2項）。

①継続勤務

継続勤務の単位は、1993年改正で、勤務開始からの「1年間継続勤務」を「6か月間継続勤務」（1項）に短縮し、国際基準に近づける措置が講じられました。それ以降は1年単位です（2項）。継続勤務の起算点は、就労開始日からです。

継続勤務とは何かについて、定めはありませんが、学説、判例（国際協力事業団事件・東京地判平9.12.1労判729-26）や行政解釈（昭63.3.14基発150号）も、有期契約や嘱託といった契約や身分に関わりなく、勤務実態からみて引続き雇用されているといえる場合は、継続勤務としています（日本中央競馬会事件・東京地判平11.9.30労判780-80）。

他方で、勤務実態が実質的に変化したときは、その時点で継続勤務は遮断され、新たな勤務開始として継続勤務が開始されるとした、定年・嘱託再雇用の例もあります（東京芝浦食肉事業公社事件・東京地判平2.9.25労判569-28）。

ところで、実務上、4月1日など、起算点を揃えることがあります。その場合は、労基法の最低基準を下回らなければ、つまり労働者に不利にならない取扱いならば、許されるといえます（平6.1.4基発1号）。

②全労働日の8割以上出勤

二つ目は、勤務開始から6か月間の全労働日の8割以上出勤（1項）と勤務開始6か月以降の1年ごとの全労働日の8割以上出勤（2項）です。

全労働日とは、「1年の総暦日数のうち、労働契約上労働義務を課せられている日数」です（エス・ウント・エー事件・最3小判平4.2.18労判609-12）。

エス・ウント・エー事件

出勤率算出に関して、留意する点があります。

たとえば、産前産後休業を取って労働日を休みましたが、これは欠勤扱いになるのでしょうか。そうなれば、労基法上の権利行使が、年休権成立

の足を引張ることになります。

　また、使用者の経営管理上に問題が生じて休業となった日の扱いも問題になります。労働日でありながら欠勤扱いされると出勤率は悪くなります。しかし、働けなくなったのは労働者の責任ではありません。二つに分けて述べます。

　一つは、出勤扱いする場合です（労働日に含まれます）。労基法39条10項には、出勤として取扱う期間を定めています。労基法上の業務上疾病や災害で療養休業した期間、労基法65条の産前産後休業期間や育介法上の育児・介護休業期間がそれです。

　また、労基法に定めはありませんが、労基法の趣旨からいって年休を取った期間も出勤したものとして取扱うのが妥当です。行政解釈はこれを早くから認めています（昭22.9.13発基17号）。これらの期間は欠勤しているのですが出勤扱いとなります。さらに判例では、解雇紛争期間は出勤扱いとなるとして年休手当の支払いを認容した例があります

八千代交通事件

（八千代交通事件・最1小判平25.6.6労判1075-21）。行政解釈もこの判例に倣いました（平25.7.10基発0710第3号）。

　二つは、欠勤して出勤日に入りませんが、労働日にも入れない場合です。たとえば、経営管理上の障害といった使用者に帰責事由があって働けなくなった場合です。また、労基法に定める生理日の休暇によって休む場合です。さらに、ストライキの場合です。権利である争議権行使ですが、争議権行使による就労拒否は債務不履行責任を免れるにとどまります。労働者の有利に作用するのは妥当ではないでしょう。どちらにも有利不利にならない、労働日から外すのが妥当というわけです（昭63.3.14基発150号）。

(3)　法定付与日数

　労基法上の年休日数は、法定付与日数といわれます。成立要件を満たせば、法定付与日数が発生します。現在の法定付与日数は、以下です（1、2項）。

法定付与日数

勤務年数	0.5	1.5	2.5	3.5	4.5	5.5	6.5	7.5
付与日数	10	11	12	14	16	18	20	20

パート労働者の法定付与日数

週所定労働日数	1年間の所定労働日数	雇入れの日から起算した継続勤務期間（年単位換算）						
		0.5年	1.5年	2.5年	3.5年	4.5年	5.5年	6.5年以上
4日	169日〜216日	7日	8日	9日	10日	12日	13日	15日
3日	121日〜168日	5日	6日	6日	7日	9日	10日	11日
2日	73日〜120日	3日	4日	4日	5日	6日	6日	7日
1日	48日〜72日	1日	2日	2日	2日	3日	3日	3日

　パート労働者の年休は、労働時間に応じた日数が付与されます（3項）。1987年改正時に明記されました。対象となるパート労働者は、所定労働日数が週4日以下、週30時間未満または年216日以下の者です。つまり、パート労働者でも週30時間を超える者、週4日あるいは年216日を超える者は、通常の労働者と同じ扱いになります（労基則24条の3）。パート労働者に年休を日単位で付与しても年休手当は、その日の所定労働時間によりますから、通常の労働者とも公平に付与されるといえます。

　なお、継続勤務に対応した最低付与日数ですから、継続勤務していて、8割出勤を満たさない年があったときはその年の法定付与日数は発生しませんが、継続勤務して翌年、8割出勤を満たせば、継続勤務年数は1年増の年数の法定付与日数が発生することになります。

　また、法定付与日数を上回る年休日数を就業規則などで定めることは最低基準を上回るのですから有効です。法定付与日数を上回る日数分は「法定外年休」といいます。法定外年休は、就業規則などで、年休をとる事由を限定するなど法定付与日数である法定年休と区別して取扱うことは、その要件が明確である限り有効です。その区別が不明確で単に法定年休の上乗せとみられる場合は、労基法上の年次有給休暇として取扱われます。

なお、パートタイム労働者の所定労働日数は変動することがあります。年休日数は付与される年の所定労働日数をもとに算定されます。

(4)　年休利用の最低単位
　労基法は、年休の分割付与を認めています。分割最低単位は1日とされてきました（昭24・7・7 基収1428号）。年休が有給であることを踏まえて、休日（無給であっても労基法に反しない）を下回るのは適当ではないと思われたからです。なお、1日とは1労働日であり、暦日が原則です。
　しかし、通院や子供の行事などに際して、時間単位で利用できる休暇制度がないことから、時間単位での年休利用の必要がいわれてきました。労基法は、2008年、労使協定を締結し、行政官庁に届出ることを条件に、年5日の範囲内であれば、時間単位の年休利用（労働者の時季指定による方式）を認めました（39条4項、労基則24条の4）。仕事と生活の調和を図るためと説明されます。
　なお、年休を連続してある一定期間、長期にとることの日数制限はありません。したがって、長期休暇の問題は、時季変更がなされたときです。

(5)　時季指定・時季変更方式
　日本の年次有給休暇は、制定当初からの年休特定方式、すなわち労働者からの時季指定と、それが「事業の正常な運営を妨げる場合」に使用者が行使しうる時季変更とのキャッチボールによって特定されます（39条5項）。これは、良好な労使関係を維持しつつ、労使の利害調整を図る方式です。
　時季指定・時季変更方式が機能しないことには、年休権行使は始まりません。後述の最低人員配置時の時季変更権行使のときもそうですが、時季指定では争議行為として用いる場合に問題となりました（⇒第3部第5章　争議行為）。
　また、タクシー労働者の夜勤勤務を拒否する目的でなされた時季指定が実質は争議行為であり（年休闘争）、年休権の濫用にあたるとされた例があります（日本交通事件・東京高判平11.4.20労判783-143）。

この時季指定・時季方式の例外としての年休利用方式は、前述の2018年改正によって登場しました使用者の付与義務による特定（⇒2（1）④）と1987年に設けられた労使協定による計画年休方式（後述）です。

日本交通事件

①時季指定権

年休日の特定は、労働者の時季指定から始まります。時季には、季節のほか具体的時期を含むと考えられています（前掲・白石営林署事件）。労働者が具体的時期を指定すれば、使用者が時季変更権を行使しない限り年休が成立します。時季指定は形成権といえます。ただ、時季指定は時季変更される可能性を含みますから、時間的余裕をもっておこなうのが好ましいでしょう。

問題は、労働者の時季指定を就業規則などで指定期日制限する場合です。

電電公社此花電報電話局事件

代替要員の確保といった理由や期間などが合理的であれば有効とした例があります（電電公社此花電報電話局事件・最1小判昭57.3.18労判381-20）。

②時季変更権

時季指定に対して、使用者は「事業の正常な運営を妨げる場合」に時季変更権を行使できます（39条5項但書）。時季変更権は、労働者の時季指定の効果を阻止するにとどまると考えられています。

時季変更権の行使は、時季指定した時期に休むことを考えると、お互いに不利益（たとえば、旅行キャンセル費用の発生や事業に支障が発生など）が生じないように、できるだけ速やかに行われる必要があります。あまりにも遅い年休開始直前の時季変更は、許されません（高知郵便局事件・最2小判昭58.9.31労判416-31）。

（a）　最低人員配置

労働者が年休権を行使すると、「事業の正常な運営を妨げる」事態となる人員配置（最低人員配置）がとられていると、使用者は常に時季変更できる状態

になります。こういった場合の時季変更は、使用者の都合が年休権行使を左右することになり、時季指定・時季変更による年休特定方式が機能しないので、労働者の権利とはいえなくなります。年休をとることを組込んだ人員配置をするなど使用者の年休実現への「状況に応じた配慮」が義務づけられます。代替要員確保の努力をしないまま時季変更権を行使すれば、年休特定方式の前提を欠きますので、適法とはいえません（弘前電報電話局事件・最2小判昭62.7.10労判499-19）。

弘前電報電話局
事件

　近くでは恒常的人員不足のもとで、業務量調整が可能であったにもかかわらず、特に何もしないまま時季変更権行使がなされた事案で、尽くすべき通常の配慮がなされていなかったと判断した裁判例もあります（西日本ジェイアールバス事件・名古屋高金沢支判平10.3.16労判738-32）。最低人員配置でも、使用者は「状況に応じた配慮」を講じて初めて時季変更権は行使できますし、その適法性が判断されます。判断に際しては、事業規模・業務内容、時季指定した労働者の職務内容、勤務割変更の方法・実情、代替要員確保の困難性などの要素が検討されます（電電公社関東電気通信局事件・最3小判平元.7.4労判543-7）。

　なお、「事業」とは、一般的には、労働者の職務や職場ではなく「事業場」です。

(b)　長期休暇

　長期休暇については、参考になる判例があります。報道記者が4週間の休暇を時季指定したのに対して、使用者が、前半は時季変更せず後半を時季変更した事案で、裁判所は長い期間では調整が必要となり、代替要員確保の難易などの蓋然性に基づいて判断せざるを得ないので、使用者にある程度の裁量的判断を認めざるをえないとしています（時事通信社事件・最3小判平4.6.23労判613-6）。

時事通信社事件

(6)　計画年休方式

　日本の年休消化率は低く、長時間労働の削減に、年休消化が有効であると

考えられました。

　そこで、職場で一斉にまたは交替で計画的に年休をとる方式が考案されました。それが、1987年導入の労使協定による計画年休方式です。

　事業場の労働者の過半数代表と使用者との間で書面による「有給休暇を与える時季に関する定め」（労使協定）を、年休日数のうち5日を超える部分について締結すれば、その定めるところにより年休を与えることができると定めました（39条6項）。5日の年休を残したのは、時季指定・時季変更方式による年休を確保するためです。

　計画年休の労使協定が締結された場合、その部分は、時季指定・時季変更方式が機能しないので、労働者が個人的にその分の時季指定をしても、使用者は拒否できますし、計画年休日に労働者が出勤してきても、使用者は就労を拒否し、年休として取扱います（昭63.3.14基発150号、三菱重工長崎造船所（計画年休）事件・長崎地判平4.3.26労判619-78）。

　なお、計画年休の労使協定は、直接、対象労働者すべてに効力が及ぶと解されます（⇒第1部第2章　労働法の法源と労働条件の決定ルール36頁）。

(7)　年休取得に対する不利益取扱いの禁止

　労働者が年休を取得すると、その年休を取得した日を欠勤もしくは欠勤に準じた取扱いをし、精皆勤手当のカット、賞与の減額、昇給・昇格の不利益取扱いなどをすることが見受けられました。

　労基法は、1987年、「使用者は、……有給休暇を取得した労働者に対して、賃金の減額その他不利益な取扱いをしないようにしなければならない」（附則136条）と、不利益取扱いの禁止を定めました。本条は罰則規定をもたず、性格的には訓示規定にとどまるといわれます。しかし、労基法39条の趣旨を踏まえると、年休取得を理由の不利益取扱いは、無効と解するべきです。

　判例は、附則136条は、「使用者の努力義務を定めたものであって、…不利益取扱いの私法上の効果を否定するまでの効力」はないとしつつ、労基法39条の「趣旨、目的、労働者が失う経済的利益の程度、年次有給休暇の取得に

対する事実上の抑止力の強弱等諸般の事情を総合
して…権利の行使を抑制し、…同法が労働者に右
権利を保障した趣旨を実質的に失わせる」場合は、
公序違反になるとしています（沼津交通事件・最2
小判平5.6.25労判636-11）。

沼津交通事件

(8)　年休の繰越と買上げ

　年休未消化の行方について、労基法に定めはありません。行政解釈（昭
22.12.15基発501号）や多くの見解は、繰越を認めて、2年の時効に服すると
しています（労基法115条）。したがって、前年の未消化分は翌年に引き継が
れます。なお、2020年労基法改正で労基法115条が改正され、賃金請求権の
消滅時効が2年から5年（当分の間3年）となりましたが、年次有給請求権に
ついては据え置かれました。

　取得した年休権は消化すべきであり、そのため有給にしたのです。年休の
買上げは、否定的に解すべきです。したがって、買上げ予約をし、その分休
暇日数を減らす取扱いは違法です（昭30・11・30 基収4718号）。

　使用者が年休利用の余地を与えずに労働関係を
終了させた場合、たとえば解雇予告手当を支払っ
て即時解雇した場合は、例外的に「年休の買上げ」
が認められると解すべきです。

2020年改正労
基法等
（115条など）
Q&A

3　その他の休暇・休職制度

(1)　その他の休暇制度

　年次有給休暇のほかに、企業は、様々な休暇制度を設けています。

　たとえば、慶弔休暇制度は、ほとんどの企業が有給で設けています。

　インフルエンザや捻挫といった私傷病で労働者が休むことに有給で保障す
る企業もあります。「病気休暇制度」といいます。2020年2月に、新型コロナ
ウイルスの流行を受けて厚労省が企業に病気休暇制度の導入を要請したのは

記憶に新しいところです。なお、私傷病で会社を休んだ間の賃金が支払われ
ない労働者には、健康保険から休業4日目以降は賃金の3分の2にあたる傷病
手当金が支給されます（健康保険法99条）。

このほか、永年勤続者に対するリフレッシュ休暇、結婚記念をお祝いする
メモリアル休暇、ボランティア休暇などを設けている企業もあります。

キャリアアップのための教育訓練休暇や転職支援休暇制度もあります。

(2)　休職制度

労働者は生活の中で、様々なことに遭遇します。刑事事件に巻き込まれ
起訴され裁判所に出頭するなどで会社を休まざるを得なくなったり、仕事以
外で病気やけがをして、長期入院を余儀なくされ、会社を長期に休まざるを
得ないことがあります。こうした場合、会社は、直ちに解雇するのではなく、
従業員の身分のまま、就労を一定期間免除する制度を、就業規則などで設け
ているところがあります。こうした制度を「休職制度」といいます（起訴休職
制度、傷病休職制度など）。

こうした休職制度は、労働者の事情による欠勤ですから賃金は支給されな
いのが一般的です。しかし、誰にも起きうるガンや介護による休職には、有
給扱いをする会社も出てきています。

column
2

ガン患者の仕事と治療の両立

ガンは不治の病ではなくなりつつあります。しかし、ガンになると長期
の入院や通院が必要となり、治療に多くの時間を費やします。闘病による
長期・有給での休職は、企業にとって負担ですが、優秀な労働者を失うこ
との打撃も無視できません。少子高齢人口減社会にあって、優秀な労働者
の確保は、切実な問題です。

そうした観点から、傷病休職制度に光が当てられています。前述の傷病

手当金に加えて、賃金が支給されると、1年から2年の長期入院にも雇用と生活が保障され、治療に専念することが可能になります。また、通院を考慮した勤務制度により就労し、ガンと付き合いながら仕事との両立を図ることもできるのです。

練習問題

わが社はビル管理会社です。従業員には泊り勤務が月2回ノルマとしてあります。従業員Aは、その泊り勤務をするのが嫌で、泊り勤務の日を時季指定して年休を取ろうとします。泊り勤務はノルマですし、他の従業員の士気にも関わります。泊り勤務を命じますが応じません。何とかなりませんか。

参考文献

武井寛「年休の制度と法理」、細谷越史「労働法上の権利行使と不利益取扱いの禁止」、いずれも日本労働法学会編『講座労働法の再生〈第4巻〉人格・平等・家族責任』（日本評論社2017年）所収、野田進『「休暇」労働法の研究』（日本評論社、1999年）

第9章

災害補償

レジュメ

1 労災保険制度
（1） 労災保険制度の実際
（2） 労災認定をめぐる問題
（3） 通勤災害
2 使用者の「安全配慮義務」
（1） 労災民訴
（2） 安全配慮義務とは
（3） 健康配慮義務
（4） 過労自死と労働者の心因的要素
（5） 安全配慮義務は誰が誰に対して負うのか
（6） 労災補償との調整

事例 Xさんの配偶者であるAさんは、勤務先で過重な労働を強いられた結果、精神疾患を発症し、自死してしまいました。Xさんは、どのような救済を受けることができるでしょうか。

---

1 労災保険制度

　労基法第8章は、使用者の災害補償責任を規定しています。すなわち、使用者は、労働者の業務上の負傷、疾病、または死亡に対する補償を行う責任があります。具体的には、業務上の負傷・疾病の療養費用を補償する療養補償（労基法75条）、業務上の負傷・疾病の療養のために労働できない期間について、平均賃金の60％を補償する休業補償（76条）、業務上の負傷・疾病が治癒したとき、身体に障害が残った場合、その程度に応じた金額を補償す

る障害補償（77条）、業務上の死亡に対し、労働者の遺族に平均賃金の1,000日分を補償する遺族補償（79条）、業務上の死亡に対し、葬祭を行う者に平均賃金の60日分を支払う葬祭料（80条）、業務上の負傷・疾病の療養を開始してから3年経過しても治らない場合、平均賃金1,200日分を支払えば、補償を打ち切っても良いとする打切補償（81条）が定められています。そして、この使用者の災害補償責任を保険制度化したのが、労災保険制度です。

（1）労災保険制度の実際
①適用対象

　労災保険制度の適用対象は、労働者を使用するすべての事業です。すなわち、「労働者」に該当する限り、学生アルバイトや派遣労働者であっても、労災保険制度の適用対象となります。国の直営事業および官公署の事業については適用対象外となっていますが、一般職の国家公務員、地方公務員についてはそれぞれ国家公務員災害補償法、地方公務員災害補償法による保護がはかられています。このほか、中小事業主、自動車運送業・土木建築業等の個人業者・一人親方、家内労働者、海外派遣者等については、労災保険法の適用対象には含まれていませんが、任意で加入することができます（特別加入制度）。

②保険料

　労災保険制度の保険料は、誰が負担しているのでしょうか。これについては、一部の国庫補助を除き、全額使用者が負担しています。労働者の負担部分はありません。したがって、使用者が労災保険の加入手続きを怠っていた状況で労働災害が発生した場合でも、給付を得るために労働者が保険料をさかのぼって支払わなければならないといった事態は生じません。

　保険料の料率は、事業の種類ごとに定められています。加えて、一定規模以上の企業については、事業主の災害防止の努力を料率に反映させる、「メリット制」と呼ばれる仕組みが採用されています。

 労災保険料率表

具体的には、納付した保険料額と支払われた保険給付等の額との比率（収支）に応じて、原則40％の範囲で労災保険料率を増減させるというものです（労災保険徴収法12条3項）。

　これに関連して、「労災隠し」と呼ばれる問題が存在します。これは、労災が発生した場合に、事業主が労働者に対して、治療費を事業主が全額負担することと引き換えに、労災申請をしないように求めるという形をとることが多いようです。労働者が労災申請をする場合、その手続きに加え、事業主は休業補償が発生する労災については、労働者死傷病報告等を提出しなければなりません。さらに、これをきっかけとして労基署による調査が行われ、新たな問題が指摘される可能性があること、労災事故の発生が明るみに出て、取引先等に悪印象を与えることなどを理由に、事業主は労災隠しをしようとするようです。しかし、労災隠しは言うまでもなく違法行為であり、罰則の対象となります。他方、労働者にとっては、治療費を事業主が負担してくれるなら労災申請をしなくてもよいとも考えがちです。しかし、万が一後遺症等が残った場合に、労災補償であれば障害補償が給付される可能性もあることから、事業主からの誘いに乗ることなく、きちんと労災申請をすることが重要です。

労働者死傷病報告

③労災保険給付の内容

　労災保険の給付には、以下のようなものがあります。

（a）療養補償給付（労災保険法13条）

　療養補償給付とは、労基法75条所定の療養補償に対応する給付です。原則として、労災指定病院での診察・薬剤の支給・治療等が現物給付されます。一般的な公的医療保険制度とは異なり、自己負担はありません。療養費用を後から償還する場合もありますが、あくまでも例外です。

（b）休業補償給付（労災保険法14条）

　休業補償給付とは、労基法76条所定の休業補償に対応する給付です。労災

の罹災にかかる療養のため労働できないときに、その4日目から「給付基礎日額」の60％が支給されます。加えて、20％の「特別支給金」が支給されます。なお、休業の最初の3日間については、労基法76条に基づき使用者が休業補償を負担します。

（c）障害補償給付（労災保険法15条）

　障害補償給付とは、労基法77条所定の障害補償に対応する給付です。労災による負傷・疾病が治癒したとき、身体に障害が残った場合には、その程度に応じて「障害補償年金」または「障害補償一時金」という形で支給されます。これに加え、障害特別支給金、障害特別年金、障害特別一時金が支給されます。

　なお、上記した「治癒」とは、療養補償給付等が終了する契機としても用いられますが、これは当然に「完治」を意味するわけではありません。ここでいう「治癒」とは、「症状の固定」、すなわち、治療を継続してもこれ以上は良くならない（完治も含む）ことを意味します。

労災保険給付等
一覧

障害等級表

（d）遺族補償給付（労災保険法16条〜16条の8）

　遺族補償給付とは、労基法79条所定の遺族補償に対応する給付です。すなわち、業務上の死亡につき、「遺族」に対して給付されます。ここでいう遺族とは、労働者が死亡した当時、その収入によって生計を維持していた者を意味します。給付対象の優先順位は、配偶者（事実婚含む）→子（胎児含む）→父母→孫→祖父母→兄弟姉妹の順となります。遺族補償給付は、原則として遺族補償年金の形で支給されます。このほか、遺族特別年金も支給されます。

（e）葬祭料（労災保険法17条）

　葬祭料は、労基法80条所定のそれに対応するものです。業務上の死亡者の葬祭を行う者に対し、所定の額が支給されます。

（f）傷病補償年金（労災保険法18条）

　傷病補償年金は、業務上の疾病が、療養開始後1年6か月を経過しても治癒せず、その傷病により一定の障害がある場合に支給されます。これにより、

休業補償給付は支給されなくなりますが、療養補償給付は継続されます。

（g）介護補償給付（労災保険法19条の2）

　介護補償給付は、1995年の労災保険法改正で新設された給付です。障害補償年金または傷病補償年金の受給者が介護を受けているときに、その介護費用として給付されるものです。

④労災申請の手続き

　労災保険給付を受給するためには、受給権者たる労働者またはその遺族は、労働基準監督署に請求することが必要です。労災に遭ったら自動的に国から支給されるというわけではありません（例外的に、療養補償給付については、指定病院等に給付請求書を提出することで、現物給付としての治療等が受けられます）。具体的には、事業者または指定病院等の証明を受けたうえで、保険給付の申請書を提出することが必要です。労災保険給付申請書を通じて労災保険給付の請求がなされると、労働基準監督署が調査の上、支給または不支給の決定をします（労災保険法12条の8第2項）。不支給決定に不服がある場合は、都道府県労働局の労災補償保険審査官に対して審査請求ができます。それでも不支給決定が覆らない場合は、労働保険審査会に再審査請求をする（労災保険法38条1項）か、あるいは行政訴訟として不支給決定の取消訴訟を提起する（労災保険法40条）ことになります。

（2）労働認定をめぐる問題

①労災認定の基準

　労災補償は、「業務上の」負傷、疾病、死亡（業務災害）に対して補償される給付です。

　典型的な労働災害としては、特定の仕事に従事することによって生じうる疾病等、すなわち「職業病」が考えられます。労基法75条2項、労基法施行規則35条に基づく別表第1の2では、業務上の疾病の一覧が列挙されています（なお、上記リストのうち、脳・心疾患をめぐる問題（過労死）については後述）。

他方で、職業病以外にも、業務上の事故による死亡・疾病が生じることがあります。このような事故による死亡・疾病について、「業務上の」災害に該当するか否かは、どのような基準で決まるのでしょうか。行政解釈においては、「業務遂行性」と「業務起因性」の有無によって判断されています。

職業病リスト

　この行政解釈における「業務遂行性」および「業務起因性」の有無は、おおむね以下のような三つに整理されて考えられています。

　まず、労働者が事業場内で就業中に生じた災害については、原則として業務遂行性および業務起因性が認められる傾向にあります。例外は、天災による災害、私的な喧嘩などの業務に無関係な本人の行為による災害です。ただし、天災、通り魔など、一見して外部的な要因であっても、労働者がその場（事業場）にいることによって災害が生じたと判断され、業務起因性が認められることもあります。

　次に、労働者が事業場内にいるものの、就業外（休憩時間等）で発生した災害については、原則として業務起因性が否定されます。たとえば、休憩時間中に事業場内で運動をしていて負傷した場合などがこれに当たります。ただし、就業外に生じた災害であっても、施設の不備によって生じた災害などは、業務起因性が認められます。

　最後に、使用者の管理を離れて業務を遂行している最中に発生した災害、たとえば出張中の災害については、業務起因性が広く認められる傾向にあります（大分労基署長事件・福岡高判平5.4.28労判648-82など）。具体的には、出張期間中については、移動中や宿泊中の災害についても、業務起因性が認められる傾向にあります。

　なお、通常の業務とは異なる行事、たとえば社員旅行や宴会等への参加中の災害については、当該行事等が業務またはそれに伴う行為といえるかどうかで判断されます。たとえば、参加が業務（出勤）扱いとなる（不参加が欠勤扱いとなる）等の事情があれば、業務起因性が認められることになるでしょう。

②脳・心疾患（いわゆる「過労死」）をめぐる問題

　1990年代以降、いわゆる「過労死」が社会問題化していきました。そして、前述した「職業病リスト」にも、2010年の労基則改正により、脳・心臓疾患が新たに業務上の疾病として追加されました。もっとも、労働者が脳・心臓疾患を発症すれば、当然に業務上の災害となるわけではありません。そして、脳・心疾患は、業務上の疾病であるか否かの認定が非常に難しいという問題があります。すなわち、これらは、どんな職業でも発症しうること、就業時間外でも発症しうること、業務外の要因によっても発症しうること、基礎疾患を有する者の発症が少なくないことから、業務に起因して発症したのか、業務外の要因により発症したのかの判別が困難となるのです。

　この、脳・心疾患の業務起因性判断について、現在は平成13年12月12日の通達（基発1063号）が定める基準によって判断されています。すなわち、(a)発症直前から前日の間に「異常な出来事」（極度の緊張等、強度の精神的負荷を引き起こす突発的な事態等）に遭遇した（札幌中央労基署等事件・札幌地判平29.5.15労判1166-61等参照）、(b)発症前約1週間までに、短期の「特に荷重業務」に従事した、(c)発症前約6か月の間に慢性疲労をもたらす「長期間の過重業務」に従事

脳血管疾患及び虚血性心疾患等の認定基準
について

した場合を基本とし、発症前1か月の間に時間外労働が約100時間を超える、または発症前2か月〜6か月の間に時間外労働が1か月当たり約80時間を超える場合には、業務と発症との関連性が強いとしています。特に、(c)の基準については、しばしば「過労死ライン」と呼ばれています。

　なお、行政における労災認定判断においては、統一的・画一的な運用の必要性から、上記の基準によって脳・心疾患の業務起因性が判断されることとなりますが、これに対して裁判例においては、個別の事情を考慮しつつ、脳・心疾患の発症が業務に起因するものであるか否かを、より柔軟に認める傾向にあります（豊田労基署長（トヨタ自動車）事件・名古屋地判平19.11.30労判

951-1、旭川労基署長（NTT東日本北海道支店）事件・札幌高判平22.8.10労判1012-5など）。

　また、疾患の発症それ自体には業務起因性がない場合であっても、発症後も引き続き業務に従事しなければならず、そのために適切な治療機会を持つことができなかった結果、症状が悪化したというケースも想定されます（地公災基金東京支部長（町田高校）事件・最3小判平8.1.23労判689-16、尼崎労基署長（森永製菓塚口工場）事件・大阪高判平12.11.21労判800-15など参照）。このような場合について、裁判例は、業務ゆえの治療機会の喪失による死亡という結果の発生は、業務に内在する危険が現実化したものであるとして、業務起因性を認めています（「治療機会の喪失」論）。

地公災基金
東京支部長
（町田高校）事件

③過労自死

　一般に、被保険者が故意に保険事故を引き起こした場合には、保険給付は行われません。したがって、労働者が自殺した場合には、「労働者の故意による死亡」として、労災保険給付の対象外とされます（労災保険法12条の2の2第1項）。ただし、いわゆる「過労自死」の場合については、裁判例は、労災保険法12条の2の2に該当しないとして、労災補償の対象と認める判断を積み重ねてきました。

　そして、2010年の労基則改正で、精神疾患が新たに業務上の疾病に追加されました。続けて、2011年12月26日の通達（基発1226号第1号）では、(a)対象疾病に該当する精神障害を発病していること、(b)発病前6か月の間に業務による強い心理的負荷が認められること、(c)業務以外の心理的負荷および個体側要因により発病したとは認められないこと、という条件を満たす場合には、精神障害を業務上の疾病と認め、その結果としての自殺も業務上災害と認めることとなりました。ここでいう「強い心理的負荷」については、具体的な事例ごとに、それによって生じる心理的負荷を強・中・弱の3段階に区分し、その組み合わせによって判断が行われています。

たとえば、「ひどい嫌がらせ、いじめ、または暴行を受けた」（パワハラ）については、「強」の心理的負荷、「違法行為の強要、達成困難なノルマ、顧客や取引先からの無理な注文等」については、「中」または「強」の心理的負荷などとされています。なお、精神障害の労災認定基準については、2019年末に見直しのための検討会が開催され、最新の医学的知見や、過労死・過労自死予防の必要性、パワハラの問題などを踏まえた再検討が進められています。

 心理的負荷による精神障害の認定基準について

（3）通勤災害

通勤災害とは、通勤による負傷、疾病、障害、または死亡のことをいいます。通勤は、あくまでも労働契約上の義務である労務給付の場所に移動する行為にすぎません。通勤中は労働者が使用者の支配下にあるとはいえず、通勤中の災害は、「業務上の災害」には該当しません。他方で、通勤は大半の労働者にとって業務に必然的に伴うものであり、そのリスクは、業務に起因するものではないにしても、密接な関連性を有するものとはいえるでしょう。そこで、労災保険法は、通勤災害についても、業務上の災害と同様の給付を定めています。

通勤災害と認められるためには、労働者が「就業に関し」、①住居と就業の場所との間の往復、②就業の場所から他の就業の場所への移動、③①に先行するまたは後続する住居間の移動、のいずれかを、「合理的な経路および方法」により行っていた際に生じた災害であることが必要です。労働者が通勤中に、移動の経路から逸脱する（就業・通勤とは無関係に、合理的経路から逸れる）、移動を中断する（通勤途上で通勤とは関係ない行為を行う（帰宅途中の長期間の飲食など））場合、それ以降についてはすべて通勤ではなくなります。ただし、例外として、日常生活上やむを得ない事由により行う最小限度のものである場合については、当該逸脱を終了し、合理的経路に復帰した後については、「通勤」に戻るとされます。この場合でも、逸脱・中断中は「通勤ではない」

と評価されます。

2　使用者の「安全配慮義務」

（1）労災民訴

　労災保険制度による補償は、労災による損害のすべてをカバーできるわけではありません。たとえば、休業による補償は賃金の全額を保障するものではありませんし、障害補償はその医療費等を全額カバーするわけではなく定額が支給されます。また、労災補償制度には、精神的損害に対する補償（慰謝料）がありません。

　このように、労災保険制度によってカバーしきれない損害について、使用者に対して賠償請求すること（労災民訴）ができるでしょうか。日本では、こうした労災民訴が認められています。他方、諸外国の中には、労災補償を受ける場合には、原則として民事賠償の請求ができないとする国も少なくないようです（使用者の故意または重過失による場合は除かれる傾向にあるようです）。

（2）安全配慮義務とは

　（1）で述べたように、日本では法制度上、労災民訴の可能性が認められています。そして、労災に対する損害賠償請求については、素直に考えれば、使用者による不法行為（民法709条以下）を根拠として行われることになるでしょう。しかし、不法行為制度による労災民訴は、当初、①時効が短い（3年）、②労働者側が「使用者に過失があること」を証明しなければならない、などの理由から、救済のハードルが高いと考えられていました。

　そこで、不法行為に基づく請求ではなく、使用者がそもそも「安全配慮義務」を負っていると構成し、この安全配慮義務違反として債務不履行（民法415条）の責任を追及するという理論が、実務において形成されました。すなわち、当時においては、民法415条を根拠にすると、時効が10年となるほか、労働者側の証明のハードルが低いと考えられていたのです。

そして、陸上自衛隊八戸車輌整備工場事件（最3小判昭50.2.25民集29-2-143）において、最高裁が初めて安全配慮義務という考え方を認めました。この事件は、公務員に対する国の安全配慮義務を認めるものでしたが、その後、川義事件（最3小判昭59.4.10民集38-6-557）で、民間の労働者についても使用者の安全配慮義務を認める判断が示されました。

　その後も、安全配慮義務に関する裁判例が積み重ねられ、現在では、労契法において「安全配慮義務」が明文化されています（労契法5条）。すなわち、安全配慮義務とは、使用者が、労働契約に伴い負っている、労働者がその生命、身体等の安全を確保しつつ労働することができるよう、必要な配慮をする義務とされています。具体的には、使用者が労務提供のために設置する場所、設備もしくは器具等を使用し、または使用者の指示のもとに、労働者が労務を提供する過程において、労働者の生命および身体等を危険から保護するよう配慮すべき義務と考えられています（前掲・川義事件参照）。

（3）健康配慮義務

　安全配慮義務とは、文字通り、労働者が安全に働けるように、すなわち就業中に災害が発生しないように最善の注意を払っていれば、それで足りるのでしょうか。この点、いわゆる過労自死の事案である電通事件（最2小判平12.3.24民集54-3-1155）で、最高裁は、使用者は、就業中の災害を予防する安全配慮義務を負うことに加え、業務の遂行に伴う疲労や、心理的負荷が過度に蓄積して労働者の心身の健康を損なうことがないように注意する義務を負う旨を述べています。すなわち、使用者は、安全配慮義務の一環として健康配慮義務を負っていると言えます。

（4）過労自死と労働者の心因的要素

　過労自死の事案においては、過重労働だけではなく、労働者の性格等が相まって精神障害を発症し、自死に至るケースも考えられます。このような場合、労働者の性格などの心因的な要素は、使用者が負う賠償額の算定に影響

を与えうるでしょうか。

　この点、前掲・電通事件では、原審 (東京高判平9.9.26労判724-13) は、労働者がうつ状態になって自殺に至ったことについて、本人の真面目過ぎる性格が大きな要因を占めているとして、賠償額を大幅に減額しました。これに対し最高裁は、労働者の性格が通常想定される範囲を外れるものでない限り、これを斟酌すべきではないとして、原審を覆し、賠償額を減額しない判断を示しました。

　もっとも、その後の裁判例の蓄積を見ると、労働者の心因的要素をまったく考慮しないわけではないようです。すなわち、民法722条2項の規定 (過失相殺) を類推適用するなどし、損害の発生や拡大に寄与した被害者の性格等を考慮して損害賠償額の減額がされているケースも散見されます。労働者の心因的要素による減額がどのような場合に認められるのかについて、裁判例はその基準を明示しているわけではありません。とはいえ、それぞれの事例を見る限り、自殺に至った要因に付き、使用者側の業務管理上の落ち度の比重が高いケース (うつ病発症の要因として過重労働が大きな要因である、容易に精神に支障をきたしうるような荷重な労働をさせていた等) においては、労働者の性格に原因を求めることは許されないと判断する傾向にあるようです。

（5）安全配慮義務は誰が誰に対して負うのか

　安全配慮義務は、使用者がその直接雇用する労働者に対してのみ負っている義務でしょうか。確かに、安全配慮義務は、現在では労契法に規定されており、労働契約に付随して、使用者がその雇用する労働者に対して負っている義務であるようにも思えます。しかし、そもそも最高裁が初めて安全配慮義務を認めたケース (前掲・陸上自衛隊八戸車輌基地事件) は、公務員の事例でした。そして、同事件で最高裁は、安全配慮義務について、「ある法律関係に基づいて特別な社会的接触の関係に入った当事者間において…信義則上負う義務として一般的に認められる」と述べています。したがって、安全配慮義務の対象は、雇用契約に基づいて直接的に雇用している労働者のみに限られ

るわけではなく、一定の（労務の提供に関係する）社会的関係にあれば、生じうるものと理解されています。典型的には、元請会社は下請会社の従業員に対して、安全配慮義務を負うものとされています（三菱重工事件・最1小判平3.4.11労判590-14）。

三菱重工事件

これに関連して、近年、過労死事件を中心に、被災労働者（の遺族）が、使用者たる企業だけでなく、その代表取締役ないし取締役個人に対して、損害賠償請求をする事案があらわれてきています。これは、会社役員の悪意・重過失（任務懈怠）によって第三者に生じた損害に対する賠償責任（会社法429条1項）を根拠とするものです。労働者の過労死をもたらした長時間労働につき、当該事業場について責任を負う取締役ないし人事労務管理に責任を負う取締役などが責任を認められています（大庄ほか事件・大阪高判平23.5.25労判1033-24など参照）。

（6）労災補償との調整

ここまで見てきたように、労働災害の場合においては、日本では、労災補償の給付請求と労災民訴を並行して行うことができます。それでは、労災について、労働者が労災保険による補償を受けている場合、使用者による民事賠償との関係はどうなるのでしょうか。

整理すると、労働災害の救済は、①労基法上の労災補償、②労災保険法による労災保険給付、③使用者による民事賠償という三つが考えられるところ、(a)②がなされた範囲について、①は免除され（労基法84条1項）、(b)①がなされた範囲について、③は免除され（労基法84条2項）、(c)②がなされた範囲について、③は免除される（労基法84条2項の類推適用）と考えられています。労災保険給付は、労災によって使用者が賠償すべき損害の穴埋め（填補）が目的であるためです。

ただし、災害による損害そのものに対する賠償としての性質をもたない慰謝料等については、そこから労災補償給付分の控除はできないと考えられています。また、労災保険制度による補償のうち、特別給付金は、労働者の損

害を填補するのが目的ではなく、労災保険の福祉事業として行われているものであるため、この給付額を控除することはできないと考えられています。

練習問題

労災保険法に基づく労災補償給付について、その給付内容と、給付を受けるための手続きを説明しなさい。

参考文献 ─────────────────────

有田謙司「安全衛生・労災補償の法政策と法理論」、川田知子「過労死と安全衛生・労災補償」、青野覚「職場におけるメンタル・ヘルス不調による精神障害・自殺の補償と予防―労災保険法による補償と労働安全衛生法に基づく予防を中心に」、三柴丈典「使用者の健康・安全配慮義務」、いずれも日本労働法学会編『講座労働法の再生〈第3巻〉 労働条件論の課題』(日本評論社、2017年)所収

── 第 10 章 ──

懲戒

レジュメ

1 懲戒処分権限の根拠
　（1）　企業秩序と服務規律
　（2）　懲戒権の根拠

2 懲戒事由
　（1）　業務命令違反
　（2）　職務懈怠／職務上の非違行為
　（3）　内部告発
　（4）　私生活上の非行
　（5）　兼業・副業

3 懲戒処分の種類
　（1）　譴責
　（2）　減給
　（3）　出勤停止
　（4）　降格
　（5）　諭旨解雇
　（6）　懲戒解雇

4 懲戒権の濫用
　（1）　処分内容の相当性
　（2）　手続の適正さ

事例　Xさんは、残業が続いたうえ、支払われている残業代が自分の計算と合わないことに腹を立て、SNS上で会社名を明記したうえで、「こんなブラック企業やってられない」と書き込んだ。翌日、上司から呼び出しを受け、上記の書き込みについて、「会社の名誉を著しく

傷つけたので懲戒解雇とする。直ちに私物を片付けて帰るように」と言われた。Xさんに対する会社の措置は法的に認められるか。

1 懲戒処分権限の根拠

（1）企業秩序と服務規律

　多くの企業では、就業規則または労働契約に、労働者が守らなければならない「服務規律」が定められています。そして、こうした服務規律に反した労働者に対しては、しばしば懲戒処分が科されます。これは、多くの労働者が共同して働く職場においては、事業運営を円滑に遂行するため、一定の秩序（企業秩序）が必要であることから、こうした秩序を確立するためのルールとして定めていると理解されています。判例も、「使用者は、広く企業秩序を維持し、もって企業の円滑な運営を図るために、その雇用する労働者の企業秩序違反行為を理由として、当該労働者に対し、一種の制裁罰である懲戒を課することができる」（関西電力事件・最1小判昭58.9.8労判415-29）として、懲戒処分の目的が、企業秩序の維持及び企業の円滑な運営を確保するための、企業秩序違反行為に対する制裁であるとしています。

関西電力事件

（2）懲戒権の根拠

　それでは、企業秩序維持の目的のために、使用者が懲戒処分を行うことができる法的な根拠は何でしょうか。この点について学説では、古くから多くの議論が重ねられてきています。

　第一の考え方は、「固有権説」と呼ばれる考え方です。懲戒権を、使用者が企業を管理運営する権限の一環として、あるいは労働契約の性質上当然に、使用者が企業秩序を維持するために有する当然の権限と理解するものです。

　第二の考え方は、「契約説」と呼ばれる考え方です。この考え方によれば、懲戒権は労働契約の内容となって初めて生じることになります。

判例は、前掲・関西電力事件にあるように、企業秩序を維持するためにその違反に対して懲戒処分を課すことができるとしており、固有権説の考え方に近いのではないかと理解されてきました。

　もっとも、関西電力事件最判は、「労働契約を締結して雇用されることによつて、使用者に対して…企業秩序を遵守すべき義務を負（う）」としています。

国鉄札幌駅事件

また、国鉄札幌駅事件（最3小判昭54.10.30労判329-12）では、「企業は、その存立を維持し目的たる事業の円滑な運営を図るため…企業秩序を定立し…これに違反する行為をする者…には、企業秩序を乱すものとして…制裁として懲戒処分を行うことができる」とする一方、それは「規則に定めるところに従（う）」として、使用者が企業秩序を根拠に無媒介に懲戒権を行使できるわけではない旨を述べており、契約説として理解する余地もある判示をしていました。

フジ興産事件

さらに、その後のフジ興産事件（最2小判平15.10.10労判861-5）では、「使用者が労働者を懲戒するには，あらかじめ就業規則において懲戒の種別及び事由を定めておくことを要する。」と述べています。こうしたことから、現在においては、判例は契約説の立場をとっていると評価する見解も有力です。

　このように、懲戒権の根拠については、今なお理論的な決着を見ていないのが現状です。他方で、少なくとも懲戒権の行使にあたっては、就業規則等で懲戒の種別・事由を定め、その内容を周知しておくことが必要（労契法7条参照）となることについては、異論のないところです。

2　懲戒事由

（1）業務命令違反

　代表的な懲戒事由の一つは、業務命令違反です。たとえば、配転または出向などの人事異動命令を拒否した、あるいは会社による個別の指揮命令に

反したなどがこれに当たるでしょう。業務命令違反を理由とする懲戒処分は、違反が問題となった業務命令が法的に無効であれば、懲戒処分を科す根拠が消滅することから、懲戒処分も無効になります。他方、業務命令が有効である場合には、これに対する違反は、通常は懲戒事由に該当するでしょう。

（2）職務懈怠／職務上の非違行為

もう一つの典型的な懲戒事由は、職務懈怠ないしは職務上の非違行為です。軽微なものとしては、遅刻がこれに当たりますし、無断欠勤はより重大といえるでしょう。もっとも、これら遅刻・無断欠勤の事実があることにより、直ちに、当然に懲戒事由に該当するとは判断されません。懲戒処分の目的を踏まえれば、あくまでもそれらの行為により「企業秩序を乱す」に至ることが必要です（典型的には、遅刻を繰り返す等）。

なお、無断欠勤が続いた労働者について、その原因が体調不良等にある場合には、使用者が健康診断の実施、治療・療養のための休職をさせる等の配慮を要し、これらの対応をすることなく懲戒処分をすることは認められないとした判例があります（日本ヒューレット・パッカード事件・最2小判平24.4.27労判1055-5）。

日本ヒューレット・パッカード事件

（3）内部告発

近年、しばしば問題となるものの一つに、いわゆる「内部告発」に対する懲戒処分があります。内部告発あるいは使用者に対する批判は、その結果として使用者の名誉・信用を傷つけることになるので、形式的には懲戒事由に該当しうるでしょう（前掲・関西電力事件参照）。しかし、内部告発・使用者批判は、不正の摘発、あるいは事業運営の改善につながる場合もあります。また、労働者の表現の自由ともかかわりますから、保護が必要となります。

こうした内部告発あるいは使用者批判は、古くから労働組合の正当な活動といえるかどうかという観点で、多く争われてきました。他方で、近年は企

業による不祥事が続発し、一方ではコンプライアンス（法令遵守）が社会的な課題となる中で、個別の労働者による内部告発の例が増え、これに対する懲戒処分が問題となる事例も増えています。

　まず前提として、労基法等の一定の法律では、法違反の申告の権利及びこれに対する不利益取扱いの禁止が定められています（労基法104条、派遣法49条の3など）。

　そして、これらに該当しない批判・告発についても、裁判例は、a)内容が真実である、または真実と考える相当の理由があるか、b)不当な目的によるものでないか、c)態様が不当なものでないかといった事情を総合的に考慮して、正当といえる範囲であれば、懲戒事由には該当しないとしています（大阪いずみ生活協同組合事件・大阪地堺支判平15.6.18労判855-22、トナミ運輸事件・富山地判平17.2.23労判891-12など）。

　また、2006年には、一定の内部告発者を保護することを目的として、公益通報者保護法が制定されました。しかし、公益通報者保護法は、その適用対象者や対象となる通報事実が限定され、また不利益取扱いからの保護が適用される要件も細かく限定されており、実効的とはいいがたいのが現状です。

（4）私生活上の非行

　懲戒処分をめぐって特に難しい問題の一つが、私生活上の非行を理由とする懲戒です。実務上、職場外で行われた労働者の行為についても、懲戒事由に該当する旨を就業規則に定め、あるいは包括的な条項を根拠に、私生活上の行為に対する懲戒処分が行われることがしばしばあります。しかし、本来、労働契約によって使用者が労働者を拘束できるのは、労働時間中に限られ、労働時間外の私生活において労働者がどのように行動するかは自由のはずです。

日本鋼管事件

にもかかわらず、使用者が労働者の私生活上の行為を理由として懲戒処分を科すことは、プライベートに対する侵害ともなりうるため、問題となります。

判例は、私生活上の行為であっても、企業の円

滑な運営に支障をきたす等、企業秩序に関係を有
するものについては、懲戒を課すことも許される
としています（前掲・関西電力事件）。他方で、私
生活上の非行については、それが懲戒事由に該当

横浜ゴム事件

するかどうかを慎重・抑制的に判断する傾向にあります（日本鋼管事件・最2小
判昭49.3.15民集28-2-265、横浜ゴム事件・最3小判昭45.7.28民集24-7-1220）。

（5）兼業・副業

　多くの企業では、勤務時間中はもちろんのこと、勤務時間外であっても、
兼業・副業を禁止する規定を定めているようです。しかし、(4)で述べたよ
うに、本来、勤務時間外は、労働者の私生活に属する領域であり、使用者に
介入されるいわれはありません。また、労働者には職業選択の自由があります。こうしたことから、労働者が兼業・副業を禁止する規定に違反した場合
であっても、裁判例は、これを当然に懲戒事由に該当するとは判断せず、兼
業・副業の結果、本来の業務の遂行に支障をきたした場合、あるいは競業会
社で副業する等の誠実義務に違反するといった場合を除いては、懲戒事由に
該当しないと判断する傾向にあります。たとえば、十和田運輸事件（東京地
判平13.6.5労経速1779-3）では、運送会社の運転手が年に数回、休日に貨物
運送のアルバイトをしたことを理由とする解雇が無効と判断されています。

　なお、近年、働き方の多様化を促進する目的から、兼業・副業を促進する
政策的な動きがみられます。しかし、兼業・副業は、本来は労働者の私生活
における領域の事項であり、政府によって「促進」される性質のものとはいえ
ないでしょう。また、諸外国の例を見ても、「副業」と称されているものの多
くは、自営的な活動が中心となっていますし、雇用と雇用を組み合わせた副
業・兼業は、長時間労働につながる危険もありま
す。こうした配慮を欠く安易な兼業・副業の促進
が妥当といえるかは、疑問が残ります。

厚生労働省
「副業・兼業の
促進に関する
ガイドライン」

3 懲戒処分の種類

懲戒処分の種類としては、一般に以下のようなものがあります。

（1）譴責

譴責とは、一般に、始末書の提出を伴う注意処分のことをいいます。もっとも軽い懲戒処分の一つといえますが、企業によっては、訓告・戒告等、始末書の提出を求めない注意処分を設けている場合もあります。

（2）減給

減給とは、文字通り、賃金の一定額を差し引く処分のことです。減給処分については、「1回の額が平均賃金の1日分の半額を超え、総額が一賃金支払期における賃金の総額の1/10を超えてはならない」とされています（労基法91条）。なお、人事考課における低査定のほか、以下に述べる出勤停止、降格に伴う賃金の減少は、労基法91条が規制する減給には該当しません。

（3）出勤停止

出勤停止とは、労働契約そのものは存続させつつ、一定期間の就労を禁止することをいいます。出勤停止期間中については、賃金が支払われず、また退職金の計算等の基礎となる「勤続年数」に参入しない取扱いをすることが多いようです。

なお、懲戒処分としての出勤停止とは別に、労働者に非違行為（の疑い）が認められる場合に、事実関係の調査、あるいは処分内容の決定までの期間について、自宅待機（出勤停止）が命じられることがあります。この自宅待機自体は、懲戒処分として行われるものではありませんので、業務命令として実施されることになります。したがって、原則として賃金の支払いが必要となります。

（4）降格

降格とは、職能資格上の資格ないし職位を引き下げる処分のことをいいま

す。懲戒処分として実施される降格は、人事異動の一環として行われる降格（いわゆる、左遷）とは異なり、懲戒処分として実施するうえでの根拠規定が必要になります。

（5）諭旨解雇

諭旨解雇とは、労働者に対し、即時の自己退職を求めつつ、一定期間内に退職届が提出されない場合には、懲戒解雇する旨の処分をいいます。諭旨解雇の通告に応じた場合には、解雇されるのではなく、労働者が自ら退職することになるので、「諭旨退職」と称されることもあります。諭旨解雇の通告に応じて自己退職した場合は退職金が支給される一方、後述するように、懲戒解雇の場合には退職金が不支給ないし減額されることが多いことから、事実上、懲戒解雇の猶予としての性質を有するのが一般的です。したがって、諭旨解雇の法的な有効性が争われる場合には、懲戒解雇に相当するといえるかどうかという観点から判断されることになります（ネスレ日本事件・最2小判平18.10.6労判925-11）。

（6）懲戒解雇

懲戒解雇は、懲戒処分として最も重い処分です。一般的には、解雇予告期間を設けず（即時解雇）、また、退職金の全額または一部の不支給を伴うことが多いようです。

もっとも、労基法20条1項但書で定める即時解雇の規定は、懲戒解雇であれば当然該当するわけではなく、別途に検討されることになります。また、退職金の不支給についても同様に、懲戒解雇が認められれば当然に認められるわけではありません。退職金の不支給については、当該企業における退職金の性質、問題となった労働者の非違行為が退職金を不支給とするに相当するものといえるか等の事情が総合的に判断されます。たとえば、小田急電鉄事件（東京高判平15.12.11労判867-5）では、懲戒解雇を有効とする一方、退職金については3割の支給を命じています。

なお、懲戒解雇は、一方では労働契約の解約たる解雇としての性質を有しますが、同時に、懲戒処分としての性質も有します。したがって、その正当性の判断にあたっては、解雇権の濫用を規制する労契法16条と、後述する懲戒権の濫用を規制する労契法15条の双方が適用され、審査されます。

4　懲戒権の濫用

　労働者の行為が懲戒事由に該当する場合であったとしても、使用者は、それを理由として自由に懲戒処分をなしうるわけではありません。すなわち、使用者が懲戒権に基づいて処分をするためには、「客観的に合理的な理由」および「社会通念上の相当性」が必要です。これらを欠く懲戒処分は、懲戒権の濫用であり、無効となります（労働契約法15条）。懲戒権の濫用に当たるか否かについては、おおむね、処分内容が相当といえるか、および処分手続きが適正といえるか、という二つの点が問題となります。

（1）処分内容の相当性

　懲戒処分の内容は、処分対象となった行為の性質・態様に照らし、不相当に重いものであってはならないとされます。処分内容が相当といえるか否かについては、具体的には、①問題となった行為によって使用者に与えた損害、②処分対象労働者の、それまでの懲戒処分歴、日頃の勤務態度、勤務成績、③反省や謝罪の有無、④問題となった行為について、使用者側に管理上の落ち度が無かったか否か、⑤問題となった行為について、複数の労働者が関与していた場合に、他の労働者に対する処分との比較、⑥過去に行われた処分との均衡などが考慮されます。

（2）手続の適正さ

　懲戒処分は、労働者に対しての特別な制裁措置としての性質を有することから、適正な手続きを経て実施されることが必要となります。具体的には、処分の前には、処分対象となる労働者から事情を聴取し、弁明の機会を与え

ることが必要と考えられています。

このほか、懲戒事由等を新たに新設し、遡及的に適用することや、労働者の同一の行為に対し、二重に処罰することは、いずれも、原則として許されないとされています。

column
3

近年、SNS上での不適切な発言・書込みが原因で、しばしば「炎上」し、所属先から懲戒処分を受ける例がみられます。SNSの活用についてはその影響力を考えてするべきですし、他人を傷つける、あるいは差別をあおるような発言・書込みが法的・社会的に許されないのは当然です。他方で、懲戒処分の有効性という観点から見た場合には、上記のような発言・書込みの多くが、私生活上の行為であることに留意する必要があります。単に不適切な発言・書込みをしたというのみで処分は正当化されず、あくまでも企業の名誉・信用を具体的に傷つけ、あるいは企業秩序を乱したといえる場合に、懲戒処分の対象となり得ると考えるべきでしょう。

練習問題

使用者が労働者に対して懲戒処分を科すことは、どうして認められるのか、懲戒処分をする権限の根拠、および懲戒処分が有効とされるための条件について、学説や判例の考え方を踏まえつつ説明しなさい。

参考文献

淺野高宏「懲戒処分と労働契約」日本労働法学会編『講座労働法の再生〈第2巻〉労働契約の理論』（日本評論社、2017年）
鈴木隆「企業の懲戒・制裁」日本労働法学会編『講座21世紀の労働法〈第6巻〉労働者の人格と平等』（有斐閣、2000年）

第11章

労働契約の終了

レジュメ

1　労働契約の終了の各場面

2　解雇

（1）　解雇の種類

（2）　解雇の手続きに関する規制

（3）　労働協約・就業規則等による解雇制限

（4）　法令による解雇制限

（5）　解雇権の濫用

（6）　整理解雇

（7）　解雇の救済

3　辞職

（1）　辞職に関するルール

（2）　辞職に対する嫌がらせ的損害賠償請求

（3）　有期労働契約における期間途中辞職

4　合意解約

5　その他の労働関係の終了の場面

（1）　当事者の消滅

（2）　その他の労働契約終了の場面

事例　　大学生のXさんは、今のアルバイト先（Y社）で2年間就労しています。しかし、Y店長から「売り上げが伸びないんだよ。何人かのアルバイトに辞めてもらいたいんだけど、Xさんは学生だから辞めてもらうことにした。明日から来なくていい。」と言われました。Xさんは「それは解雇ということですか？」と尋ねると、A店長は「そうだよ」と言うのみでした。

納得できないＸさんは、Ｙ社に法的な対応を求めたいと考えています。どのようなことが可能だと思いますか。

1 労働契約の終了の各場面

労働契約の終了の各場面

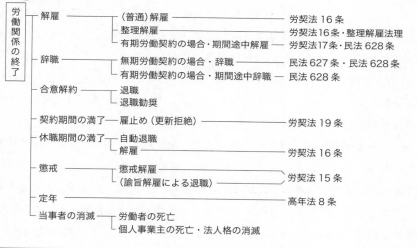

2 解雇

(1) 解雇の種類

　解雇とは、使用者が労働契約関係を将来にわたって一方的に解約することをいいます。解雇はその性質の違いから、①(普通)解雇(一般的には普通解雇と称されます)、②整理解雇、③期間途中解雇に分けられます。②整理解雇とは、企業経営の悪化などを原因として、使用者側の都合でなされる解雇をいいます。③期間途中解雇は、有期労働契約の期間途中でなされる解雇です(⇒第4部第5章　有期雇用労働者・パート労働者)。期限を付した利益は最大限尊重されなければなりませんから、原則として期間途中解雇はできません。これには、整理解雇的になされるものと、労働者側の問題を理由になさ

れるものがあります。これ以外の解雇は、①（普通）解雇です。

　解雇は、労働者の経済的・職業的不利益を伴うので、その手続きおよび内容の両面から規制がなされています。

（2）解雇の手続きに関する規制

①解雇予告制度

　解雇による労働者の経済的打撃を緩和し、解雇後の生活に備える余裕を与えることを目的として、解雇予告制度が設けられています。まず、使用者が解雇するには少なくとも30日前に予告する必要があります（労基法20条1項前段）。また、即時に解雇する場合には、30日分の平均賃金を支払わなければなりません（労基法20条1項後段）。なお、解雇予告日数の1日分は、1日分の平均賃金に換価可能です（労基法20条2項）。

　この解雇予告制度には例外があります。すわなち、①「天災事変その他やむを得ない事由のために事業の継続が不可能となった場合」、および、②「労働者の責めに帰すべき事由に基づいて解雇する場合」は、解雇予告の必要がありません（労基法20条1項但書）。ただし、使用者による濫用を防ぐため、所轄の労働基準監督署長の認定を受けなければなりません（労基法20条3項）。

　なお、懲戒による解雇にも解雇予告は必要です。しかし、その多くは、「労働者の責めに帰すべき事由に基づいて解雇する場合」に該当することになるでしょう。また、次の場合には解雇予告制度自体の適用がありません（労基法21条）。

- ・日々雇い入れられる者（1か月以上引き続き使用された場合は適用される）
- ・2か月以内の期間を定めて使用される者（所定の期間を超えた場合は適用される）
- ・季節的業務に4か月以内の期間を定めて使用される者（所定の期間を超えた場合は適用される）
- ・試用期間中の者（ただし、14日以内）

②解雇予告制度に反してなされた解雇の効力

解雇予告制度に反してなされた解雇の効力はど
うなるでしょうか。この点、最高裁は細谷服装事
件（最2小判昭35.3.11民集14-3-403）において、「即
時解雇としては効力を生じないが、使用者が即時

細谷服装事件

解雇を固執する趣旨でない限り、通知後同条所定の30日の期間を経過するか、
または通知の後に同条所定の予告手当の支払をしたときは、そのいずれかのと
きから解雇の効力を生ずる」としました。この立場を、相対的無効説といいます。

（3）労働協約・就業規則等による解雇制限

　「解雇の事由」は、労働契約の締結時における労働条件の書面明示義務事項と
なっています（労基法15条）。また、「解雇の事由」は、就業規則の絶対的必要記
載事項ともされています（労基法89条3号）。すなわち、多くの企業では、就業
規則や個別労働契約によって、「解雇の事由」が列挙されていることになります。
　労働協約にも、「解雇の事由」に関する規定がある場合が多いとされています。
　これら、労働協約や就業規則等で定められる「解雇の事由」は、それ以外の
事由で解雇することが制限される限定列挙か、それとも例示列挙かについて
は争いがあります。筆者は限定列挙説の立場ですが、両説の違いは相対的な
ものといえましょう。なぜなら、多くの労働協約・就業規則等には、「その他
前各号に掲げる事由に準じる事由」という規定が置かれている実態があるか
らです。このような規定の存在を有効とする限り、例示列挙説あるいはそれ
と同等に解釈されることになるでしょう。

（4）法令による解雇制限
①労働基準法上の解雇制限
（a）一定期間中の解雇制限

　業務上の災害のための休業期間とその後30日間、および産前産後の休業と
その後30日間は、解雇が禁止されています（労基法19条1項）。ただし、使
用者が、業務上の災害の場合に労基法81条の規定によって打切補償を支払う

場合は例外となります。また、天災事変その他やむを得ない事由のために事業の継続が不可能となった場合も同様です。後者の場合には、所轄の労働基準監督署長の認定が必要です（労基法19条2項）。

この規制は、一定期間中の解雇を制限したものです。よって、この解雇制限期間中は、他の解雇事由があったとしても解雇はできません。たとえば、小倉炭鉱事件（福岡地小倉支判昭31.9.13労民集7-6-1048）は、労基法19条の解雇制限には労働者の責に帰すべき事由に基づいて行われる懲戒解雇をも含むとしています。なお、解雇制限期間中の解雇予告は可能だとされています。

（ｂ）解雇理由制限

国籍・信条・社会的身分などを理由としてなされる解雇は禁止されています（労基法3条）。また、監督機関等への申告を理由とした解雇も禁止されています（労基法104条）。

②均等法上の解雇制限

性別を理由とした解雇は許されません（均等法6条4号）。女性労働者が婚姻したことを理由とした解雇は禁止されています（均等法9条2項）。また、女性労働者が妊娠・出産したことなどを理由とする解雇等の不利益取扱いをすることは許されません（均等法9条3項）。

さらに、妊娠中の女性労働者および出産後1年を経過しない女性労働者に対してなされた解雇は無効となります（均等法9条4項）。ただし、事業主が均等法9条3項に規定する事由を理由とする解雇でないことを証明したときは例外となります。

均等法9条3項
の事由

③育介法上の解雇制限

育児介護休業法が定める様々な制度（育児休業、介護休業、子の看護休暇、介護休暇、所定外労働の制限、時間外労働の制限、深夜業の制限、所定労働時間の短縮措置等）の申出（請求）および取得を理由とする解雇等の不利益取

扱いは禁止されています。

④労働組合法上の解雇制限

労働組合法は、ア）労働者が労働組合の組合員であること、イ）労働組合に加入しまたはこれを結成しようとしたこと、ウ）労働組合の正当な行為をしたことの故をもって、労働者を解雇するなどの不利益取扱いをすることを禁止しています（労組法7条1号）。

また、労働者が労働委員会に対し不当労働行為の申立等をしたことを理由とした報復的不利益取扱いも禁止しています（労組法7条4号）。

⑤その他の法令による解雇制限

まず、公益通報者保護法による解雇制限規定が挙げられます。公益通報者保護法は、一定の要件を満たす公益通報をした労働者に対する解雇を禁止しています（公益通報者保護法3条）。

その他、最低賃金法、雇用保険法などに監督機関等への申告・確認の請求を理由とした解雇制限規定が設けられています（最賃法34条2項、雇用保険法73条）。

（5）解雇権の濫用
①解雇権濫用法理の確立

ここまで説明したように、解雇は労基法などによって様々な規制がなされています。しかし、たとえば「労働者の労働能力が期待したものに到底満たない」とか、「私傷病により業務に耐えられない」といった理由で解雇できるのか、ということについては明確なルールがありませんでした。すなわち、法の解釈に委ねられていたのです。

この「すき間」を埋めたのが判例法理でした。たとえば、1か月の間に寝坊によって2回の放送事故を起こしたラジオ放送局のアナウンサーに対してなされた（普通）解雇の是非が争われた高知放送事件（最2小判昭52.1.31労判

高知放送事件

268-17)では、「普通解雇事由がある場合においても、使用者は常に解雇しうるものではなく、当該具体的な事情のもとにおいて、解雇に処することが著しく不合理であり、社会通念上相当なものとして是認することができないときには、当該解雇の意思表示は、解雇権の濫用として無効になる」と判示しました。すなわち、解雇については、①解雇の客観的合理性と②解雇という処分の社会的相当性について審査し、客観的合理性のない解雇、あるいは社会的相当性のない解雇は、解雇権の濫用として無効となるとしたのです。これが、いわゆる「解雇権濫用法理」です。この解雇権濫用法理は、現在労契法16条で明文化されています。

②解雇の客観的合理性

　業務外の傷病（私傷病）による労働能力喪失は、合理的理由たりうるとされています。しかし、私傷病が労働能力に重要な影響がない場合や早期に傷病からの回復が見込まれる場合には、解雇の合理的理由とはなりません。また、一定期間業務から離れて治療に専念する期間（休職期間）が設けられているのに、それら解雇回避措置を経ることなくなされる解雇も無効とされます。

　職場秩序に反する非違行為（同僚に対する暴言、セクシュアル・ハラスメントなど）、職務懈怠（遅刻・早退・欠勤など）、勤務態度不良・適格性の欠如を理由とした解雇については、その程度の重大性、改善の機会提供の有無、改善の見込みなどが考慮されて解雇の是非が判断される傾向にあります。

③解雇の社会的相当性

　裁判所は、仮に解雇に関する客観的合理性があったとしても、なお、労働者に対して解雇をもって臨むことが社会的に相当であるかについて判断します。具体的には、労働者に有利な事情を極力考慮して、解雇事由に照らして解雇をもって臨むことの妥当性、他の労働者との均衡、手続の妥当性等を厳格に審査する傾向にあります。

（6）整理解雇

　解雇のうち、使用者側の経営上の理由でなされる解雇を整理解雇といいます。整理解雇は、労働者に帰責性のない解雇ですから、通常の（普通）解雇に比べて、使用者にとってより高いハードルが設定されることになります。そして、この点についても裁判例の蓄積によって一定のルールが確立しています。これを「整理解雇法理」といいます。

　整理解雇法理は、具体的には、①人員整理を行う経営上の必要性、②解雇回避努力、③被解雇者選定の合理性・妥当性、そして、④労働組合または労働者との協議という点から解雇の是非を判断するものです。

　これらについて、初期の裁判例は要件と捉える傾向がありました（整理解雇の四要件）。代表的なものは、東洋酸素事件（東京高判昭54.10.29労判330-71）です。しかしその後、「いわゆる整理解雇の四要件は、整理解雇の範疇に属すると考えられる解雇について解雇権の濫用に当たるかどうかを判断する際の考慮要素を類型化したもの」（ナショナル・ウエストミンスター銀行事件・東京地判平12.1.21労判782-23）とするものが登場しました（整理解雇の四要素）。

東洋酸素事件

ナショナル・ウエストミンスター銀行事件

　現在は、四要件で判断するものと、四要素で判断するものに分かれ、裁判例の動向は固定化していません。

（7）解雇の救済
①地位の確認訴訟

　解雇禁止規定に反した解雇、解雇権の濫用と評価された解雇は無効となります。したがって、労働契約は解雇前後を通して存続することになります。民事訴訟としては、これを地位の確認訴訟として提起します。

②バックペイ

　解雇無効＝労働契約が存続していることになるので、その間の賃金請求権

の帰趨も問題となります。解雇期間中の賃金は、民法536条2項により、全額の請求が可能です。これを「バックペイ」といいます。

3　辞職

（1）辞職に関するルール

　辞職とは、労働者が一方的に労働契約関係を解約することをいいます。労働者の不利益性が高い解雇とは異なり、一般的には解約の自由（退職の自由）の問題とされています。したがって、労働者の辞職は、いつでも、どんな理由でも可能です。

　ただし、民法627条1項により、辞職の意思表示の効果は2週間経過後に生じることになります（期間によって報酬を定めた場合には、解約（辞職）の申入れは、次期以後についてすることができるとする民法627条2項がありますが、債権法改正の施行に伴い、労働者側のルールとしては廃止されました）。

　労働者の辞職について、就業規則等において民法の2週間という基準より長い予告期間が設定されている場合があります（たとえば1か月前までの予告）。これは民法627条1項の法的性格の問題に帰着するのですが、学説上はこれを強行法規と解するものが多数説です。裁判例の中にも、民法所定の期間を超えた部分の辞職について使用者による承認を必要とする旨を定める就業規則の規定を無効とした日本高圧瓦斯工業事件（大阪高判昭59.11.29労民集35-6-641）があります。

日本高圧瓦斯工業事件

　なお、民法628条も適用されると考えられており、「やむを得ない事由」があれば即時に辞職可能です。

（2）辞職に対する嫌がらせ的損害賠償請求

　労働者の辞職に対して、使用者によって嫌がらせ的に損害賠償請求がなされることがありますが、信義に反するような態様の辞職として、損害賠償が認められた事案はほとんどありません。裁判例でも、不安抑うつ状態を理由とした辞職（あるいは合意解約）した労働者に対して使用者側が損害賠償請求

した事案につき、使用者側の請求を棄却するとともに、労働者側から提起された不当訴訟を理由とする反訴請求を認容し、弁護士費用を含め110万円の損害賠償を認めたプロシード事件（横浜地判平29.3.30労判1159-5）があります。

（3）有期労働契約における期間途中辞職

有期労働契約の期間内は、「やむを得ない事由があるとき」に辞職することができます（民法628条）。

なお、有期労働契約を締結している場合でも、①明示された労働条件と事実が相違する場合（労基法15条2項）、および、②労働者が1年を超えて有期労働契約を締結している場合において1年を経過した日以後（労基法附則137条。ただし一部適用されない労働者がいる）においては、即時に辞職可能です。

4　合意解約

合意解約とは、労働者と使用者の合意によって、労働契約を将来にわたって解消することを約することをいいます。とくに、使用者側からの合意解約の申入れを、「退職勧奨」ということがあります。

厳密にいえば、この合意解約に関する明確な法律上のルールは存在していません。また、一方的な意思表示による法律行為である解雇や辞職とも異なり、予告やその他の解雇・辞職規制が及びません。このことから、一部の使用者による解雇法理等の潜脱を目的とした悪質な退職勧奨が問題となっています。

これに対しては、まず民法の錯誤、詐欺、強迫によって解決することが可能です。使用者の退職勧奨に応じてなされた退職について、その意思表示を「錯誤」により無効とした事案としては、大隈鉄工所事件（名古屋地判昭52.11.14労判294-60）や横浜高校事件（横浜地決平7.11.8労判701-70）があります。

また執拗になされた退職勧奨を不法行為とした下関商業高校事件（最1小判昭55.7.10労判345-20）もあります。また、退職勧奨行為が違法となる場合として、①労働者に対して不当な心理的圧力を加えたりすること、②労働者の名誉感情を不当に害するような言辞を用いたりすることと、具体的に示

下関商業高校
事件

した最近の裁判例として、日本アイ・ビー・エム事件（東京地判平23.12.28労経速2133-3）も参考となるでしょう。

5　その他の労働関係の終了の場面

（1）当事者の消滅

労働契約は一身専属的なものです。労働者が死亡した場合、使用者が個人事業主の場合で当該個人事業主が死亡した場合は、労働契約は消滅します。また、使用者が法人の場合は、法人格が消滅すれば労働契約も終了します。

（2）その他の労働契約終了の場面

労働契約が終了する場面としては、上記のほか、労働契約期間の満了（⇒第4部第5章　有期雇用労働者・パート労働者）、休職期間の満了（⇒第2部第8章　休暇）、懲戒解雇・諭旨解雇の場合の退職（⇒第2部第10章　懲戒）、定年（⇒第4部第7章　高年齢者）などがあり、これらはそれぞれの箇所で説明されています。

column

4

解雇の金銭解決制度

欧州などにおける解雇の救済は、一定の補償金の支払いによって労働契約関係を解消する金銭解決制度が中心です。日本でもこの解雇の金銭解決制度の導入を目指す動きがあります。というのも、都道府県労働局のあっせん、労働審判の調停・審判、民事訴訟の和解を調査したJILPTの報告書（JILPT「労働局あっせん、労働審判及び裁判上の和解における雇用紛争事案の比較分析」2015年）によれば、金銭解決の割合がいずれも9割を超えている一方、その解決金額にはばらつきがあるとされています（中央値で見ると、あっせんは156,400円、労働審判は1,100,000円、和解は2,301,357円）。これらの予見性の向上は急務であるとする意見があるのです。

もちろん、金銭解決制度の導入意見には、規制緩和の流れから、雇用の流動化の促進という思惑もあるでしょう。また、導入するとしても、使用者側からの金銭解決の申立を認めるのか、金銭解決の具体的基準をどう設定するのかなど、様々な課題があります。

　この金銭解決制度については、2017年の厚生労働省「透明かつ公正な労働紛争解決システム等の在り方に関する検討会」報告書において、そのあり方と必要性についてとりまとめられたのに引き続き、2018年から厚生労働省「解雇無効時の金銭救済制度に係る法技術的論点に関する検討会」において検討されています。

練習問題

(1) 労働者のXはただちに会社を辞めたいと考えています。どのようなことが可能でしょうか。無期契約労働者の場合と有期労働契約労働者の場合に分けて論じなさい。

(2) Yさん（女性）は、大手金融機関の一般職行員として就労しています。あるとき、上司から「当行は、経営危機にある。そこで行員の2割をリストラすることにした。Yさんもリストラの対象となった。来月末で解雇することになった。あとは人事部に聞いてくれ。」といわれた。困ったYさんが同僚に尋ねると、リストラされるのは一般職行員を含め全員女性のようだった。こんなに簡単に解雇できるのでしょうか？

参考文献

石﨑由希子「辞職・合意解約・定年制」『講座労働法の再生〈第2巻〉労働契約の理論』（日本評論社、2017年）315頁以下

山本陽大・細川良「資料シリーズ No.145　多様な正社員に関する解雇判例の分析」（JILPT、2014年）

「〈シンポジウム〉解雇法制の再検討」日本労働法学会編『解雇法制の再検討（日本労働法学会誌99号）』（法律文化社、2002年）

第3部

集団的労使関係の
ルール

The "First Step" to learning Japanese Labor and Employment Law

— 第 1 章 —

労働組合の結成と運営活動

レジュメ

1 労働組合の結成と加入
 （1） 労働組合結成の意義
 （2） 労働組合の結成と加入

2 法内組合（法適合組合）の要件
 （1） 労組法上の労働組合とは
 （2） 主体性の要件
 （3） 自主性の要件
 （4） 民主性の要件

3 労働組合加入・選択の自由とユニオンショップ協定の効力
 （1） 労働組合加入、選択の自由
 （2） 組合員資格と組合規約
 （3） ユニオンショップ協定

4 労働組合の組織と運営
 （1） 労働組合の組織
 （2） 組合の統制
 （3） 組合の財産と組合分裂

事例　　大学生Aは、テレビ番組制作会社でアルバイトをしています。同社の契約社員のBさんは、勤務時間が不規則なうえに、割増賃金はもらえず、ディレクターにパワハラを受けて不満を募らせ、大学で法律の勉強をしているAに労働組合の結成の相談をしました。どうしたら労働組合を作れるでしょう。

1 労働組合の結成と加入

(1) 労働組合結成の意義

　労働組合とは、賃金やボーナス、労働時間など労働条件の維持改善を図ることを主たる目的とする労働者の団体です（目的の要件。労組法2条　⇒第1部第3章　労働法のプレイヤー）。労働組合は団体交渉を通じて、労働組合員の労働条件について、使用者と対等な立場で交渉し、合意内容を労働協約として締結することを目的に活動を行います。

　労働条件の決定や変更にあたって団体交渉や労使協議を行うこと、あるいは各種の労使協定の締結等に際し労働者側と意思疎通を行い最終的には労使の合意に基づく決定と運用ができること、話し合いの場ができることは、使用者にとっても労働組合にとっても重要なことです。

(2) 労働組合の結成と加入

　憲法28条は勤労者の団結権を基本的人権として保障しています。ですから、労働組合を結成するか否か、労働組合に加入するか否かは、労働者の自由です。労働組合の結成には特別な手続は必要なく、使用者や役所に届け出る必要もありませんが（自由設立主義）、都道府県の労働主管部署（労政課、労政事務所、労働センター、労働相談情報センター等）に結成を通知しておくと、情報提供を受けたり、国が毎年実施する労働組合基礎調査の対象となります。労働組合の結成には、使用者の許可や承認は必要ありません。

　労働組合の結成のきっかけは、使用者に労働条件の改善を求めたいとか、組合員の問題の解決を図って欲しいという要求があることから、組合結成時に使用者に結成通知とともに団体交渉の申込みを行うことが多いようです。

　労働組合は、少なくとも2人以上の労働者が集まって自主的に結成すればよいのです。ここでいう労働者とは、労組法上の労働者（⇒第1部第3章　労働法のプレイヤー）を指します（主体性の要件）。労働者1人では結成できません（団体性の要件）。ただし、当初は複数の労働者で結成された労働組合だったけれども、使用者の脱退勧奨等によって脱退者が相次いで、組合員が1人

だけになってしまったような場合（一人組合）には、将来、組合員数が回復する可能性もあることから、なお団体性が維持されていると解されます。

2 法内組合（法適合組合）の要件

(1) 労組法上の労働組合とは

労組法2条本文では、労働組合は、①労働者が主体となって結成され（主体性の要件）、②自主的に結成されたこと（自主性の要件）、③労働条件の維持改善その他、経済的な地位の向上を目的とするもの（目的の要件）、労組法5条では④民主的に運営されていること（民主性の要件）が備わっていることを求めています。このうち、目的の要件は、1 (1) で説明をしました。

労組法5条1項は、労働組合は、労働委員会に証拠を提出して、労組法2条の要件と上記の労組法5条2項の規定に適合することを立証しなければ、労組法に規定する手続に参与する資格がなく、労組法に規定する救済を与えられないとします。この労働委員会での立証を「労働組合の資格審査」といい、これらに適合していると法内組合（法適合組合）として、手続への参与や労働委員会による救済手続の利用が可能となります。これは労働組合を結成したら資格審査を受けなければならないという意味ではなく、政策的に法内組合の要件を満たすように誘導するものです。

「手続に参与」とは、法人登記（労組法11条）、労働協約の地域的拡張適用申立（18条）、労働委員会の労働者側委員の推薦手続（19条の3第2項、19条の12第3項）を、「救済」とは不当労働行為に関する労働委員会への救済申立（27条）を指します。このほか、労働組合が職安法45条により労働者供給事業を行う場合にも、資格審査が必要です（職安法施行規則32条3項）。

(2) 主体性の要件

労働組合は「労働者」が主体となって結成されることが必要です。「主体となって」というのは、労働組合のメンバーの全員が労働者ではなければならないということではなく、その大部分が労働者であればよいのであって、一部

に労働者でないものがいても構いません。また組織の主要な地位を労働者が占めている必要があります。

(3) 自主性の要件

労働組合が、使用者の支配に置かれることなく自主独立して、対等な当事者として団体交渉、労働協約の締結にのぞめるよう、労組法2条は自主性の要件を定めました。

労働組合は、人的にも、経済的にも使用者から独立していることが求められています。そのため、労組法は、労働条件の決定や人事について決定権を持つ上級幹部（利益代表者）の加入を許したりするもの（労組法2条但書1号）や、使用者から労働組合の運営資金の援助を受けたりするもの（同2号）は、自主性を欠くとして労組法上の労働組合に当たらないとします。利益代表者の例は、労組法2条但書1号に示されています。

また、経済的な自主性を担保するために、労組法2条但書2号は、団体の運営のための経費の支出につき使用者の経理上の援助を受けるものは、労組法上の労働組合に当たらないとします。ただし、労働者が労働時間中に時間または賃金を失うことなく使用者と協議したり交渉することを使用者が許したり、企業内において労働組合に対し最小限の広さの事務所・掲示板を無償で供与することは、自主性を損なわないとしています。さらに、使用者が、労働組合が行う福利共済事業に寄附すること、すなわち、厚生資金または経済上の不幸、災厄を防止したり救済したりするための支出に実際に用いられる福利その他の基金に対する使用者の寄附はよいとします。これらは、適法な「便宜供与」と呼ばれています。便宜供与は労使合意の上で、労働協約に基づいて行われるのが一般的です。

(4) 民主性の要件

労組法は、労働組合が民主的に運営されることを求め、組合の運営や組合員範囲等に関する基本的な事項を定めた「組合規約」に、労働法5条2項に列

挙されている事項を定めることを求めています。

組合規約の例

労働組合は、労働委員会に証拠を提出して資格審査を受け、労組法2条の要件と組合規約が労組法5条2項の規定に適合することを立証すれば、法内組合（法適合組合）とされます。

3　労働組合加入・選択の自由とユニオンショップ協定の効力

（1）労働組合加入、選択の自由

　団結権が労働者の基本的人権に属することから、個々の労働者は労働組合に加入する、加入しないの自由を有しています。これには、労働組合が複数ある企業において、どの労働組合に加入するかという、労働者の組合選択の自由も含まれます。

　日本においては、いわゆる企業内（別）組合が主流ですが、企業外に組合本部を持ち、その地域のいろいろな会社の労働者が個人加入する企業外の労働組合もあります（合同労組やコミュニティユニオンと呼ばれています）。職種・職能別に組織されている個人加入の労働組合もあります。労働者には企業内の労働組合に入らず、企業外の労働組合に加入する自由もあります。

（2）組合員資格と組合規約

　労働組合がどのような範囲の労働者を組織するかは、組合規約で定めます。誰が労働組合の組合員となるかは、労働組合が自主的に決定すべき事柄であり（昭25.5.8労発153号）、特定の労働者を加入させるか否かも、一般に当該労働組合が自由に決定することができます（昭31.12.21労働法規課長発　岐阜県経営部長宛内）。

　管理職のみで結成する労働組合（管理職組合）も、労組法2条但書1号の利益代表者が含まれていなければ、法内組合（法適合組合）になることができます（国・中労委（セメダイン）事件最1小判平13.6.14労判807-5）。

　労働組合が、組合員範囲を組合規約で定めることはできますが、組合規約

において、人種、宗教、性別、門地、社会的身分によって組合から排除することは、前述の労組法5条2項4号の要件を満たさないことになります。また、組合員には平等に取り扱われる権利があります（同3号）。

(3) ユニオンショップ協定

ユニオンショップ協定とは、労働者が労働組合の組合員たる資格を取得せずまたはこれを失った場合に、使用者をして当該労働者との雇用関係を終了させることにより、間接的に労働組合の組織の拡大を図ろうとする制度です。新たに雇い入れられた従業員は必ず組合に加入しなければならない、組合に加入しないとき、脱退したときまたは除名された場合には、使用者は原則として当該労働者を解雇する義務を負う制度です。脱退者、被除名者を解雇するといった厳格な例（完全ユニオンショップ）、解雇するか否かは労使協議する、または会社が最終的に決定するといったゆるやかな例（不完全ユニオンショップ＝尻抜けユニオンショップ）もあります。

ユニオンショップ協定の根拠である労組法7条1号但書は「労働組合が特定の工場事業場に雇用される労働者の過半数を代表する場合において、その労働者がその労働組合の組合員であることを雇用条件とする労働協約を締結することを妨げるものではない」とします。これは、過半数組合とのユニオンショップ協定は不当労働行為とならない旨と、さらにユニオンショップ締結組合に加入しない者、除名された者、脱退した者を、当該組合の組合員でないことを理由に使用者が解雇しても不当労働行為とならない旨を定めたものです。

ユニオンショップ協定の効力については最高裁判決（たとえば、日本食塩製造事件・最2小判昭50.4.25労判227-32、いすゞ自動車事件・最3小判平4.4.28労判608-6）等により承認されていますが、学説上は、組合に加入しない自由（消極的団結権）を制約するものとして違憲ではないかと批判する説も有力です。

ユニオンショップ協定の効果は、組合規約上、組合員とされているのに、組合に加入しない者や、組合を脱退したり除名されたりした者を、使用者が組合員でないことを理由に解雇した場合に、その解雇が有効とされることに

あります。ユニオンショップ協定がある場合、労働者は、事実上、労働組合への加入を強制されることになります。

ただし、ユニオンショップ協定を結んでいる労働組合の組合員でなくても、他の労働組合に加入しているとか、別の労働組合を結成した場合、あるいは組合規約上、ユニオンショップを締結している組合の組合員資格を有しない場合には、使用者はユニオンショップ協定を根拠に解雇できません（三井倉庫港運事件・最1小判平元.12.14労判553-6）。別組合の団結権も憲法上保護されているからです。

三井倉庫港運
事件

ユニオンショップ協定を締結している労働組合が、ある労働組合員を除名したけれども、実はその除名が無効であった場合にも、ユニオンショップ協定に基づく解雇は無効となります（前掲・日本食塩製造事件）。

4　労働組合の組織と運営

(1) 労働組合の組織

労働組合を結成した際には、組合規約を定め、組合規約に基づいて、選挙によって選出した労働組合の委員長が労働組合の運営に当たります。労働組合の役員には、執行委員長（単に、委員長ともいう）、執行副委員長、書記長を置くことが多く、これらは組合三役と呼ばれています。これに加えて会計担当（会計監査）を置きます。大きな組織では執行委員を複数置いて、執行委員会を設置します。

労働組合の最高意思決定機関は、年1回以上開催される総会です。総会では、役員の指名・承認、組合規約の改訂や、労働協約の締結に関する意思決定等を行います。

(2) 組合の統制

労働組合が労働条件の維持改善その他経済的地位の向上などといった目的のために結成された「団体」である以上、その構成員である組合員に対して、

一定の規律を課し、組織の秩序を乱した場合には制裁措置をとる必要があります。規律保持のための労働組合による組合員に対する制裁のことを「統制処分」と呼びます。

　その根拠は、労働組合も一種の社団である以上、組合員の規律違反に対して制裁を加えうるとする団体固有権説と、憲法28条の団結権保障を根拠とする団結権説とが対立していましたが、最高裁（三井美唄炭鉱労組事件・最大判昭43.12.4刑集22-13-1425）は団結権説を採用したといわれています。

　統制処分の種類は、重い方から、除名、権利停止、戒告、訓告などです。

　統制処分の対象となる事由としては、組合指令・組合決議違反、組合費の未納などがあります。他方、組合の統制権といっても法令は遵守しなければなりませんから、違法な組合指令に従わないことを理由とした統制処分は無効と解されます。また、組合民主主義の観点から、組合員の基本的人権は尊重されるべきであり、たとえば、公職選挙法に基づく選挙において労働組合が支持を決定した統一候補者以外の者が、組合決議に背いて立候補したり（前掲・三井美唄労組事件）、組合推薦の立候補者以外の者を組合員が支持したとしても、当該組合員には基本的人権として参政権がありますから、これらを理由とする統制処分は無効となります（中里鉱業労組事件・最2小判昭44.5.2集民95-299）。

（3）組合の財産と組合分裂
①労働組合の財産の帰属

　労働組合は、組合員から組合費を集めて運営します。そのため、現金や預貯金を所有したり、大きな組織であれば、組合会館や組合事務所、研修施設等を所有する例も珍しくありません。

　このような組合財産について、帰属、分配の問題が生ずることがあります。

　資格審査を受けた上で法人登記を行い法人格を有する労働組合の場合には、労働組合の単独所有とされ、脱退者等において分割請求権が生じません。

　他方、法人格のない労働組合の場合には、労働組合員の総有と解されており（品川白煉瓦事件・最1小判昭32.11.14民集11-12-1943）、分割請求権は

認められません。

②組合の分裂と組合財産の規則

　組合財産の帰属が問題となるのは、路線対立などから、組合員が集団脱退を
して、新組合を組織した際に、脱退した組合に対して組合財産を分与するよう
に求める場合です。このような場合に組合の「分裂」という概念を認めて、財
産分与を認めるかどうかは学説でも争いがあります。裁判例は、このような場
合であっても、法的には従来の組合からの組合員の脱退とその脱退組合員に
よる新組合の結成に過ぎないから、別組合への財産の継承はなされないとし
ています（名古屋ダイハツ労組事件・最1小判昭49.9.30労判218-44）。

　そもそも、法人格を有する労働組合の場合には、前述の通り、組合財産は
組合の単独所有と解されるので、財産分与の請求権はありません。

　それでは、法人格を有しない労働組合の場合はどうでしょう。やはり、脱
退した労働組合が存続し組織的同一性を維持している以上、脱退者がそれな
りの規模で生じたとしても、組合が「分裂」したとは認められず、組合財産も
所有し続けると解され、新組合や脱退組合員からの財産の分割請求はできな
いと解されています。

③労働組合の解散

　労働組合は、①規約で定めた解散事由の発生、または、②組合員または構
成団体の4分の3以上の多数による総会の決議が行われると、解散となりま
す（労組法10条）。

　法人である労働組合の解散の際の清算手続については、労組法13条から
13条の13に、労働組合の清算に関する規定が設けられており、これらに基
づいて処理されます。解散した法人である労働組合の財産は、規約で指定し
た者に帰属しますが（13条の10第1項）が、規約で権利の帰属すべき者を指
定せず、またはその者を指定する方法を定めなかったときは、代表者は、総
会の決議を経て、当該法人である労働組合の目的に類似する目的のために、

その財産を処分することができるとしています（同2項）。そして、これらの規定により処分されない財産は、国庫に帰属することになります。

column 5

労働協約における組合員範囲の取り決め

　使用者と労働組合との間で締結された労働協約の中に、組合員の範囲に関する条項を置くのは珍しいことではありません。たとえば、組合員はその会社の従業員に限定するといった条項や、組合員範囲を正社員に限定するといった条項、労組法2条1号該当者を列挙してこれらの者は非組合員とするといった条項などが挙げられます。労働協約で「組合員は当社の正社員に限定する」といった内容の条項（いわゆる逆締付条項）がある場合に、労働組合はパートや契約社員等を組織化できないのでしょうか。労働組合は組合員の範囲を組合規約において自ら決定することができますから、組合が協約の条項に反して組合員範囲を拡大しても、使用者はこれに抗議することは慎まなければなりません。ただし、組合員範囲を定めた労働協約が、ある労働協約の適用範囲を定めたものである場合には、当該協約は、その範囲の組合員に適用されると解することができます。

練習問題

（1）ユニオンショップ協定を締結している労働組合がある会社に入社した場合には、労働組合に加入しなければならないのでしょうか。

（2）ユニオンショップ協定を締結している労働組合の組織率が半数を割り込んだときには、ユニオンショップ協定の効力はどうなりますか。

参考文献

岩永昌晃「集団的労使関係の当事者」、富永晃一「労働組合の法理」、いずれも日本労働法学会編『講座労働法の再生〈第5巻〉 労使関係法の理論課題』（日本評論社、2017年）所収

The "First Step" to learning Japanese Labor and Employment law

—— 第2章 ——

団体交渉・団交拒否

レジュメ

1 団体交渉のルール
- （1） 団体交渉権の保障の意義
- （2） 団体交渉の主体
- （3） 団体交渉の担当者
- （4） 団体交渉の範囲と義務的団体交渉事項

2 団体交渉の拒否
- （1） 団体交渉の拒否の禁止
- （2） 使用者の中立義務
- （3） 交渉の行き詰まり
- （4） 団体交渉拒否と救済方法

事例　　A社の企業内組合であるB組合は、毎年、春闘の時期にボーナスの交渉もしています。今年は、A社から成果主義賃金の導入を前提としなければ、ボーナスの交渉には応じないといってきました。そのような前提条件付きの交渉に問題はないのでしょうか。

---

1 団体交渉のルール

（1） 団体交渉権の保障の意義

　　憲法28条は、団結権、団体行動権（争議権）とともに団体交渉権を保障しています。労組法2条本文によれば、労働組合の目的は労働条件の維持改善その他経済的地位の向上ですが、それは使用者との団体交渉を通じて労働協約の締結によって実現するものです。そのため、労組法1条は、労働組合が使用者と交渉において対等な立場に立つこと、労働組合が自ら代表者を選出

して交渉に当たらせること、労働協約を締結するための団体交渉をすること及びその手続きを助成することを定めています。これらを具体化するために、労組法には以下のような規定が設けられました。

　まず、労組法6条は、労働組合の代表者または労働組合の委任を受けた者は、労働組合または組合員のために使用者またはその団体と労働協約の締結その他の事項に関して交渉する権限を有するとの規定を置いています。

　そして、労組法7条2号は、使用者による正当な理由のない団体交渉拒否を不当労働行為として禁止し、憲法28条の団体交渉権の保障を具体化しました。

　さらに、労働組合による要求内容や、組合員の団体交渉の席上の言動については、暴力の行使を伴わない限り（労組法1条2項但書）、「労働組合の正当な行為」として刑事免責（労組法1条2項）および民事免責（労組法8条）、不当労働行為（労組法7条1号）による保護を受けます。

（2）団体交渉の主体
①団体交渉の当事者

　団体交渉の当事者である労働組合は、複数の労働者が自主的に結成した労働組合です。労組法上の労働組合の要件（⇒第3部第1章　労働組合の結成と運営活動）を必ずしも満たしていなくても、憲法28条に基づき結成された労働者集団であって、統一的意思を有しているのであれば、団体交渉の当事者となれると解されます（いわゆる憲法組合）。

　これに対して、団体交渉の当事者である使用者は、組合員を雇用する使用者または使用者団体です（労組法6条）。

　ところで、労組法7条2号は、「雇用する労働者の代表者」と団体交渉をすることを使用者が正当な理由がなくて拒むことを禁止していますが、この「雇用する労働者」には、現に当該使用者と雇用関係にある労働者のほか、解雇の効力を争う被解雇者や、採用内定の効力を争う採用予定者等も含まれます。また、解雇通告を受けてから労働組合に加入するいわゆる「駆け込み訴え」の

場合であっても、使用者はこれを正当な理由なく団交を拒否することはできません（日本鋼管鶴見造船所事件・最1小判平元.12.21労判553-6）。

日本鋼管鶴見
造船所事件

また団体交渉の当事者である労組法上の使用者について、朝日放送事件・最高裁判決（最3小判平7.2.28労判668-11）は、一般には労働契約上の雇用主であるが、不当労働行為制度の目的から、雇用主以外の事業主であっても、雇用主から労働者の派遣を受けて自己の業務に従事させ、その労働者の基本的な労働条件等について、雇用主と部分的とはいえ同視できる程度に現実的かつ具体的に支配、決定することができる地位にある場合には、その限りにおいて、当該事業主は労組法7条の「使用者」に当たるものと解するのが相当であるとして、元

朝日放送事件

請けのテレビ局に対し、下請会社の従業員で組織する労働組合との団体交渉に応ずるよう命じました（⇒第1部第3章　労働法のプレイヤー）。

(3) 団体交渉の担当者

　団体交渉に際し、組合側は、労働組合の代表者、あるいは労働組合の委任を受けた者が、団体交渉の担当者となります。団体交渉の担当者は、組合員や組合役員に限られず、労働組合が委任をしたのであれば弁護士や上部団体の役員などでも担当者になることができます。労働組合の交渉担当者が現に雇用する労働者でなくても、それを理由としてその団体交渉を拒否することはできません（昭29.1.29労発2号）。

　同様に、使用者も、団体交渉の権限を社外の弁護士等に委任することができます。使用者側の団体交渉担当者は、会社の代表者や役員に限られないからです。ただし、交渉に際して使用者を代表して発言、回答などを行う権限がある者が出席せずに、単に聞き役、伝達役に過ぎないような場合には、不誠実な交渉態度だとして不当労働行為とされる場合があります。

　企業内労働組合の場合には、そこで働く労働者の労働条件全般について、

労働組合の中央執行部と企業の人事部等が交渉する場合もあれば、職場の細かな運用等についてであれば、支部組合と工場長や店長などが交渉する場合もあり得ます（全逓都城郵便局事件・最1小判昭51.6.3労判254-20）。団体交渉の範囲は、法令に特に定めはなく、労使自治に委ねられており、団交の担当者に委任された権限の範囲であれば、交渉、妥結が可能と解されています。

全逓都城郵便局
事件

（4）団体交渉の範囲と義務的団体交渉事項

　団体交渉の対象事項の範囲については、労働条件や労働環境に関すること、労働協約の規範的部分に相当する項目は、使用者として交渉を拒むことができない「義務的団体交渉事項」と解されています。また、労働組合と使用者との間の団体間での取り決め、つまり労働協約の債務的部分に該当する部分についても、義務的団体交渉事項となります。このほかにも、労使において、団体交渉において決定、解決すべきと労働協約等で決めている事項であれば、使用者は団体交渉を拒むことができません。

　とくに問題となるのは、①過大要求、②政治問題など使用者に処分権限がない事項、③労働協約の有効期間中の改廃要求、④いわゆる経営権事項、管理運営事項です。以下、説明します。

①団体交渉の申し入れに係る要求が、使用者がとても飲めないような過大要求の場合です。労働組合の当初の要求が過大に見えても、交渉の中で互譲し合意形成に至る可能性がある以上、単に過大要求であることを理由に団体交渉を拒否することはできません。

②使用者に決定権限（処分権限）のない事項、たとえば純粋に政治的な要求については、使用者は団体交渉を拒否することができます（⇒第3部第5章争議行為240頁参照）。

③労働協約にすでに定めがある事項について、労働組合がその改廃を求める団体交渉を申し入れた場合に、当該労働協約の有効期間中は、使用者はそ

の事項についての団体交渉は拒否できると考えられています。ただし、当該労働協約の有効期間満了後の労働条件等について労働組合が団体交渉を申し入れた場合には、有効期間中であったとしても使用者はこれを拒否することできません。

④団体交渉の対象は、労働組合員の労働条件に関することはもちろん、その他の労使間の利害関係に係わることを含むと解されています。使用者は、義務的団交事項を狭く解したがる傾向にあり、企業のガバナンス、インサイダー防止、コンプライアンス等を理由として団体交渉に応じない例があります。当該交渉事項が、取締役会等で決定すべき事項であっても、労働組合員の労働条件や労働者の利害にかかわりのある事項については、団体交渉の対象となり得る場合があります。

2 団体交渉の拒否

(1) 団体交渉の拒否の禁止

　使用者は、その雇用する労働者が加入する労働組合からの団体交渉の申し入れを、正当な理由なく拒むことはできません（労組法7条2号）。

　また、使用者には、団体交渉に際しては、誠意をもって、労働組合側を説得できるよう、根拠や資料を示して誠実に交渉する義務があると解されています。これを「誠実交渉義務」といいます。

　労組法7条2号の団交拒否の禁止は、単に使用者は団体交渉の席につけばよいということではなく、労働組合からの団体交渉申し入れに対し、誠意を持って交渉する義務を含むと解するべきであるとされています。カールツアイス事件（東京地判平元.9.22労判548-6）は、使用者には、誠実に団体交渉に当たる義務があり、自己の主張を相手方が理解し、納得することを目指し、誠意を持って団体交渉に当たらなければならず、労働組合の要求や主張に対する回答や自己の主張の根拠を具体的に説明したり、必要な資料を提示するなどし、また、結局において労働組合の要求に譲歩することができないとしてもその論拠を示して反論するなどの努力をすべき義務があるとしています。

また、団体交渉の手続き等は、事前に労使間において労働協約などに定めをおくことが望ましいでしょう。使用者側が労使同席での交渉を回避し、書面のやりとりによる交渉に固執するのは、違法な団体交渉拒否に当たるという最高裁判決（清和電器産業・最3小判平5.4.6労判632-20）もあります。

　団体交渉の結果、労使で合意に達しながらも、使用者が、労働協約の締結を拒む場合には、やはり誠意ある団体交渉には当たりません。また、労働協約の締結を前提としないことを、団体交渉に応ずる条件とするといった交渉態度も、不誠実交渉の一種といえます。

（2）使用者の中立義務

　企業内に複数組合が併存している場合には、各組合が独自の団体交渉権を有していますから、これらに対して中立な態度を保つ必要があります（中立義務）。この点について、日産自動車事件（最3小判昭60.4.23労判450-23）は、複数組合併存下にあっては、各組合はそれぞ

日産自動車事件

れ独自の存在意義を認められ、固有の団体交渉権及び労働協約締結権を保障されているものであるから、その当然の帰結として、使用者は、いずれの組合との関係においても誠実に団体交渉を行うべきことが義務づけられているものといわなければならず、また、単に団体交渉の場面に限らず、すべての場面で使用者は各組合に対し、中立的態度を保持し、その団結権を平等に承認、尊重すべきものであり、各組合の性格、傾向や従来の運動路線の如何（いかん）によって差別的な取扱いをすることは許されないとしました。使用者は組合の大小等にかかわらず、それぞれの団交権と労働協約締結権限を尊重し、その交渉態度、回答内容等において中立を維持する必要があります。

（3）交渉の行き詰まり

　団体交渉は、労使間の「交渉」であって、必ず合意に達して妥結できるとは限りません。話し合いを重ねたが、決裂することもあり得るのが交渉です。

交渉を重ねてもこれ以上譲歩の余地はなく合意の可能性がなくなった場合に、使用者は労働組合からの更なる交渉を求められても、これを拒否できるかについて、寿建設研究所事件（最2小判昭53.11.24労判312-54）は、「団体交渉事項に関し労使双方の主張が対立してそれ以上相互に譲歩の意思がないことが明確になった段階においては、もはや交渉の余地がなくなったのであるから、事情の変更が生じない限り更に交渉を申し入れることは無意味であるし、その申し入れを拒否することも正当な理由がないことにはならない」とした原審（東京高判昭52.6.29 労判281-64）の判断を支持しています。

　しかし、労使関係は複雑であり、継続的な交渉の積み重ねによって合意に至ることもあって、「何回」、「何か月」の交渉で合意に至らなければ、「行き詰まり」として団交に応じなくても不当労働行為にならないという線引きはなかなかできません。団交の水面下で地道に非公式折衝を重ねる例も多く、交渉の間隔がかなり空くこともあって、実際の不当労働行為審査にあたっては、諸般の事情を考慮して判断されています。

(4) 団体交渉拒否と救済方法

　正当な理由のない団体交渉拒否について、労働組合は労働委員会に不当労働行為として救済申立ができます（⇒第3部第3章　不当労働行為・救済）。裁判所に、団体交渉を求める地位にあることの確認（団交応諾義務の確認）を求める訴えをすることも可能です（国鉄事件・最3小判平3.4.23労判589-6）。また、正当な理由のない団交拒否は不法行為を構成し、損害賠償の請求の対象となり得るとした裁判例もあります（神谷商事（団体交渉拒否損害賠償）事件・東京高判平15.10.29労判865- 34等）。

国鉄事件

　また、労働組合は、労働委員会に対し、団体交渉促進のあっせんを申請することも可能です。

団体交渉と労使協議の関係

　日本においては、企業内労働組合が結成されている企業でも、結成されていない企業でも、労使協議制による労使の話し合いを通じた情報共有、意思疎通、合意形成等が広く行われています。労使協議を団体交渉の前段として実施する労使もあれば、義務的団交事項に該当しない経営に係る事項等を協議対象とするもの、労働協約に基づいて実施する労使協議等、その実態は様々です。労使協議は憲法や労組法に基づくものではなく、労働者側の当事者は労働組合に限られません。労使協議の決議は、労働協約や労使協定に代替する機能はなく、また労使協議について労働者側に法的な保護はありません。

練習問題

(1) 退職から20年経過後に、仕事で石綿（アスベスト）を扱っていたことが原因で肺がんに罹患した場合に、1人でも入れる労働組合に加入し、元の職場に対して賠償を求める団体交渉を申し込めるでしょうか。

(2) 複数の労働組合が共同で団体交渉を求めてきた場合に、使用者はこれに応じる義務があるでしょうか。

参考文献

三井正信「団体交渉権の構造」、戸谷義治「団交拒否」、いずれも日本労働法学会編『講座労働法の再生〈第5巻〉　労使関係法の理論課題』（日本評論社、2017年）所収

第3章

不当労働行為・救済

レジュメ

1 不当労働行為制度の意義

2 不当労働行為の類型

（1） 不利益取扱の禁止（労組法7条1号）

（2） 黄犬契約の禁止（労組法7条1号）

（3） 団交拒否の禁止（労組法7条2号）

（4） 支配介入の禁止（労組法7条3号）

（5） 経費援助の禁止（労組法7条3号）

（6） 救済申立等を理由とする不利益取扱の禁止
（労組法7条4号）

3 不当労働行為の救済

事例　Y社の従業員Aで、企業内組合のX労組の執行委員のAは、定例
異動の時期に、Y社の子会社であるB社への出向を命じられまし
た。Aは、出向は、執行委員である自分の組合活動を理由とした
不利益取扱いであり、X労組への支配介入の不当労働行為にも当た
ると主張して、C県労働委員会に救済を申し立てました。

1 不当労働行為制度の意義

　労組法7条は、憲法28条の労働基本権保障を具体化するために、使用者
の行ってはならない行為を類型化して禁止し、労働組合及び組合員の保護を
図っています。使用者によって、労働組合や組合員に対し、団結形成への妨
害・干渉がなされたり、組合活動等を理由として差別的待遇や解雇が行われ
たり、団体交渉の拒否や不誠実団交がなされたりすると、労働組合の団結の
維持・発展にとって大きな脅威となるからです。

労組法7条に列挙され禁止されている使用者の行為を不当労働行為（unfair labor practices）といいます。労働者を労働組合員であることを理由とする差別、黄犬契約、団体交渉拒否、組合の結成・運営への支配介入・経費援助等が禁止されています。そして、これらが行われた場合には、裁判所による救済のほか、労働委員会による行政救済を受けることができます。

2　不当労働行為の類型

（1）不利益取扱の禁止（労組法7条1号）

　労組法7条1号は、労働者が労働組合の組合員であること、組合に加入、結成もしくは労働組合の正当な行為（正当な組合活動）を行ったことなどを理由とする解雇その他不利益取り扱いを禁止しています。

　とくに問題となるのは、「労働組合の正当な行為」の範囲です。まず、労組法1条2項但書は、暴力の行使はいかなる場合であっても労働組合の正当な行為とはならないとしています。このほか、学説・判例では、①労組法2条に定める労働組合の目的に合致するか、②労働組合の機関決定・指令に基づくか、③主体、態様、時間、時期（争議中か平常時か）、場所等に正当性があるか、業務運営への影響その他諸事情を総合的に考慮して判断しています。たとえば、組合活動の場所として会社施設の利用の可否について、国鉄札幌駅事件（最3小判昭54.10.30労判329-12）は、使用者の所有権・占有権に基づく施設管理権を幅広く認め、労働組合による企業の物的施設の利用は、本来使用者との合意に基づいて行われるべきものであって、組合または組合員において利用の必要性が大きいことの故に利用権限を取得し、使用者において上記利用を受忍しなければならない義務を負うものではないから、使用者の許諾を得ず企業の物的施設を利用して組合活動を行うことは、これらの者に対しその利用を許さないことが使用者の権利濫用に当たるような特段の事情ある場合を除き、職場環境を適正良好に保持し規律ある業務の運営態勢を確保するように物的施設を管理利用する使用

国鉄札幌駅事件

者の権限を侵害し、企業秩序を乱すものであって、正当な組合活動として許容されないとしました。

　また、勤務時間中の組合活動については、所定労働時間中は労務提供が労働契約の本旨であって、職務を放棄して組合活動を行うことは労働契約に反

大成観光事件

しますが（大成観光事件・最3小判昭57.4.13労判383-19）、労働協約や慣行などにより、使用者が時間中の組合活動を使用者が容認していれば、正当性を失わないと解されています。

　労組法7条1号ないし4号の不利益取扱いには、解雇や賃金の引き下げ、査定差別といった、労働者の身分や労働条件に直接関わる労働条件上の経済的不利益はもちろん、精神的な不利益、労働者としての技能・技術に関わる不利益、組合活動上の不利益等も含まれます。

　なお、労組法7条1号は、労働組合の正当な行為をしたことの「故（ゆえ）をもつて」解雇その他不利益取り扱いをすることを禁止しています。不利益取扱いの不当労働行為が成立するために、事実行為のほかに使用者の反組合的な意思や動機が必要か否かは、不当労働行為意思の問題として議論され、「意思不要説」と「意思必要説」との対立がありました。現在、判例、労働委員会命令は意思必要説に立ち、使用者の不当労働行為意思に基づき、使用者が不利益取り扱いをしたという因果関係が必要としています。

(2) 黄犬契約の禁止（労組法7条1号）

　労働組合からの脱退、不加入、組合を結成しないことを誓約させて採用することを、「黄犬契約（yellow-dog contract）」といいます。労組法7条1号は、「労働者が労働組合に加入せず、若しくは労働組合から脱退することを雇用条件とすること」を禁止しています。黄犬契約の名称の由来は、アメリカのスラングで、使用者の圧力に屈し、労働組合の労働者仲間に背を向けて自分だけ雇用されることを、非難と軽蔑を込め"yellow-dog contract"と呼んだようです。

　黄犬契約が禁止されている意義は、本来、労働者の自由であるべき労働組

合の結成・加入・脱退について、雇用を餌にして、労働者にその自由を放棄させるというのは、憲法28条の団結権の侵害に当たるからです。

(3) 団交拒否の禁止（労組法7条2号）

　労組法1条は、労働者が使用者と交渉において対等な立場に立つこと、自ら代表者を選出して交渉に当たらせること、労働協約を締結するための団体交渉をすること及びその手続きを助成することをその目的としています。使用者はその雇用する労働者の加入する労働組合から団体交渉の申し入れがあった場合には、これを拒むことはできません（第3部第2章）。

　また、使用者には、団体交渉に際しては、誠意をもって、労働組合側を説得できるよう、根拠や資料を示して誠実に交渉する義務（誠実交渉義務）があります。複数組合が併存している場合には、各組合が独自の団体交渉権を有していますから、これらに対して中立な態度を保つ必要があります（中立義務）。誠実交渉義務や中立義務に反する場合も、労組法7条2号違反となります。

(4) 支配介入の禁止（労組法7条3号）

　労働組合の運営に対する使用者の干渉を排除し、労働組合の自主性を確保するために、労組法は、使用者による労働組合に対する支配介入を禁止しています（労組法7条3号）。そして、不当労働行為制度は使用者からの労働者、労働組合に対する団結侵害行為を類型化したものですから、その類型全般が労働組合の結成運営に対する支配介入を包含するものであるともいえます。

　なお、労組法7条3号が禁止する支配介入の成立要件に、使用者の不当労働行為意思が必要か否か、また労働組合にとって不利な結果が生じたか否かは、労組法7条1号の不利益取り扱いの不当労働行為の成立要件との比較から議論があります。

　使用者の意見表明と支配介入発言の内容、それがなされた状況、それが組合の運営や活動に与えた影響、推認される使用者の意図などを総合して支配介入の成否が判断されます。山岡内燃機事件（最2小判昭29.5.28民集8-5-

99) では、主観的認識ないし目的がなかったとしても、労働組合の運営に対し影響を及ぼした事実がある以上、支配介入の不当労働行為は成立するとしています。

　労組法7条3号の支配介入の発現方法は多種多様であり、たとえば、以下のものは支配介入に該当するといえます。

①組合結成に対する支配介入

　労働組合の結成に対する非難、威圧的言動、妨害行為は労組法7条3号の支配介入に該当します。また、組合結成にあたり、会社側の意をくみ取った管理職などが関与して、使用者側にとって都合のよい運動方針を立てさせることも、支配介入です。

②組合加入・脱退に対する支配介入

　組合加入を妨害したり、組合加入者を不利益に扱うことは、労組法7条1号の不利益取り扱いに該当するとともに、支配介入の不当労働行為に当たります。

中労委 (JR東海（新幹線・科長脱退勧奨)) 事件

また、ある労働組合からの脱退を勧奨することは支配介入の典型例です (中労委 (JR東海〔新幹線・科長脱退勧奨〕) 事件 (最2小判平18.12.8労判929-5))。

③組合組織・運営に関する支配介入

　組合組織の在り方、組合幹部の選挙、上部団体への加入、運営方針への非難や介入行為は、労組法7条3号の支配介入に該当します。団体交渉が決裂してストライキにまさに入ろうとするタイミングで、ストライキに対する「重大な決意」を表明することは支配介入に当たるとしたプリマハム事件 (最2小判昭57.9.10労経速1134-5) 等が典型例です。また、組合集会を妨害したり、集会参加者を録画して威嚇するとか、従来その掲示を認めてきた組合ビラや組合旗を労使関係の悪化とともに撤去することも、組合運営に対する支配介入となり得る行為です。

④組合間差別

　組合併存下において、一方組合を優遇したり、他組合を冷遇したりするといったことが労組法7条3号に該当する場合があります。たとえば、計画残業に反対する労働組合の組合員には残業をさせず、他の組合の組合員には残業を割り振るといったことは、反対する労働組合の組合員に経済的不利益を与えて組合の弱体化を図ったとして組合員に対する不利益取り扱いであり、かつ労働組合に対する支配介入の不当労働行為に当たります（前掲・日産自動車事件・最3小判昭60.4.23労判450-23）。

日産自動車事件

　また、組合併存下の団体交渉において、労働協約締結にあたり、一方組合が飲めない「生産性向上への協力」を盛り込むことに固執したこと（いわゆる差し違え条項）が、支配介入の不当労働行為に当たるとした例として、日本メール・オーダー事件（最3小判昭59.5.29労判430-15）があります。

(5) 経費援助の禁止（労組法7条3号）

　労組法7条3号は、使用者による労働組合の運営のための経理上の援助（経費援助）を禁止しています。これは労組法2条の自主性の要件にも定められています。しかし、経費援助を受けていることが不当労働行為として事件になることはまずありません。労働組合の専従職員に対し、使用者が（従業員としては休職中にも係わらず）賃金を支払い続けている（いわゆるヤミ専従）、組合用務のための出張旅費・手当の支給、組合事務所の光熱費負担、就業時間中の組合活動に対する賃金の不控除など、経費援助と便宜供与のボーダーライン上にあるものを、使用者が一方的に中止する場合に争われることが多いのです。学説・判例上は、「実質説」と「形式説」の対立があり、労働委員会や学説では、労使合意に基づく便宜であって労働組合の自主性を損わないものは、労組法2条、7条に列挙されていなくても違法な経費援助でなく便宜供与であると解する実質説を採用し、裁判所は形式説で法に列挙されていな

い便宜はすべて違法な経費援助として排除する傾向にあります。

　ところで、日本では多くの労働組合が企業内組合であり、財政的規模も小さい実情に配慮し、労組法2条および7条は、①労働時間内における有給での使用者との協議ないし交渉、②組合の福利厚生基金への使用者の寄付、③最小限の広さの事務所の供与（組合掲示板の貸与を含む）便宜供与は労組法の禁止する経費援助に当たらないとしています。

　このほかに便宜供与として認められているものに、④組合役員の在籍専従の容認、⑤組合費のチェックオフなどがあります。

　複数の労働組合が併存する場合に、使用者は、各組合との労使関係において各組合に対して中立的な態度を保持し、その団結権を平等に尊重する義務（中立保持義務）があります。これは便宜供与についても同様と解され（中労委（日本郵政公社〔小石川郵便局等組合事務室〕）事件・東京高判平19.9.26労判946-39）等）、組合間で取扱いを異にする合理的な理由の存否については、組合事務所が一方の組合に貸与された経緯、施設の事情、他方の組合の要求に対する使用者の対応、貸与されないことによる組合活動への影響等を総合的に勘案して判断すべき、とされました。

(6) 救済申立等を理由とする不利益取扱の禁止（労組法7条4号）

　労組法は、不当労働行為について労働委員会による救済を定めていますが、労働委員会に労働組合や組合員が救済を求めたことによって、さらに使用者により不利益に取り扱われては救済の実効性を失うこととなるため、労組法7条4号では、労働組合が労働委員会を利用したこと等を理由とする不利益取扱を禁止しています。

3　不当労働行為の救済

　労働者、労働組合は、労組法7条各号に該当する行為があれば、使用者（事業主）を相手どって都道府県労働委員会に救済の申し立てをすることができますし（行政救済）、訴訟を提起することも可能です（司法救済）。

労働委員会では、労組法に基づき、不当労働行為の審査と救済を行っています。労働委員会は、不当労働行為などに関する判定的機能（準司法的機能）を有しています。

　この労働委員会の救済命令の意義については、第二鳩タクシー事件（最大判昭52.2.23民集31-1-93）が、「使用者による組合活動侵害行為によって生じた状態を右命令によって直接是正することに

第二鳩
タクシー事件

より、正常な集団的労使関係秩序の迅速な回復、確保をはかるとともに、使用者の多様な不当労働行為に対してあらかじめその是正措置の内容を具体的に特定しておくことが困難かつ不適当であるため、労使関係について専門的知識経験を有する労働委員会に対し、その裁量により、個々の事案に応じた適切な是正措置を決定し、これを命ずる権限を委ねる趣旨に出たものと解される」としています。

　労働委員会による救済手続きは、使用者の不当労働行為によってその利益を侵害されたことを主張する労働組合または労働者（労働組合員）が、その事件を管轄する労働委員会に、書面（申立書）による救済の申し立てをすることによって開始されます。

　救済の申し立ては不当労働行為が行われた日（行為日）から1年以内に行わなければなりません（労組法27条2項）。「継続する行為」（組合員に対する継続的な低査定・昇格差別等）にあってはその

紅屋商事事件

終了した日から1年以内に申し立てをしなければなりません（紅屋商事事件・最3小判平3.6.4労判595-6）。

　また、実際の不当労働行為審査事件では、使用者の反組合的な不当労働行為意思が推認されても、使用者の対応にも一部正当性が認められる、いわゆる原因の競合（あるいは動機の競合）があるケースが少なくありません。たとえば、労働組合員に対する評価がおしなべて悪い場合に、組合員側にも勤務成績が悪いといった問題があるが、組合員でなければそのような低い評価に

東京焼結
金属事件

ならなかったのではないかといった場合です。

　労働委員会命令および裁判例では、使用者の不当労働行為意思と使用者の主張する処分理由のいずれが決定的動機となったかで判断するという決定的動機説を採用するものが多いのですが（東京焼結金属事件・最3小判平10.4.28 労判740-22）、学説では、不利益を被った者が労働組合員でなければ、あるいは労働組合としての正当な行為がなければその不利益取り扱いはなかったであろうという場合には、不当労働行為の成立を認める相当因果関係説も有力です。

　そして、不当労働行為の存在が認められた場合の、労働委員会の救済命令は、「原状回復」主義がとられています。原状回復とは、不当労働行為が存在しなかったのと同様の状態に戻すことと解されています。たとえば、組合員に対する解雇が、労組法7条1号の組合活動を理由とする不利益取扱であると認定された場合には、当該解雇がなかった状態に戻す、すなわち解雇無効として復職させ、バックペイ（解雇期間中の賃金の支払い）を命ずることになります。またポストノーティス（陳謝・誓約文の掲示）を命ずることもあります。

　労働委員会の命令は、交付の日からその効力を生じ、命令は、再審査申立期間中に再審査請求がなされず、取消訴訟の提起もない場合には確定しますが、確定した救済命令に使用者が従わない場合には、50万円以下の過料に処せられます（労組法32条）。

　当事者は、都道府県労働委員会の却下決定または救済・棄却命令に不服がある場合には、中央労働委員会に再審査の申し立てができます。

　都道府県労働委員会および中央労働委員会の決定・命令に不服がある場合には、労働組合、労働者、使用者は、裁判所に行政訴訟を提起することができます。労働委員会の決定・命令は、行政処分（裁決）の一種であり、行政事件訴訟法上の取消訴訟の対象となるからです。

練習問題

> (1) Ｙ社のＡ組合（組合員数3,000人）には組合事務所を貸与するが、少数組合であるＢ組合（組合員数40人）には組合事務所を貸与しないことは不当労働行為に当たるでしょうか。
>
> (2) 過半数組合であるＣ組合との労働協約に基づきチェックオフを実施してきたＹ社が、労使関係の険悪化を背景に、労働協約を解約してチェックオフを停止することは、不当労働行為に当たるでしょうか。

参考文献

中窪裕也「不当労働行為制度の趣旨・目的」、野田進「不利益取扱いの禁止―行政救済固有の解決法理のあり方」、戸谷義治「団交拒否」、山本陽大「支配介入」、森戸英幸「労働委員会の救済命令」、いずれも日本労働法学会編『講座労働法の再生〈第5巻〉 労使関係法の理論課題』（日本評論社、2017年）所収

― 第4章 ―

労働協約

事例

Y社の労働者で結成されたA組合は、Y社と交渉した結果、それまでは存在しなかった退職金について、所定の額を支給することで合意しました。ところが、A組合員のXさんが退職に当たり退職金の支給を求めたところ、Y社のB社長は、「退職金支給の合意なんて知らない。そもそもXは働きぶりが今一つだったので、退職金の支給対象にならない」と言っています。Xさんは退職金の支払いを請求できるでしょうか。

1 労働協約の締結

（1）労働協約とは

　労働組合と使用者は、団体交渉を通じて、組合員の労働条件や、当該使用者のもとでの組合活動その他の労使関係など、さまざまな事項について交渉

を行います（⇒第3部第2章　団体交渉・団交拒否）。そして、双方が合意できた内容で妥結をします。この団体交渉で妥結した内容をとりまとめたものが、労働協約（以下、単に「協約」とします）です。つまり、協約とは、労働組合と使用者による、団体交渉を通じた労働条件その他の労使関係に関する事項についての合意であり、団体交渉の成果であるということができます。

（2）労働協約の方式

協約は、後述するような強い影響力を有することから、その効力を発生させるためには、所定の方式に従わなければならないとされています。

すなわち、協約は、①書面で作成し、②協約当事者双方の署名または記名押印がなされて、効力が発生します（労組法14条）。

これに対し、口頭の合意しかないものや、要式性を欠く、すなわち当事者双方の署名または記名押印が欠けている場合、協約としての特別な効力として組合員の労働条件を拘束する規範的効力（後述）は発生しないとされています（都南自動車教習所事件・最3小判平13.3.13民集55-2-395）。もっとも、協約は、一義的には労働組合と使用者との合意（契約）としての意義もあります。そこで、労組法14条が定める要式を欠く協約について、組合と使用者との契約としての効力（債務的効力）も否定されるのかが問題となります。

都南自動車
教習所事件

裁判例は、要式を欠く場合には協約の一切の効力を否定する傾向にあるようです（医療法人南労会事件（大阪地判平9.5.26労判720-74）など）。学説上は、労組法14条が定める要式は、規範的効力を前提とするものであり、単なる契約としての効力である債務的効力は、労組法14条が定める要式に関わりなく成立しうるという見解も有力です。

2　労働協約の効力
（1）労働協約の効力

協約には、個々の組合員の労働契約を規律する「規範的効力」と、協約の当

事者である労働組合と使用者との契約としての効力である「債務的効力」とがあります。

①規範的効力

規範的効力については、労組法16条に端的にその内容が示されています。すなわち、規範的効力とは、第一に、協約に「違反する労働契約の部分」を無効にする効力（強行的効力）であり、第二に、無効となった部分、あるいは労働契約に定めがない部分について、協約が定める基準によって規律する効力（直律的効力）です。協約の規範的効力がおよぶのは、「労働協約に定める労働条件その他の労働者の待遇に関する基準」に限られます。これは「規範的部分」と呼ばれます。典型的には、賃金や労働時間です。

②債務的効力

債務的効力とは、労働組合と使用者という協約の当事者の間の契約としての効力です。協約のうち、規範的効力を有さず、債務的効力のみを有する部分を「債務的部分」と呼びます。主に、組合活動等、労働組合と使用者との集団的労使関係の運営に関するルールがその内容を占めます。

（2）事業場における労働協約の一般的拘束力（労組法17条）
①一般的拘束力制度の意義

協約の規範的効力は、協約を締結した労働組合の組合員に及ぶのが原則です。しかし、例外的に、協約の規範的効力が、協約を締結した組合の組合員だけでなく、それ以外にも適用される仕組みが存在します。これが、「一般的拘束力」と呼ばれる仕組みです。

朝日火災
海上保険（高田）
事件

なぜこのような一般的拘束力制度が存在するのでしょうか。

判例は、朝日火災海上保険（高田）事件（最3小判平8.3.26民集50-4-1008）において、事業場にお

ける一般的拘束力制度の趣旨につき、「1の事業場の4分の3以上の同種労働者に適用される労働協約上の労働条件によって当該事業場の労働条件を統一し、組合の団結権の維持強化と当該事業場における公正妥当な労働条件の実現を図ることにある」としています。

②事業場における一般的拘束力の効力範囲

　労組法17条が定める要件を満たした労働協約は、当該事業場における、協約締結組合の組合員以外の労働者にも拡張適用されることになります。これについて、いずれの組合にも加入していない非組合員に適用されることについては、一般論としては、異論はないでしょう（なお、結果として労働条件が不利益に変更されることになる場合の問題については、後述します）。

　問題は、多数組合が労組法17条の要件を満たした場合に、他方では少数組合に加入する労働者がいるとき、この少数組合の組合員にも一般的拘束力の範囲が及ぶかどうかです。この点については、少数組合の組合員には効力が及ばないとする見解（否定説）が現在の多数説となっています。

3　協約自治の限界と労働協約による労働条件の不利益変更
（1）協約自治の限界

　労働組合は、「労働条件の維持改善その他経済的地位の向上」（労組法2条）を目的として活動しています。したがって、団体交渉においては、通常は賃上げなどの労働条件の向上を要求し、妥結して組合員にとってより有利な協約を締結することを目指します。しかし、組合が、組合員にとって有利となる条件と不利益となる条件を抱き合わせで合意をする、あるいは企業の経営が悪化しているときなどに、労働条件の引下げを受け入れつつも、その範囲を協約で合意することで一定の歯止めをかけるといった戦略を採用することもあり得ます。このような場合に、協約の締結を通じて、組合員の労働条件を引き下げたり、組合員に新たな義務を課したりするような、組合員にとって不利益な協約は、その効力が認められるのでしょうか。この問題は、一般

に「協約自治の限界」として議論されています。

　まず、前提としてそもそも協約によって左右することが原則としてできない事項が存在します。典型的には、強行法規に反する、あるいは公序良俗（民法90条）に反する内容です。また、すでに発生している個々の組合員の権利を協約によって処分することはできません。平尾運送事件（最1小判平

平尾運送事件

31.4.25労経速2385-3）では、すでに支払時期が到来している賃金請求権につき、協約によって支払いを猶予することは、個々の労働者の特別な授権がない限り認めないと判断しています。

（2）労働協約による不利益変更の可否とその判断基準

　協約による不利益変更の問題は、第一に、そもそも協約による不利益変更は一般に認められるのか、第二に、不利益変更が認められるとして、その可否（限界）はどのように判断するか、という二つが中心となります。

①労働協約による不利益変更の可否

　協約による労働条件の不利益変更について、かつてはこれを否定する下級審裁判例が存在しました。典型的なものとしては、大阪白急タクシー事件（大阪地決昭53.3.1労判298-73）があります。同事件では、タクシー会社において運転手の賃金体系を完全歩合給制とする協約に

朝日火災
海上保険（石堂）
事件

つき、個々の組合員の授権がなければ認められないとする判断が示されました。

　しかし、最高裁は、朝日火災海上保険（石堂）事件（最1小判平9.3.27労判713-27）において、「労働協約に定める基準が…労働条件を不利益に変更するものであることの一事をもってその規範的効力を否定することはできない」として、協約による不利益変更について、一般論としてはこれが可能であるとの判断を示しました。最高裁はその根拠については明示していませんが、学説上は、以下のような説明から、協約による不利

益変更を肯定する判例を支持する見解が通説です。すなわち、団体交渉には
ギブ・アンド・テイクの側面があること、有利不利の判定が容易ではないケー
スがあること、短期的には不利でも長期的には有利となる内容があり得るこ
と等を踏まえ、協約による不利益変更を否定すると、労働組合の交渉範囲が
縮減され、労使自治の理念に反するなどと説明されています。こうした説明
は、企業別組合中心かつ長期雇用を前提とする日本的雇用慣行の実態を踏ま
えてのものであるといえるでしょう。

②労働協約による不利益変更の限界と判断基準

　①で述べたように、通説・判例は、協約による労働条件の不利益変更を一
般的に肯定しています。その場合、次の問題は、協約による不利益変更は無
制限なのか、限界があるとすればその判断基準は何か、ということになります。

　前掲・朝日火災海上保険（石堂）事件は、「協約が…労働組合の目的を逸脱し
て締結されたもの」ではないので、規範的効力は否定されない旨を判示しま
した。裏を返せば、判例は「労働組合の目的を逸脱」するような内容であれば、
規範的効力が否定される旨を示したことになります。この点については学説
も支持しています。しかし最高裁は、どのような場合に「労働組合の目的を
逸脱」するのかについては、「協約が特定の又は一部の組合員を殊更不利益に
取り扱うことを目的として締結されたなど」と例を挙げるのみで、その基準を
示していません。また、判断要素についても、「協約が締結されるに至った以
上の経緯、当時の被上告会社の経営状態、同協約に定められた基準の全体と
しての合理性」に照らして、「労働組合の目的を逸脱」しないと述べるのみであ
り、はっきりしません。

　そこで、学説においては、(a)労使自治を尊重し、組合内部の手続きが適正
になされたかを重視する見解、(b)内容面において労働組合の目的を逸脱して
いるか（著しく不合理と言えないか）を審査すべきとする見解、(c)労働組合の
内部手続と内容の相当性の双方を審査すべきとする見解とに分かれています。
就業規則による不利益変更と異なり、使用者の一方的決定ではなく、労働組

合も合意していることに鑑みれば、組合内部の手続きを重視すべきとも思えます。しかし、不利益が一部の組合員にしか及ばない協約の場合、組合の内部手続がいかに適正になされようとも、多数決原理によって押し切られるという問題があります。この点、特定の組合員に不利益が及ぶ場合は手続きや内容に特段の配慮を要するとの見解も示されていますが、そうなると、結局は協約の内容を吟味せざるを得ないことにもなり、極めて難しい問題です。

③一般的拘束力（労組法17条）による不利益変更

　前述の通り、労組法17条は、一定の条件を満たした協約について、事業場内における一般的拘束力を認めています。ところが、この効力が発揮された結果、協約の拡張適用の対象となった労働者の労働条件が不利益に変更される状況が生じえます。このような場合にも、協約による不利益変更には規範的効力が認められるでしょうか。

　学説では、労働条件が不利になる場合には労組法17条による拡張適用は認められない、とする立場が有力でした。しかし判例は、前掲・朝日火災海上保険（高田）事件で、労組法17条の趣旨を「主として…事業場の労働条件を統一し、労働組合の団結権の維持強化と当該事業場における公正妥当な労働条件の実現を図ることにある」としたうえで、「未組織の同種労働者の労働条件が一部有利なものであることの故に、労働協約の規範的効力がこれに及ばないとするのは相当でない」と判示し、一般的拘束力を通じた不利益変更の効力を認めました。労組法17条の趣旨をどう理解するかは議論がありますが、非組合員に労働条件の引下げを強要することが、判例の言う「団結権の維持強化につながる」と説明することが妥当とは思えません。また、協約の妥結内容は基本的に労働組合の自由な判断である以上、それが「公正妥当な労働条件」であることを担保するものではないでしょう。端的に、拡張適用による労働条件の不利益変更は原則として否定し、非組合員の意思も十分に反映する手続きがされている等の例外的な場合にのみ、その拘束力を認めると解すべきではないでしょうか。

判例は他方で、非組合員は「労働組合の意思決定に関与する立場にな…い」ことを踏まえ、「協約を特定の未組織労働者に適用することが著しく不合理であると認められる特段の事情があるとき」は、協約の規範的効力を当該非組合員に及ぼすことはできないと判示しました。そして、その判断要素としては、「未組織労働者にもたらされる不利益の程度・内容、労働協約が締結されるに至った経緯、当該労働者が労働組合の組合員資格を認められているかどうか」という3つの要素を挙げています。これらの要素の相互の位置づけは判然としませんが、具体的判断からは、内容面での合理性（不利益の程度・内容）が重視されているようです。

4　労働協約の期間と労働協約の終了

協約は、期間を定めて締結することも、期間を定めずに締結することも可能です。欧州では期間を定めずに協約を締結し、条項の付け足しや改正によってアップデートするのが通例のようですが、日本では、期間を定めて協約を締結するのが一般的のようです。

協約に期間を定める場合、3年以上の有効期間を定めることはできず、たとえ3年を超える期間を定めたとしても、有効期間は3年とみなされます（労組法15条1項2項）。これは、社会・経済情勢の変化への対応の必要から、あまりに長期の期間設定は認めるべきでないとの考慮によるとされています。

他方、協約に期間を定めない場合は、当事者のいずれかから、署名または記名押印文書により、90日以上前に予告をすることで、解約することが可能です（労組法15条3項4項）。

協約の終了をめぐる問題として、協約の終了後、協約にもとづいた労働契約上の労働条件がどうなるか、というものがあります。協約の終了により、労働契約を規律していた規範が消滅し、協約にもとづいていた労働条件は空白化するとしても、この部分を空白のままとするのは当事者の意思にそぐわないとして、就業規則や労使慣行等の別の規範によって補充するか、そうでない場合には、新たな規範が定まるまでは、従来の協約にもとづく内容に

よって補充するのが当事者の意思であると解釈することで対応するとの考え方が取られています（鈴蘭交通事件・札幌地判平11.8.30労判779-69）。

　　日本では、協約が原則として組合員のみに適用され、労働組合の運営コストも基本的に組合費に依存しています。この意味で、日本では「労働組合は組合員のために行動する」ことが制度上の前提だといえるでしょう。他方、フランスは、協約は組合員だけでなく、非組合員や協約に署名していない労働組合の組合員にも適用され、「労働組合はすべての労働者のために行動する」とされています。ドイツでは、協約は組合員にのみ適用されるのが原則ですが、拡張適用制度が存在し、「一産業一組合」の原則があることから、実質的にはフランスと同様にすべての労働者のために行動するという考え方に近いでしょう。日本の労働組合に対しては「正社員のための組合だ」と批判されることもありますが、実際には日本の多くの労働組合は、全従業員の代表としての立場としても行動しています。他方、フランスやドイツでは、労働組合の活動を支えるために、組合費以外にもさまざまな組合支援の制度があります。日本の労働組合に、全従業員の代表としての機能をより期待するのであれば、その活動を支援するための仕組みも同時に検討する必要があるのではないでしょうか。

練習問題

労働協約の締結によって、労働者の労働条件を不利益に変更することは認められるべきでしょうか。変更の可否、変更の限界をどのように判断するかについて、理由を挙げつつ説明しなさい。

参考文献
水島郁子「労働協約の法的構造」、桑村裕美子「労働協約の規範的効力」、小嶌典明「労働協約の一般的拘束力」、いずれも日本労働法学会編『講座 労働法の再生〈第5巻〉労使関係法の理論課題』（日本評論社、2017年）所収

The "First Step" to learning Japanese Labor and Employment Law

—第5章—

争議行為

レジュメ

1 争議行為の意義と法的保護
（1） 争議行為の意義
（2） 争議行為の法的保護

2 争議行為の正当性
（1） 主体の正当性
（2） 目的の正当性
（3） 態様

3 争議行為と賃金
（1） 争議行為参加者の賃金
（2） 賃金カットの範囲
（3） スト不参加者の賃金

4 使用者の争議対抗行為－ロックアウト

事例　Xは、勤務先のA社長が同僚や取引先に対し無理難題を押し付け、このままでは職場環境が悪化するばかりか、取引先の信用を失って経営が傾くのではないかと心配になりました。そこでXは、同僚の有志とA社長に改善のための話し合いを求めましたが、A社長が取り合わないので、社長の目を覚ますために勤務を拒否することにしました。Xらの行為は正当な争議行為と言えるでしょうか。

1 争議行為の意義と法的保護

（1）争議行為の意義

①争議行為とは

争議行為とは、労働者が使用者に対する要求の実現を図り、あるいは抗議の意思を示すことなどを目的として行う集団的行為の総称です。労働者が集団的に労働力の不提供を行うストライキは、日本では近年ほとんど見られなくなりましたが、争議行為の最も典型的な行為と言えるでしょう。

　憲法28条は、勤労者の「団体交渉その他の団体行動をする権利」を保障すると定めています。この「団体行動権」の定義や範囲をどう理解するかについては議論がありますが、いずれにせよ、争議行為が憲法28条の保障する団体行動権の重要な位置を占めていることは間違いないでしょう。

（2）争議行為の法的保護
①刑事免責・民事免責の法的根拠
　労組法は、争議行為について、1条2項で刑事免責を、8条で民事免責を定めています。これらの規定により、正当な争議行為については、威力業務妨害罪などの刑事責任、また使用者等に生じた損害についての不法行為責任・債務不履行責任につき免責されます。もっとも、これら労組法の規定は、憲法28条が争議権を含む団体行動権を保障していることに根拠があると考えられています。したがって、労組法1条2項や8条の規定は、あくまでも確認的規定であると理解されています。

②刑事免責・民事免責の限界
　争議行為には刑事免責・民事免責が認められるといっても、それは無限定ではありません。たとえば、いかなる場合であっても、暴力の行使は免責の対象にはなりません（労組法1条2項但書）。刑事免責・民事免責が認められるには、それが正当な争議行為である必要があります。したがって、争議行為をめぐる問題の多くは、その正当性が認められるか否かになります。

③不当労働行為制度による保護
　日本では、正当な争議行為について刑事免責・民事免責に加え、特別な保

護を定めています。すなわち、労組法は、使用者による、正当な争議行為を理由として労働者を解雇する等の不利益な取り扱いを禁止しています（労組法7条1号）。これに反する使用者の行為は、不当労働行為となり、労働者は救済を求めることができます（⇒第3部第3章　不当労働行為・救済）。

2　争議行為の正当性

争議行為が法的な保護を受けるには、それが正当な争議行為であることが必要です。争議行為が正当なものと言えるか否かは、(1)主体、(2)目的、(3)態様の側面から検討されます。

(1) 主体の正当性

日本における争議行為は、通常は労働組合が主体となって実施されます。これに対し、労働組合が主体となっていない争議行為や、労働組合員が実施しているものの、それが組合の方針に沿ったものではない場合に、争議行為の主体の正当性が問題となります。

①「争議団」による争議行為

労働者が労働組合という組織を形成していなくても、状況により、労働者の集団として使用者に対して共通の要求をし、話し合いを求めるため、争議行為を実施しようと考えることはあり得ます。そして、憲法28条は、「労働組合」に団体行動権を保障するとは定めておらず、「勤労者」に団体行動権を保障する旨を定めています。したがって、こうした労働組合としての組織を有さない集団（争議団）による争議行為も、憲法28条により団体行動権が保障され、刑事免責・民事免責等の保護を受けられると考えられます。

②山猫スト

山猫ストとは、"wildcat strike"を訳したものであり、一部の組合員が、組合の承認を得ることなく独自に実施するストライキを言います。山猫ストに

ついて、裁判例はその正当性を否定する傾向にあります（三井鉱山三池工業所事件・福岡高判昭48.12.7判時742-103）。学説においても、労組法の目的が団体交渉の促進にあるという考え方をもとに、団体交渉の主体となる労働組合の方針に反する争議である山猫ストは正当性が認められないとする見解が有力です。しかし、憲法28条は、団体行動権の主体を勤労者と定め、団体行動権が労働組合の独占物ではない以上、組合の方針に反する争議行為を一律に否定するのは形式的判断にすぎないでしょう。

（2）目的の正当性

　争議行為は、通常、賃上げや職場環境の改善などといった、労働条件等の向上を目的として行われ、これらが争議行為の目的として正当であることは言うまでもありません。他方で、労働者の労働条件や職場環境は、一企業の内部にある要因だけですべてが決まるわけではありません。労働組合の目的が、「労働条件の維持改善その他経済的地位の向上を図ること」（労組法2条）という抽象的規定であることから、一企業の枠を超えうる目的を有する争議行為につき、その正当性が認められるかが問題となります。

①政治スト

　政治ストとは、一般に、政府、国会、地方自治体などの公的な機関等を名宛人として、要求や抗議の意思を掲げて行われる争議行為とされます。判例は、政治ストについて一貫して正当性を否定する立場をとっています（全

全農林警職法
事件

農林警職法事件・最大判昭48.4.25刑集27-4-547、三菱重工業事件・最2小判平4.9.25労判618-14など）。また、学説上も、争議行為は団体交渉を機能させる手段として正当化されると考える立場から、政治ストは、その要求事項が使用者の処分できる権限の範囲を超えるとして、正当性を否定する見解があります。確かに、労働組合に一般的政治課題に取り組む役割があるとは考えにくく、純粋な政治的要求を目的とした争議行為

（純粋政治スト）は、正当とはいいがたいでしょう。他方で、労働組合の目的に、労働者の「経済的地位の向上」が含まれていることからすれば、労働法や社会保障制度など、労働者の経済的利益に関係する争議行為（経済的政治スト）については、憲法28条の保障する団体行動権の範囲に含まれると解する余地があるでしょう。労働組合運動の歴史的な経緯、また諸外国における労働組合運動が、「社会運動」の色彩も強く帯びていることからすれば、憲法28条がこうした争議行為をまったくの埒外に置いているとは解されません。

②同情スト

　同情ストとは、一般に、他の労働組合（労働者）の争議行為の支援を目的とする争議行為と説明されます（別名・支援スト）。同情ストについても、争議行為を団体交渉の解決手段とする立場からは、正当性が否定される傾向にあります。しかし、雇用の流動化が進みつつある昨今において、企業外の問題は労働組合（労働者）にとって、地位改善・経済的地位の向上に直ちに無関係とは言えません。同業種における争議行為の支援を目的とする争議行為は、その正当性が認められる可能性を考えてもよいと思えます。

③二次的ボイコット

　労働争議の局面で、使用者に圧力をかけるために、当該使用者の取引先や親会社等に対しての働きかけ（取引の中止等の呼びかけ）が行われることがあります。このように、争議行為の直接の当事者ではない間接的存在に対する行為は、二次的ボイコットなどと呼ばれます。こうした行為は、しばしば情宣活動のような形をとることもあり、憲法28条の保障する争議行為として理解するか、憲法21条の保障する表現の自由の問題として理解するか、議論が分かれます。近年の裁判例は、二次的ボイコットとしての色彩を有する労働組合の活動について、正当性を容易に認めない傾向にあります。しかし、企業内では使用者に対して弱い立場にある労働者（労働組合）にとって、第三者を含め、広く社会に対して自らの活動への理解や支援を求めることは重要な

手段であり、(行き過ぎない範囲で)保護がはかられるべきでしょう。

(3) 態様
①団体交渉を経ない争議行為

　争議行為が団体交渉を機能させる手段であるととらえる立場からは、争議行為は、使用者の団交における労働者の要求拒否が前提となり、団交（における使用者の回答）を経ずに行われる争議行為の正当性が否定される傾向にあります（富士文化工業事件・浦和地判昭35.3.30労民集11-2-280参照）。しかし、労働組合の目的はあくまでも労働条件の改善及び労働者の経済的地位の向上であり、団体交渉はその一手段にすぎないと考えれば、団体交渉を経なければ争議行為が一律に正当性を否定されると解するのは形式的すぎるでしょう。次項で述べる抜き打ちストと同様、使用者に対し不測の損害を与えたか否かとの観点で正当性を検討すべきではないでしょうか。

②抜き打ちスト

　団体交渉は行われているものの、予告がなく争議が実施された場合はどうでしょうか。公益事業における争議行為については予告が規定されている（労調法37条）のに対し、これらを除く争議一般については予告が義務づけられてはいません。したがって、予告がなされていないことから直ちに争議行為の正当性は否定されません。ただし、不意打ち的な争議行為により使用者に不測の損害を生じさせた場合は、信義則違反と評価される余地もあるでしょう。裁判例では、予告なしのストライキにつき、使用者側が予測可能であったことや、開始後に遅滞なく通告がなされたこと等を理由に正当性を認めた例があります（日本航空事件・東京地決昭41.2.26労民集17-1-102）。

③部分スト・指名スト・時限スト・怠業（サボタージュ）

　日本における争議行為は、労働組合が主導して戦術的に行われるのが一般的であり、その手段として、全面ストだけではなく、スト参加者や実施時間

を限定する、部分スト、指名スト、時限スト、一定の業務のみを実施しない怠業 (サボタージュ) などのさまざまな方法が用いられます。これらは、労働組合の指令による労務の不提供であることには変わりがありませんので、原則として正当性が認められます。

④ピケッティング

　争議行為における手段の相当性をめぐって、特に議論が多いのが、ピケッティングをめぐる問題です。ピケッティングは、争議を実施する労働者の側から見れば、スト破りに対抗する手段として不可欠である一方、使用者の側から見れば、単なる労務の不提供を超えて実力によって操業を妨害されるという性質を有することから、議論が生じるところです。

　判例は、正当な争議行為はあくまで集団的な労務の不提供に限られ、実力による業務妨害は認めないとし、ピケッティングに対し一貫して厳しい態度を維持しています (岩田屋事件・福岡高判昭39.9.29労民集15-5-1036、御國ハイヤー事件・最2小判平4.10.2労判619-8)。

御國ハイヤー
事件

　確かに、使用者には操業の自由があり、争議行為に参加していない労働者には就労の自由があることから、それを妨害するピケッティング行為が無限定に正当化されるとは言えないでしょう。他方で、ストライキは、使用者の操業に一定の打撃を与える結果となるからこそ、労働組合の闘争手段として用いられるという性質を有する以上、ピケッティングに至る経緯での使用者の態度や、当該事案における労使の力関係などの事情によっては、一定の示威行為によってスト破りに対抗する余地が検討されるべきと思われます。

⑤職場占拠

　職場占拠は、使用者の所有する施設・設備に対する支配権を侵害する性質を有するものであり、一見して違法のようにも思われます。しかし、日本では企業別組合が中心であるという性質も踏まえ、一定の範囲で、職場占拠の

正当性が認められる傾向にあります。最近では、きょうとユニオン（iwai分会・仮処分）事件（大阪高決平28.2.8労判1137-5）において、団体交渉の過程で会社代表者が音信不通になったことに対し、交渉の継続を目的として職場に滞留した行為につき、正当性を欠くとは言えないとされています。

❻一斉休暇闘争

労働者が労基法39条に基づき有する年次有給休暇について、これを一斉に取得することによって、ストライキと同様の効果を得る闘争手段が存在します。こうした一斉休暇闘争について判例は、「その実質は、年次休暇に名を借りた同盟罷業（であり）…本来の年次休暇権の行使でない」として、賃金請求権が発生しないとする一方、年次有給休暇を取得したうえで、他の事業場における争議行為に参加することは、年休の自由利用原則に基づき、年休の成否には影響しないとの判断を示しています（白石営林署事件・最2小判昭48.3.2民集27-2-191）。

白石営林署事件

その後の判例では、自らの事業場で実施される争議行為に積極的に参加する目的での年休について、年休の効果を否定する（国鉄津田沼電車区事件・最3小判平3.11.19民集45-8-1236）一方、年休を取得して自らの事業場の争議行為に参加したものの、当該労働者の担当業務が部分ストの実施対象とされていなかったことから、年休の自由利用の範囲とする判断が示されています（国鉄直方自動車営業所事件・最2小判平8.9.13労判702-23）。

国鉄津田沼
電車区事件

3 争議行為と賃金

（1）争議行為参加者の賃金

争議行為は労務の不提供をその中心的な内容とするものである以上、「ノーワークノーペイの原則」によって、争議行為に参加した労働者は、争議期間中

については賃金請求権を有しないのが当然の帰結となります。

（2）賃金カットの範囲

　日本においては、もっぱら労務提供の対価である基本給等に加え、さまざまな手当などが存在します。そこで、ストライキへの参加に伴う賃金カットに際し、その範囲がどこまでかが問題となります。

　この点、現在の判例は、個々の事案に応じた労働協約、就業規則、および慣行に基づく労働契約の解釈問題として処理する立場です（三菱重工長崎造船所事件・最2小判昭56.9.18民集35-6-1028）。もっとも、労働組合との合意である労働協約はともかく、就業規則や慣行によって賃金カットの範囲を定めることが認められるべきかについては、議論の余地があるでしょう。

（3）スト不参加者の賃金

　ストライキに参加しなかった労働者は、ストライキ実施中も通常どおり就労し、賃金を受け取ります。しかし、争議行為の結果、これに参加しなかった労働者も就労不能となることがあり得ます（人員不足による操業停止や、ピケッティングよる場合など）。この場合、争議行為に参加しなかった労働者の賃金の扱いはどうなるでしょうか。このようなケースには、さらに、争議行為の不参加者が争議を実施した労働組合の組合員（部分スト）である場合と、争議を実施した組合の組合員ではない場合（一部スト）が想定されます。

　この点、判例は、危険負担（⇒第2部第6章　賃金の規制）の問題として考えています。そして、争議行為の結果としての就労不能については、民法536条2項が定める使用者の帰責事由には原則として該当しないとしました。したがって、争議行為に参加しなかった労働者は、賃金請求権を失うことになります。また、部分ストの場合における争議行為実施組合の不参加者については、争議行為が当該組合の主体的判断とその責任に基づいて実施したものであるとして、労基法26条に基づく休業手当の請求も否定されています（ノース・ウェスト航空事件・最2小判昭62.7.17労判499-6）。

ノース・ウェスト
航空事件

これに対し、一部ストの場合については、争議行為を実施した労働組合の意思決定の外に置かれていることから、争議行為による就労不能は、使用者側に起因すると評価することができ、労基法26条に基づく休業手当の請求権は認められます（明星電気事件・前橋地判昭38.11.14労民集14-6-1419））。

4 使用者の争議対抗行為－ロックアウト

争議行為に対する使用者側の対抗行為として、ロックアウトがあります。部分ストや時限ストなど、労働組合側が、賃金請求権の喪失を最小限にとどめつつ、使用者に打撃を与えようとするのに対し、労働者の労務提供を完全に拒否することで賃金支払い義務を免れるために実施されるのが典型です。

ロックアウトについて、判例は、憲法28条が労働者に争議権を保障したのは、労使対等の促進と確保を図ることが目的であるとしたうえで、労働者側の争議行為によりかえって使用者側が著しく不利な圧力を受けることになる場合については、衡平の原則の観点から使用者にロックアウトという対抗手段が認められるとしています（丸島水門事件・最3小判昭50.4.25民集29-4-481）。

丸島水門事件

したがって、争議行為の初期段階に（あるいはそれ以前から）実施する先制的なロックアウトや、使用者側の要求をのませるための攻撃的なロックアウトは認められません。

column
8

日本では、労働組合は企業を単位として活動するのが基本ですが、欧州諸国では、企業ではなく、産業（業種）を単位とした労働組合組織が一般的です。その結果、争議行為が企業の枠を超えて、産業全体、さらに

は国全体にまで広がりを見せることもあります。

典型的なのはフランスです。フランスでは、労働組合の組織率が非常に低いということもあり、労働組合はストライキの実施を呼びかけはするものの、ストライキに参加するか否かは、一人一人の労働者の自由な意思に委ねられています。こうして、フランスにおけるストライキは、「労働組合によるストライキ」というよりは、労働者一般による緩やかな連帯に基づく、社会運動的なストライキとなります（実際、フランス語でストライキを表す語はgrèveといいますが、一般的にはむしろ"mouvement social"（直訳すると「社会運動」）という語が用いられます）。これは、労働組合が企業の枠を超えて、産業全体（場合によっては国全体）の労働者の利益のために活動し、必要であれば産業全体（社会全体）に向けて要求を向けるためにストライキを行うという考えをとっているためです。

練習問題

A労働組合によるストライキが実施された結果、会社の操業が停止状態となった。この場合、①ストライキに参加したA労働組合の組合員、②ストライキに参加しなかった組合員、③ストライキに参加しなかった非組合員の賃金の扱いはどうなるか、法的根拠とともに説明しなさい。

参考文献

中窪裕也「団体行動権の意義と構造」、石井保雄「争議行為の意義と正当性－序論的考察」、いずれも日本労働法学会編『講座労働法の再生〈第5巻〉 労使関係法の理論課題』（日本評論社、2017年）所収

大和田敢太「争議行為の正当性」日本労働法学会編『講座21世紀の労働法〈第8巻〉利益代表システムと団結権』（有斐閣、2000年）

大内伸哉「労働者にはどうしてストライキ権があるのか」『雇用社会25の疑問〈第3版〉』（弘文堂、2017年）

第 4 部

特定の労働者に向けた
ルール

第11章

女性・年少者の保護

レジュメ

1 女性労働者保護規定の変遷－女性保護から母性保護へ
2 母性保護
（1） 坑内業務の就業制限
（2） 危険有害業務の就業制限
（3） 産前・産後休業
（4） 妊婦の軽易作業への転換
（5） 妊産婦の変形労働時間制、時間外・休日労働、
深夜労働の規制等
（6） 育児時間
（7） 母性保護規定の利用を理由とする不利益取扱等の禁止
（8） 生理日の就業が著しく困難な女性に対する措置
（9） 均等法に基づく妊産婦の健康確保措置等
3 年少者の保護
（1） 最低年齢
（2） 未成年者等の労働契約
（3） 年少者の労働時間等
（4） 年少者の危険有害業務等の就業制限

事例　大学3年生のA君は、午前1時まで営業しているスーパーで、午後9時から午前1時まで週3日、アルバイトしています。最近、正社員のBさんが妊娠し、フリーターのC君が17歳だったことが分かり、どちらも深夜のシフトに入れられないから、週5日、シフトに入って欲しいと言われました。

1 女性労働者保護規定の変遷–女性保護から母性保護へ

1947年に制定された労基法は、第6章に年少者、女性に関する保護規定を置き、危険有害業務の禁止、時間外労働・休日労働・深夜労働の制限、女性労働者については産前産後休業（産前、産後とも6週間）等の母性保護規定などを設けていました。

1979年に国連で採択された女性差別撤廃条約の批准に際し、年少者と女性労働者の章を分離しました（1986年4月施行）。

1987年6月（施行は1988年4月1日）の労基法の労働時間法制の改正に際し、女性労働者のうち専門業務従事者と指揮命令者（最小限の単位の組織の長。係長以上）について時間外、休日、深夜労働規制の緩和が行われました。この際、産後休業が6週から8週に延長され、多胎妊娠の産前休業が10週間とされるなど、母性保護規定が充実しました。

1997年の労基法改正では、満18歳以上の女性に対する時間外・休日労働、深夜業（午後10時から午前5時までの就業）の規制が廃止されました（1999年4月1日施行）。そして、3年間の経過措置を設け、育児・介護休業法において、小学校就学前の子を養育するまたは家族介護を行う男女労働者について時間外労働、深夜労働の免除措置を設けています。また、女性労働者に深夜労働行わせるに際して留意すべき事項を定めた「深夜業に従事する女性労働者の就業環境等の整備に関する指針」（平10.3.13労告21号）を策定しています。同改正では、多胎妊娠の産後休業が14週間に延長されています。

2 母性保護

（1）坑内業務の就業制限

①妊産婦の坑内業務の就業制限

妊娠中の女性（妊婦)については、坑内で行われる全ての業務に従事させることはできません。また、産後1年を経過しない女性（産婦）が申し出た場合にも、坑内で行われる全ての業務に就かせることはできません（労基法64条の2第1号）。

②女性（妊産婦以外）の坑内業務の就業制限

妊娠中の女性及び産後1年を経過しない女性（以下、「妊産婦」）以外の女性（満18歳以上）についても、坑内で行われる業務のうち人力により行われる掘削の業務その他の女性に有害な業務として女性労働基準規則（以下、女性則）1条に定める業務については、就労させることができません（64条の2第2号）。

(2) 危険有害業務の就業制限
①妊産婦の危険有害業務の就業制限

労基法64条の3は、重量物を取り扱う業務、有害ガスを発散する場所における業務その他妊産婦の妊娠、出産、哺育等に有害な業務に就かせてはならないとします。

②女性（妊産婦以外）の危険有害業務の就業制限

一般の女性労働者（満18歳以上の女性で妊産婦以外）については、女性則2条1号の重量物取扱業務に制限のあるほか、同条18号の有害物を発散する場所の区分に応じて、それぞれ当該場所において行われる業務に就業させることが禁止されています。

妊産婦等の
就業制限の範囲

(3) 産前・産後休業
①産前休業

女性労働者は、妊娠している子が1人の場合（単胎妊娠）の場合には、出産予定日から6週間前から、産前休業を取得することができます。複数の子を妊娠している場合（多胎妊娠）の場合には、出産予定日の14週間前から、産前休業を取得することができます。使用者は、女性労働者が産前休業を請求した期間については、当該女性労働者を就業させることはできません。

産前・産後休業、
育児休業の
自動計算ツール

②産後休業

　使用者は、産後8週間を経過しない女性を就業させてはなりません（産後休業）。出産とは、通達では、正常分娩のほか、いわゆる早産、流産、死産についても、妊娠4か月以上の分娩は労基法65条の出産に当たり、産後休業の対象になります（昭23.12.23基発1885号）。ただし、産後6週間を経過した女性労働者がいた場合には、使用者は当該女性労働者について医師が差し支えないと認めた業務に限り就業させることができます（65条2項但書）。

　産前、産後休業の期間中の賃金については、労働協約や就業規則、個別の契約において、支給する（あるいは一部支給する）といった規定があれば、それに基づいて支給されますが、支給規定がない場合には無給としても違法ではありません。なお、出産した日以前42日から、産後56日までの期間で、労務に服さず、賃金を得られない場合には、健康保険から分娩手当金として、休業1日につき、支給開始以前の12か月間の標準報酬月額の平均の30分の1に相当する額の3分の2が支給されます。

(4) 妊婦の軽易作業への転換

　使用者は、妊娠中の女性が請求した場合には、他の軽易な業務に転換させなければなりません。通達（昭61.3.20基発151号、婦発69号）は、「65条3項は、原則として女性が請求した業務に転換させる趣旨であるが、新たに軽易な業務を創設して与える義務まで課したものではないこと」とします。

(5) 妊産婦の変形労働時間制、時間外・休日労働、深夜労働の規制等
①変形労働時間制の適用の規制

　妊産婦が請求した場合においては、使用者は1か月単位の変形労働時間制（32条の2第1項）、1年単位の変形労働時間制（32条の4第1項）、1週間単位の非定型的労働時間制（32条の5第1項）を採っていても、1週間に40時間（特例対象事業場が1か月単位の変形労働時間制を取る場合には44時間）、1日8時間を超えて労働させてはなりません（労基法66条1項）。

②妊産婦の時間外労働・休日労働の規制

使用者は、妊産婦が請求した場合においては、時間外労働をさせてはなりませんし、法定休日に労働させることもできません。なお、労基法41条各号に該当する者（たとえば労基法41条2号の管理監督者等）については、労働時間に関する規定が適用されないため、妊産婦についての時間外労働、休日労働の制限は適用されません（昭61.3.20基発151号、婦発69号）。

③妊産婦の深夜労働の制限

妊娠中の女性、あるいは産後1年を経過しない女性が請求した場合には、午後10時から午前5時迄の深夜の時間帯に労働させてはなりません。これは労基法41条各号該当者も適用があります。

(6) 育児時間

1歳未満の子（生後満1年に達しない生児）を育てる女性は、34条の休憩時間のほか、1日2回各々少なくとも30分、その生児を育てるための時間（育児時間）を請求することができます。もともとは、授乳などのために持ち場を離れて、子の面倒を見るために設けられたものですが、今では、保育所の送り迎え等のためにも用いられています。休憩時間とは異なり、始業時刻、終業時刻に接して取ることが可能だからです（昭33.6.25基収4317号）。また、30分×2回ではなく、まとめて60分とすることも可能です。育児時間についても、有給とすることは義務づけられておらず、無給としても違法ではありません。

(7) 母性保護規定の利用を理由とする不利益取扱等の禁止

使用者は産前休業の申出、取得を理由として解雇その他不利益取扱をしてはなりません（均等法9条3項）。また、女性労働者が妊娠したこと、出産したこと、産前・産後休業を請求し、または産前・産後休業をしたことその他の妊娠または出産に関する事由に関する言動により、当該女性労働者の就業環境が害されることのないよう、当該女性労働者からの相談に応じ、適切に

対応するために必要な体制の整備その他の雇用管理上必要な措置を講じなければなりません（均等法11条の2。⇒第4部第3章　ハラスメント）。

（8）生理日の就業が著しく困難な女性に対する措置

使用者は、生理日の就業が著しく困難な女性が休暇を請求したときは、その者を就業させてはなりません（労基法68条）。これは、生理日の就業が著しく困難であるという事実に基づき請求がなされればよく、診断書の提出を義務づけ、提出しない場合には認めないとすることはやり過ぎで、同僚の証言等の簡単な証明でよいとされています（昭23.5.5基発682号、昭63.3.14基発150号、婦発47号）。就業させなかった日および時間を無給としても違法ではありません。

（9）均等法に基づく妊産婦の健康確保措置等

①保健指導または健康診査を受けるための時間の確保

事業主は、女性労働者が妊産婦のための母子保健法の規定による保健指導または健康診査を受けるために必要な時間を確保することができるようにしなければなりません（均等法12条）。具体的には、妊娠中は、妊娠23週までは、4週に1回、妊娠24週から35週までは2週に1回、妊娠36週から出産までは1週に1回、確保することとされています。

出産後1年以内である場合にあっては、医師等の指示により、必要な時間を確保することができるようにしなければなりません。

妊娠中及び出産後の女性労働者が保健指導又は健康診査に基づく指導事項を守ることができるようにするために事業主が講ずべき措置に関する指針（概要）

②保健指導または健康診査に基づく措置

事業主は、妊娠中および出産後の女性労働者が、健康診査等を受け、医師等から指導を受けた場合は、その雇用する女性労働者が保健指導または健康

診査に基づく指導事項を守ることができるようにするため、勤務時間の変更、勤務の軽減等必要な措置を講じなければなりません（均等法13条1項）。

3　年少者の保護

(1) 最低年齢

①最低年齢

　労基法は、労働者の最低年齢については、児童が満15歳に達した日以後の最初の3月31日が終了するまで使用してはならないと規定します（労基法56条1項）。義務教育課程にある者を労働者として使用することはできないということです。ただし、下記の例外があります。

②非工業的事業及び演劇子役の最低年齢

　労基法56条2項は、健康・福祉に有害でない軽易な業務に限り、所轄労働基準監督署長（以下、労基署長）の許可を条件に、新聞配達など非工業的事業では満13歳以上の児童を、修学時間外に働かせることができるとします。

　なお、映画・演劇の子役は満13歳未満の児童でも、修学時間外に働かせることができます。

③年齢証明書の備え付け

　18歳未満の年少者については、使用者は年齢証明書を事業場に備えつけなければなりません（57条）。年齢証明書は、「住民票記載事項の証明書」を備え付ければよいとされています。

　15歳に達した日以後の最初の3月31日が終了していない児童については、年齢証明書のほかに、修学に差し支えないことを証明する学校長の証明書を事業場に備え付けることが必要です（57条2項）。

(2) 未成年者等の労働契約

①未成年者の労働契約

労基法58条1項は、「親権者又は後見人は、未成年者に代って労働契約を締結してはならない。」とします。民法824条、859条を労基法で修正し、親権者であっても未成年者の代理として労働契約の締結をすることを禁止しています。

なお、民法の成人年齢は2022年4月1日から18歳に引き下げられます。2022年4月1日の時点で、18歳以上20歳未満の者（2002年4月2日生まれから2004年4月1日生まれまで）は、その日に成年に達することになります。

②親権者および行政官庁による契約解除

未成年者が労働契約を締結した場合に、その契約が未成年者に不利な内容となっている場合には、親権者、後見人または行政官庁は、将来に向って労働契約を解除することができます（58条2項）。

③未成年者の賃金請求権

労基法59条は「未成年者は、独立して賃金を請求することができる。親権者又は後見人は、未成年者の賃金を代つて受け取つてはならない。」とします。親権者等による未成年者の賃金の代理受領の弊害を除去するために設けられたものです。

④年少者の帰郷旅費

使用者は、年少者が解雇の日から14日以内に帰郷する場合においては、使用者は、必要な旅費を負担しなければなりません（64条）。14日以内に、帰郷しない場合には、帰郷旅費の負担義務はありません。これは、旅費が工面できないために、寄宿舎などに残っていて、身売りされたり、ずるずると使用されたりすることを防止する目的で設けられた規定です。

(3) 年少者の労働時間等
①年少者の労働時間

年少者には労基法32条の法定労働時間が厳格に適用され、1か月単位の変

形労働時間制（32条の2）、フレックスタイム制（32条の3）、1年単位の変形労働時間制（32条の4）、1週間単位の非定型的労働時間制（32条の5）、労使協定による時間外・休日労働（36条）、労働時間及び休憩の特例（40条）、高度プロフェッショナル制度（41条の2）は適用されません（60条1項）。他方、非常災害時の時間外・休日労働（労基法33条1項）や、公務のための臨時の必要性がある場合（33条3項）、41条の適用除外は年少者にも適用されます。

②義務教育課程の児童の労働時間

　15歳に達した日以降の最初の3月31日が終了していない者（児童）を、非工業的事業において児童の健康・福祉に有害でなく、かつ、その労働が軽易なものに、所轄労基署長の許可を受けて使用する場合の労働時間は、修学時間を通算して、1週40時間、1日7時間を超えてはなりません（労基法60条2項）。児童を労働に従事させることができるのは、7時間から修学時間を引いた時間に限られます。

③年少者の深夜業の原則禁止と例外

　満18歳に満たない「年少者」については、午後10時から午前5時までの深夜の時間帯に労働させることはできません。また、所轄労基署長の許可を受けて使用する児童については、深夜業として禁止される時間帯が、午後8時から午前3時までとされています（65条5項）。なお、児童のうち所轄労基署長の許可を受けた演劇子役の児童は、深夜業の禁止の時間帯が午後9時から午前6時までとされます（65条5項）。なお、年少者の深夜業には、65条1項但書、61条3項、41条各号、33条1項の例外的取扱いが定められています。

年少者の危険有害業務の範囲

(4) 年少者の危険有害業務等の就業制限

　年少者は、衛生学的に抵抗力が弱く、また危害を十分に自覚しない発育段

階にあることから、安全、衛生および福祉の観点から、労基法62条は危険有害と認められる業務に就業させることを禁止しています。使用者は、満18歳に満たない者に、運転中の機械もしくは動力伝導装置の危険な部分の掃除、注油、検査もしくは修繕をさせ、運転中の機械もしくは動力伝導装置にベルトもしくはロープの取付けもしくは取りはずしをさせ、動力によるクレーンの運転をさせることはできません。また、重量物の取り扱い、安全上有害な業務、衛生上有害な業務、福祉上有害な業務、坑内労働に就かせることはできません（年少則7条、8条、労基法63条の坑内労働の禁止）。

ただし、職業能力開発法24条の認定を受けて行う職業訓練を受ける労働者について必要と認められる場合には、年少者であっても、その必要な限度で危険有害業務に就業させることができます（70条）。

練習問題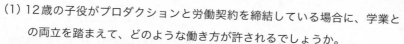

(1) 12歳の子役がプロダクションと労働契約を締結している場合に、学業との両立を踏まえて、どのような働き方が許されるでしょうか。

(2) 生理日の就業が困難な女性は、どのような場合に早退したり、休憩をとったり、休んだりすることができるでしょうか。

(3) 妊産婦の母体保護に関する制度を説明しなさい。

参考文献

厚生労働省労働基準局編『平成22年版労働基準法〈下巻〉（労働法コンメンタールNo. 3）』（労務行政、2011年）、本庄淳志「年少者」、龔敏「妊産婦等」、いずれも西谷敏・野田進・和田肇編『新基本法コンメンタール　労働基準法・労働契約法』（日本評論社、2012年）所収

— 第**2**章 —

性差別の禁止

事例 　Y社では、以前は、男性は営業または製造部門、女性は事務部門と、性別で仕事内容を分け、賃金体系も異なっていたため、男女間に賃金格差が生じていました。現在は、営業にも女性はいますが、事務部門で古くから働いている女性従業員には賃金が低いことへの不満が生じています。

1 男女同一賃金の原則

　使用者は、労働者が女性であることを理由として賃金について男性と差別的取扱をしてはなりません（労基法4条）。この労基法4条は、憲法14条の法の下の平等を具体化したものと解されています。1947年の労基法制定時には、女性が男性に比べて低賃金であることは歴然としており、労働条件の中でも最も重要な賃金については、性別による差別を一切禁止するために、とくに男女同一賃金の規定を設けたものです。しかし、その後も男女間で、採用時

の学歴、本社採用か支店採用か、仕事内容の相違などを理由として、賃金の格差は維持されていました。

判例では、基本給において男女別の賃金表を設けていたことが労基法4条に違反するとした秋田相互銀行事件（秋田地判昭50.4.10労民集26-2）がリーディングケースとなっています。同判決は、労働契約において、使用者が、労働者が女性であることを理由として、賃金について、男性と差別的取扱いをした場合には、労働契約の当該部分は、労基法4条に違反して無効であるから、女性は男性に支払われた金額との差額を請求することができるとしました。その際、労基法13条の「労基法で定める基準に達しない労働条件を定める労働契約は、その部分については無効とされ、この無効となった部分は、労基法で定める基準による」との強行的効力、直律的効力の規定は、労基法4条違反のような重大な違反がある契約については、この無効となった空白の部分を補充するためのものとして援用することができるとしました。

秋田相互銀行
事件

その後、裁判例では、基本給のみならず家族手当の支給基準の適用が、男女によって異なる例についても労基法4条違反になるとしています（岩手銀行事件・仙台高判平4.1.10労判605-62）。

女性に比べて男性の賃金を有利に取り扱う場合に限定されず、女性を有利に取り扱う場合も、労基法4条の男女同一賃金原則に違反すると解されています。

岩手銀行事件

2　均等法の性差別禁止規定

（1）均等法の制定の経緯と意義

均等法は、国連の女性の10年及び女性差別撤廃条約の締結を契機に、1985年に勤労婦人福祉法の改正法として公布され、1986年4月に施行されました。施行当初は、定年、解雇に係る女性差別禁止規定を除くと、ほとん

どが努力義務規定とされていましたが、その後、複数回の修正を重ねて、現在においては、均等法は、性差別禁止および母性保護規定、セクシュアルハラスメント、マタニティハラスメントの防止措置義務、ポジティブアクションの推奨など幅広い内容となっています。性差別の禁止やハラスメントについては、男女双方に適用されます（ハラスメントについては第4部第3章でまとめて取り扱います）。

(2) 性差別の禁止
①直接差別の禁止
　均等法は、募集・採用（均等法5条）、配置（業務の配分及び権限の付与を含む）・昇進（昇格を含む）・降格・教育訓練（6条1号）、福利厚生措置（生活資金等の資金の貸付け、定期的な金銭給付、資産形成のための金銭貸付け、住宅の貸与）（6条2号）、職種および雇用形態の変更（6条3号）、退職勧奨、定年、解雇、労働契約の更新・雇止め（6条4号）について、性別を理由とする差別を禁止しています。これは男性についても適用されます。

◎男女別定年年齢の違法性
　［日産自動車事件・最3小判昭56.3.24労判360-23］
◎昇進昇格差別
　［芝信用金庫事件・東京高判平12.12.22労判796-5］
◎昇進昇格差別
　［昭和シェル（賃金差別）事件・東京高判平19.6.28労判946-76］

 日産自動車事件　 芝信用金庫事件　 昭和シェル（賃金差別）事件

　具体的に事業主が行うべき措置については指針（「労働者に対する性別を理由とする差別の禁止等に関する規定に定める事項に関し、事業主が適切に対

処するための指針」平18 厚労告614号。以下、指針)に詳細が定められています。性差別の有無の判断は、同じ「雇用管理区分」において、「男女のいずれかを排除」したり、「男女で異なる扱い」をしたり、あるいは「男女のいずれかを優先」することとされています。

　ここでいう「雇用管理区分」とは、「職種、資格、雇用形態、就業形態等の区分その他の労働者の区分であって、当該区分に属している労働者について、ほかの区分に属している労働者と異なる雇用管理を行うことを予定して設定しているもの」をいいます（指針）。企業がしばしば採用する「コース別雇用管理」における、「総合職」と「一般職」の区分けも「雇用管理区分」に該当します。「雇用管理区分」が同一かどうかは、当該区分に属する労働者の職務内容、転勤などの人事異動等について、ほかの区分の労働者との間に客観的・合理的な違いがあるか否かによって判断されます。

　コース別雇用管理を採用して総合職と一般職という雇用管理区分を設けながら、全ての女性労働者を一般職に配置する場合は、男女の取扱いの差異は均等法に違反する直接差別（「配置」差別）となります（「コース等で区分した雇用管理を行うにあたって事業主が留意すべき事項に関する指針」（平25厚労告384号）。

 労働者に対する性別を理由とする差別の禁止等に関する規定に定める事項に関し、事業主が適切に対処するための指針（概要）

②間接差別の禁止

　間接差別とは、外形上は性中立的な要件に基づく措置であって、その要件を満たす男女の比率からみると一方の性に著しい不利益をもたらし、実質的に性別を理由とする差別となるおそれがあり、その要件に合理性の認められない場合をいいます（均等法7条）。

　均等法施行規則（均等則2条）は、間接差別の例として次の三つを例示しています。

①募集・採用にあたり、労働者の身長、体重、または体力を要件とするもの

②労働者の募集若しくは採用、昇進または職種の変更にあたって、転居を伴う転勤に応じることができることを要件とするもの

③昇進にあたり、転勤の経験があることを要件とするもの

違法な間接差別に当たると解される例

これらにつき、業務の遂行上特に必要がない場合、雇用管理上特に必要がない場合、その他合理的な理由がない場合は、間接差別として禁止されます。

(3) ポジティブアクション

ポジティブアクションは、雇用管理区分ごとに女性の比率が4割を下回っている場合に、当該雇用管理区分に、女性を積極的に採用したり、登用したりする取り組みは、男性に対する性差別には当たらないとするものです。

均等法制定前からの雇用慣行や企業内制度の下において、企業のなかには、固定的な男女の役割分担意識や、過去の経緯から「営業職には女性がほとんど配置されていない」とか、「課長以上の管理職は男性が大半を占めている」といった事態が生じているところがあります。このような長年にわたる性差別によって生じた格差は、均等法に性差別を禁止した規定を設けただけでは解消できませんでした。

ポジティブアクションとは、このような性差の解消を目指して企業が行う自主的かつ積極的な取り組みを促すものです。したがって、単に女性だからという理由だけで女性を「優遇」するためのものではなく、これまでの慣行や固定的な性別の役割分担意識などが原因で、女性は男性よりも能力を発揮しにくい環境に置かれている場合に、こうした状況を「是正」するための取り組みなのです。

ポジティブアクションの例

ポジティブアクションにより、女性労働者の労働意欲の向上、女性の活躍が周囲の男性に刺激となり生産性が向上する、多様な人材による新しい価値の創造につながる、幅広い高い質の労働力を

確保できる、外部評価（企業イメージ）の向上等の
効果が期待できます。

 野村證券事件

　均等法において昇進昇格差別禁止が定められ、
ポジティブアクションの励行が規定された後でも、
従前の男女別雇用管理を維持したことが不法行為に当たるとされた例として
は、野村證券事件があります（東京地判平14.2.20労判822-13）。

（4）救済（過料及び紛争解決制度）

　均等法の5条、6条などの差別禁止規定に違反してもそれだけでは罰則は
ありませんが、厚生労働大臣（都道府県労働局長）が、事業主に男女均等取
扱いなど均等法に関する事項について報告を求めたのに、報告を拒否したり、
虚偽の報告をすると、20万円以下の過料に処せられます（均等法29条、33条）。
　事業主は、男女差別に関する事項（募集・採用を除く6条、7条、9条、
12条、13条1項の紛争）について、男女労働者から苦情を受けたときは、苦
情処理機関（労使の代表者による苦情処理機関）に処理を委ねる等、自主的な
解決を図るように努めなければなりません（均等法15条）。
　使用者及び労働者は、紛争解決のために都道府県労働局長に情報の提供、
相談、その他の援助を求めることができます（個別紛争法3条）。また、都道
府県労働局長による必要な助言、指導、または勧告を求めることができます
（均等法17条1項）。
　さらに、都道府県労働局に設置された紛争調整委員会に調停（募集・採用
に関する紛争を除く）を求めることができます（均等法18条）。

3　女性活躍推進法

　「女性の職業生活における活躍の推進に関する法律」は女性の職業生活にお
ける活躍（＝女性が個性と能力を十分に発揮して職業生活において活躍する
こと）が一層重要となっていることを踏まえ、男女の人権が尊重され、かつ、
急速な少子高齢化の進展、国民の需要の多様化・グローバル化等、社会経済

情勢の変化に対応できる豊かで活力ある社会を実現することを目的に、2015年9月に制定されました。

　この法律は、女性の職業生活における活躍を推進するため、基本原則及び国、地方公共団体、事業主（一般事業主）の責務等を明らかにするとともに、基本方針及び一般事業主による行動計画の策定等に関する事項を定めています。

　女性活躍推進法に基づき、国・地方公共団体、301人以上の大企業は、①自社の女性の活躍に関する状況把握・課題分析、②その課題を解決するのにふさわしい数値目標と取り組みを盛り込んだ行動計画の策定・届出・周知・公表、③自社の女性の活躍に関する情報の公表を行わなければなりません（300人以下の中小企業は努力義務）。

　2020年6月より、③の情報公表項目について、職業生活に関する機会の提供に関する実績、職業生活と家庭生活との両立に資する雇用環境の整備に関する実績の各区分から1項目以上公表する必要があります。

　取り組みの実施状況が優良な企業については、申請により、厚生労働大臣の認定を受けることができます。認定を受けた企業は、厚生労働大臣が定める認定マーク（えるぼしマーク、プラチナえるぼしマーク）を商品などに付することができます。

　また、2019年の女性活躍推進法の改正により、2022年4月1日より、②の一般事業主行動計画の策定・届出義務及び自社の女性活躍に関する情報公表の義務の対象が、常時雇用する労働者が301人以上から101人以上の事業主に拡大されます。

女性の活躍
推進企業
データベース

女性の活躍推進企業データベースでは、女性管理職の割合や平均勤続年数など、企業が自ら公表している女性の活躍状況に関するデータを見ることができます。

練習問題

(1) 従前は女性のみ配置をしていた秘書室に、女性秘書が反対するからといって、男性を配置しないことは、均等法に反するでしょうか。

(2) 採用面接で応募者に「結婚したら、仕事は続けますか」「単身赴任はできますか」と質問することは、均等法に違反するでしょうか。

(3) 男女間で昇進スピードに相違がある場合の企業が採るべき是正策にはどのようなものがありますか。

参考文献 ────

柳澤武「雇用平等法の形成と展開」、神尾真知子「 保護と平等の相克—女性保護とポジティブ・アクション」、斎藤周「差別の救済」、相澤美智子「 雇用平等法の課題」、いずれも日本労働法学会編『講座労働法の再生〈第4巻〉人格・平等・家族責任』（日本評論社、2017年）所収

—— 第**3**章 ——

ハラスメント

レジュメ

1 セクシュアルハラスメント
（1） 総説
（2） セクハラ行為の「違法性」
（3） 使用者責任
（4） 均等法上の措置義務

2 マタニティハラスメント

3 パワーハラスメント
（1） 総説
（2） 違法な「パワハラ」とは
（3） パワハラ防止の法政策の現状と課題

事例　就業時間後に居酒屋で行われた、転勤者の送別会の席で、Xさん
は、上司Y主任が「取引先との接待でのコミュニケーションの取
り方を教えてあげよう」などといいながら身体への接触を繰り返し
たため、嫌がるそぶりを見せたところ、Y主任は「上司の指導に
は従わなくては…」などと言い、接触を続けました。Xさんは、誰
に対してどのような請求ができるでしょうか。

---

1 セクシュアルハラスメント

（1） 総説

　セクシュアルハラスメント（以下、セクハラ）とは、性別にかかわる嫌がら
せ行為をいいます。具体的には、①対価型（代償型）セクハラと呼ばれる、使
用者や上司が、その性的言動に対する労働者の態度を理由として、雇用関係

上の（不）利益が生じる決定をする行為、②環境型セクハラと呼ばれる、使用者・上司・同僚等が、労働者の意に反し、性的に不快な職場環境をもたらす行為とに整理されます。

（2）セクハラ行為の「違法性」

　違法なセクハラと認められたら、法的にどんな効果が生じるでしょうか。

　この点、対価型セクハラによって、不利益な取扱い（配置転換、降格、解雇等）がなされた場合、当該取扱いは違法であり、無効となります。

　他方、環境型セクハラの場合には、不利益な取扱い等の法律行為は通常存在しませんが、セクハラ行為によって生じた損害について、不法行為にもとづく損害賠償請求の可能性が生じます（対価型セクハラの場合も、以下に述べるような法益の侵害が生じていれば、不法行為責任も生じます）。すなわち、わいせつ的な行為は、被害者の性的自由の侵害、態様によっては身体の自由の侵害を生じさせることがあります。また被害者の性的自由やプライバシーに干渉する言動（たとえば、婚姻の有無等をことさらに話題にする等の言動）は、被害者の名誉の毀損やプライバシーの侵害を生じさせ得るでしょう。加えて、性的に不快な言動は、それ自体、働きやすい職場環境で働く利益を侵害するものと言い得るでしょう（福岡セクハラ事件・福岡地判平4.4.16労判607-6等参照）。

　それでは、不法行為を生じさせるセクハラ行為に当たるか否かは、どのように判断されるでしょうか。たとえば、職場における性的な要素を含む言動は、すべて「違法なセクハラ」となるのでしょうか。この点、違法なセクハラ行為に当たるか否かは、被害者となった労働者の人格的な利益に対する違法な侵害が生じたといえるかどうかで決まると考えられています。より具体的には、加害行為の内容や態様（重大性）、加害行為の継続性などの事情を考慮して、問題となった行為が「社会通念上許容される限度」を超えるかどうかで判断されます（金沢セクハラ事件・名古屋高金沢支判平8.10.30労判707-37参照）。その際、被害者の主観（被害者がどう感じたか）を重視するか、加害者の主観（加害者の意図）を重視するか、あるいは当事者の主観ではなく客観

的な評価を重視するか、議論が生じ得るところです。

　この点、裁判例は特に明言はしていませんが、当事者の主観もある程度考慮要素に入れつつも、行為をめぐる状況の客観的評価を重視していると思われます。なお、セクハラ行為やわいせつ行為では、被害者が抵抗しなかった、反対の意思を明示しなかったことから、「同意があった」などと主張されることがしばしばあります。しかし、最高裁は*海遊館（L館）事件*（最1小判平27.2.26労判1109-5）で、被害を受けた従業員から明白な拒否の姿勢を示されておらず、性的な言動が許されていると誤信していたとして加害従業員に有利な事情として考慮した原審（大阪高判平26.3.28労判1099-33）の判断を覆しました。すなわち、「職場におけるセクハラ行為については、被害者が内心でこれに著しい不快感や嫌悪感等を抱きながらも、職場の人間関係の悪化等を懸念して、加害者に対する抗議や抵抗ないし会社に対する被害の申告を差し

海遊館（L館）
事件

控えたり躊躇したりすることが少なくないと考えられる」として、被害者が明白に拒否の姿勢を示さなかったことを考慮に入れるべきでないとの判断を示しています。

（3）使用者責任

　職場におけるセクハラが生じた場合、被害者としては、加害行為者に加え、使用者に対して損害賠償請求することも考えられます。その法的構成としては、不法行為にかかる使用者責任（民法715条）を追求する、あるいは使用者の「職場環境配慮義務」違反があるとして、債務不履行（民法415条）を理由として損害賠償請求することが考えられます（三重セクハラ（厚生農協連合会）事件・津地判平9.11.5労判729-54など参照）。

　職場のセクハラ行為につき、不法行為にかかる使用者責任を追求する場合、当該不法行為が、①「被用者」により、②「事業の執行につき」なされることが要件となります。職業上の（不）利益が問題となる対価型（代償型）セクハラについては、これらの要件はほぼ議論の余地なく認められるでしょう。これに

対し、環境型セクハラの場合、「事業の執行につき」の要件が問題となることがあり得ます。たとえば、「就業時間後に居酒屋で行われた、歓迎会や送別会、忘年会などの宴席で、労働者Xに対し、上司Yが身体への接触を繰り返した」などといったケースの場合、就業時間外に問題が生じていることから、「事業の執行につき」なされたセクハラといえるかが問題となり得るのです。この点、「事業執行性」については、①職務上の地位の利用の有無、②行為がなされた時間・場所・内容等を考慮し、加害行為が「職務に密接に関連する」といえるかどうかで判断すると考えられています（横浜セクハラ事件・東京高判平9.11.20労判728-12等参照）。

（4）均等法上の措置義務

職場のセクハラについては、（3）までで論じてきた民事上の責任に加え、男女雇用機会均等法の11条により、事業主は、職場において行われる性的な言動につき、①当該労働者の対応により労働条件につき不利益を受ける、②そうした性的な言動により当該労働者の就業環境が害される、といったことが生じないようにするため、当該労働者からの相談に応じ、また相談に適切に対応するために、雇用管理上の必要な措置（必要な体制の整備等）を講じる義務があるとされています。なお、派遣労働における派遣先は、形式上、派遣労働者との間で直接の雇用関係にありませんが、同様の義務を派遣労働者に対し負っています（派遣法47条の2）。具体的な措置義務の内容については、ガイドライ

事業主が職場における性的な言動に起因する問題に関して雇用管理上講ずべき措置についての指針

ンが示されています（平18厚労告615号）。

また、イビデン事件（最1小判平30.2.15労判1181-5）では、グループ企業の親会社がセクハラを含むコンプライアンス相談窓口を設置していたところ、子会社の従業員が相談を持ち込んだことへの対応が問題とされました。判決は、結論として親会社の対応に問題はなかったとする一方、こうした相談窓

イビデン事件

口を設置する以上は、相談の「具体的状況いかんによっては…体制として整備された仕組みの内容…相談の内容等に応じて適切に対応すべき信義則上の義務を負う場合がある」としています。

2 マタニティハラスメント

　近年、いわゆる「マタニティハラスメント（以下、マタハラ）」と呼ばれる、女性の妊娠・出産等に対する嫌がらせ行為が、社会問題として注目されるようになっています。産前産後休業や育児休業の取得等を理由とする不利益取扱いについて、均等法は、2006年改正以降、産前産後休業を（請求）したことを理由とする不利益取扱いの禁止を明文化しています（9条3項）。

　そして、広島中央保険生協（C生協病院）事件（最1小判平26.10.23労判1100-5）では、妊娠に伴い、労基法65条3項にもとづく軽易業務への転換を求めたことを契機として、副主任の地位を解かれ、産前産後休業および育児休業の取得を経て復帰した際に、副主任に戻されなかったことが問題とされました。原審（広島高判平24.7.19労判1100-15）は、軽易業務への転換に伴い副主任を解いたのは本人の同意があり、育児休業からの復帰に際して副主任に戻れなかったのは、他の者がすでにその地位についていたためであるとして、均等法9条3項に違反しないとしました。

広島中央保険生協事件

　これに対し最高裁は、軽易業務の転換に際しての不利益は原則として均等法9条3項違反になるとしました。そして、例外として認められるには、当該労働者の形式的な同意では足りず、それによって受ける利益や不利益、一連の経緯を考慮して、自由な意思による同意であると認められる合理的事情が存在する場合か、あるいは業務上やむを得ない特段の事情がなければならないと

事業主が職場における妊娠、出産等に関する言動に起因する問題に関して雇用管理上講ずべき措置についての指針

しました。

　これを受けて、2016年の育児介護休業法等の改正では、産前産後

子の養育又は家族介護を行い、又は行うこととなる労働者の職業生活と家庭生活との両立が図られるようにするために事業主が講ずべき措置に関する指針

休業（の請求）、妊娠、出産等に関する言動により、女性労働者の就業環境が害されることのないような相談体制等の整備等の措置を講じる義務が、新たに設けられました（均等法11条の2第1項）。具体的にとるべき措置については、指針が定められています（平28厚労告示312号、平21厚労告第509号）。

3　パワーハラスメント

（1）総説

　近年、上司・同僚によるいわゆるパワーハラスメント（以下、パワハラ）が社会問題化しています。

　たとえば、厚生労働省が都道府県ごとに設置している労働局で実施している個別労働紛争相談の件数でいうと、2018年には相談件数が8万件を超え、相談の類型別で最も多くなっています（相談件数の約25％）。また、厚生労働省が実施した調査によれば、労働

都道府県労働局等への相談件数

者の25.3％が「職場のいじめ・嫌がらせ（パワハラ）を受けた経験がある」、28.2％が「自分の周辺で見たり、相談を受けたことがある」、7.3％が「したと指摘されたことがあ

パワーハラスメントについての経験の有無

る」と回答しています（あかるい職場応援団サイト「データで見るハラスメント」）。

（2）違法な「パワハラ」とは

　パワハラ一般について、それ自体を直接名指しして違法と定める法律は、日本にはまだ存在しません。しかし、セクハラやマタハラ以外のパワハラ行為も、労働者の人格的利益を侵害するものとして、不法行為となりえます。

どのような行為が違法なパワハラとなるのか。これについても、法律上の明確な定義があるわけではありません。とはいえ、厚生労働省は、「職場において行われる優越的な関係を背景とした言動であって、業務上必要かつ相当な範囲を超えたものによりその雇用する労働者の就業環境が害されること」を、一応の定義として定めており、一つの手掛かりとはなるでしょう。

裁判例においては、上記の厚生労働省が示した定義に準ずる形で、違法なパワハラの一応の定義を示したうえで、その該当性を判断するという手法を採用する裁判例と、こうした定義にこだわらず、問題となった行為が端的に労働者の人格的利益を侵害する不法行為に当たるか否かを判断する裁判例とに分かれています。パワハラ行為が何らかの要件と効果を伴って立法化されていない現状では、理論的には後者の方が妥当と言えそうです。いずれにしても、実際の判断においては、問題となった行為が、「業務上の指導として社会通念上許容される範囲」を超える言動か否かが判断の分かれ目となることが多いようです（ザ・ウインザー・ホテルズインターナショナル事件・東京高判平25.2.27労判1072-5など参照）。

なお、パワハラ行為として典型的に想定されるのは、上司、あるいは同僚による「いじめ・嫌がらせ」行為ですが、こうした行為に加え、使用者による「見せしめ」的な業務命令または人事上の措置も、労働者の人格的利益を侵害するものとして無効とされる、あるいは不法行為による損害賠償の対象となりえます（バンク・オブ・アメリカ・イリノイ事件・東京地判平7.12.4労判685-17、JR東日本（本荘保線区）事件・最2小判平8.2.23労判690-12など参照）。

（3）パワハラ防止の法政策の現状と課題

（1）で述べたように、パワハラが社会問題として顕在化してきたことを受け、近年、厚生労働省もこれを予防・解決するための政策を進めてきています。

まず、2012年に「職場のいじめ・嫌がらせ問題に関する円卓会議」が設置され、同会議の下に設置されたワーキンググループの報告書が取りまとめられました。同報告書では、職場のいじめ・嫌がらせについて明確な法律上の

定義を置くことまでは提言しませんでしたが、上司のみならず、職場の先輩や同僚によって行われるものも含め、「同じ職場で働く者に対して、職務上の地位や人間関係などの職場内の優位性を背景に、業務の適正な範囲を超えて、精神的・身体的苦痛を与える又は職場環境を悪化させる行為」を、解決すべき「職場のパワーハラスメント」と整理しました。そして、具体的な類型として、①身体的な攻撃、②精神的な攻撃、③人間関係からの切り離し、④過大な要求、⑤過小な要求、⑥個の侵害に整理しています（図表4-3-1参照）。

図表4-3-1　職場のパワーハラスメントの典型的な類型

類型	具体的な行為例
①身体的な攻撃	暴行・傷害
②精神的な攻撃	脅迫・名誉毀損・侮辱・暴言
③人間関係からの切り離し	隔離・仲間外し・無視
④過大な要求	業務上不要な用務、遂行不能な分量の業務の命令
⑤過小な要求	合理的な理由なく、能力や経験とかけ離れた低難度の業務を命じる
⑥個の侵害	私的なことに過度に立ち入ること

　その後、厚生労働省はパワハラ防止のための啓発・周知活動を継続的に行ってきました（あかるい職場応援団サイト）。しかし、その後もパワハラの問題は解決傾向にあるとはいいがたく、労働局の相談件数や、パワハラを原因とする精神障害の労災認定件数も増加傾向に歯止めがかかっていません。

　そこで、厚生労働省は、2017年に「職場のパワーハラスメント防止対策についての検討会」を設置し、そこでの議論を報告書に取りまとめました。これを受けて、職場におけるパワハラの予防及び解決のための立法措置が検討され、2019年に、労働施策総合推進法の中に、パワハラを防止するための措置義務を使用者に課すという形での立法が行われました。具体的には、パワーハラスメントを「職場において行われる優越的な関係を背景とした言動であって、業務上必要かつ相当な範囲を超えたも

あかるい職場
応援団サイト

のによりその雇用する労働者の就業環境が害されること」と定義しました。そのうえで、事業主に対して、相談体制の整備等、パワハラを防止するための措置を義務づけました。

　もっとも、今回の立法は、あくまでも使用者に対して予防のための措置を義務づけるにとどまっており、パワハラ行為そのものを違法なものとして明記することはしていません。また、業務上の指導との線引きが困難であるという使用者側の事情にも考慮して、問題とされるパワハラ行為について、踏み込んだ整理とはなっていないなど、多くの課題が指摘されています。また、顧客からのハラスメント行為（カスタマーハラスメント（カスハラ））等、ハラ

パワーハラスメント防止指針

スメントの態様やより多様化、複雑化する傾向にあることから、今後も継続的にハラスメントを予防・解決するための法政策や法解釈の検討が求められていくこととなるでしょう。

column
9

　労働関係の事件が判例集に掲載される場合、「著名事件名」として、当事者となった使用者の名前（企業名・団体名等）が示されるのが一般的です。これに対し、セクハラ事件については、「福岡セクハラ事件」、「横浜セクハラ事件」など、事件が生じた地域の名前が示されるのみで、事件が生じた企業等の名称は示されない傾向にあります。これは、被害者が二次被害を被ることがないよう、そのプライバシーに配慮した措置です。

練習問題

　いわゆる「パワーハラスメント」について、どのような行為がこれに該当し、違法となるのか、具体的な例も示しつつ、説明しなさい。

参考文献 ────────────────────────────────

根本到「職場のパワーハラスメントと人格権」日本労働法学会編『講座労働法の再生〈第4巻〉 人格・平等・家族責任』（日本評論社、2017年）

大和田敢太『職場のハラスメント なぜ起こり、どう対処すべきか』（中公新書、2018年）

「〈小特集〉職場における嫌がらせ―その法理の新展開」法律時報89巻1号

第4章

育児・介護休業法

事例　　サークルで出会った２つ年上の先輩（Ｂさん）と学生結婚をしたＡ
　　　　君は、Ｙ社の新入社員です。Ｂさんが妊娠をし、来年２月が予定
　　　　日です。Ｙ社に育児休業の制度を問い合わせたところ、「新入社員
　　　　は１年目は取得できない」と言われました。Ａ君は出産に立ち合い
　　　　たいし、Ｂ子さんの育児休業明けの前後に育児休業をとりたいと
　　　　考えています。Ａ君は育児休業を取得できるでしょうか。

1　育児・介護休業法の変遷と意義

　育児介護休業法（育介法）は、それまで男女雇用機会均等法の中に対象を女
性労働者として努力義務として位置づけられていた育児休業を、少子高齢化
を背景として、1991年に育児休業を男女の権利として定めた育児休業法から
スタートしています。その後、2000年の介護保険制度の導入を機に、介護休
業制度を加えました。2002年には、労基法にあった女性労働者の時間外労働、
深夜労働の制限を、男女を対象とした育児・介護のための時間外労働の制限、
深夜労働の制限として取り込んでいます。

　育介護休業法に基づき、事業主が講ずべき措置については、「子の養育又は
家族の介護を行い、又は行うこととなる労働者の職業生活と家庭生活との両
立が図られるようにするために事業主が講ずべき措置に関する指針」（平21
厚労告509号）で示されています。

2　育児と仕事とを両立させるための制度

(1)　育児休業の意義と性格

　育児休業とは、男女労働者が育介法に基づいて子を養育するためにする休
業をいいます（育介法２条１号）。男女労働者はその申し出により１人の子に
対して原則として１回、一続きの期間について、育児休業を取得することが
できます（例外は (2) 参照）。

　労働者が子の養育のために育児休業をするか否かは、労働者自身の選択に

任せられています。育児休業の権利は事業主の承諾を必要とせず、事業主は労働者からの育児休業の申出を拒むことはできません（育介法6条1項）。

　育児休業は法定の休業であることから、事業主はあらかじめ育児休業制度を導入し、かつ、就業規則の整備等必要な措置を講じなければなりません。

(2) 対象労働者と休業の回数及び休業期間

　育児休業は原則として1歳までの子を養育する男女労働者が取得できます。ただし、日々雇用される者は、長期的な休業となり得る育児休業の性質になじまない雇用形態の労働者であることから、適用除外とされています。

　また、過半数組合との労使協定によって、①採用から1年未満の者、②1年に以内に労働契約が終了する予定の者、③週の所定労働日数が2日以下の者は除外されます（育介法2条1号、5条1項但書、6条1項但書）。

　なお、期間を定めて雇用される者は、育児休業法制定当初は適用除外とされていましたが、2005年改正によって一定の要件を満たせば育児休業の対象となり、その後の2017年1月1日施行の改正により、①休業申出までに1年以上継続雇用された実績があり、②子が1歳6か月になるまでの間に雇用契約が終了することが明らかでない者という二つの要件を満たせば、育児休業を取得延長できることになりました（図表4-4-1）。

　配偶者が出産後8週間以内に父親が育児休業を取得する場合（いわゆるパパ休暇）は、再度、育児休業が取得できることになっています（育介法5条2項）。この場合、産後8週間以内に最初の育児休業を終了していることが必要です。

　また、当初の申出に係る育児休業期間が新たな産休や育児休業、介護休業の開始により期間途中で終了した後に、新たな休業に係る子や家族の死亡、配偶者の死亡、配偶者が負傷、疾病・障害により子を養育することが困難な状態になったとき、配偶者と子の別居、育児休業の申出に係る子の負傷、疾病、障害により、2週間以上の期間にわたり世話を必要とする状態となったとき、保育所等における保育の利用を希望し、申込みを行っているが入所できないときには、再度の申出が可能となります。

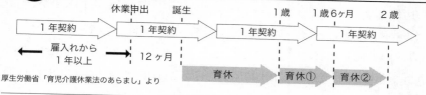

図表 4-4-1 有期雇用労働者が育児休業の2歳まで育児休業の延長を行う例

厚生労働省「育児介護休業法のあらまし」より

　育児休業の対象となる子は原則として1歳未満の子であり、休業期間は原則として1歳に達する日までです（育介法5条1項）。対象となる子は実子、養子を問いません。特別養子縁組の監護期間中も育児休業を取得できます。

　なお、1歳に達した日に保育所への申込みをしていて入所できないとき（いわゆる待機児童）、または養育している者が病気などの場合は、1歳半までの育児休業を延長することができます（図表4-4-1育休①）。さらに、1歳半に達した時点で同様の状況にあるときは、子が2歳になるまでは育児休業を再延長できます（同、育休②。育介法5条3項、4項）。

　父母ともに育児休業を取得した場合、育児休業の可能期間は、子が1歳2か月に達するまで（ただし、父母1人ずつに認められた休業期間（母親の産後休業期間を含む）の上限は1年間です）延長できます（育介法9条の2）。これは「パパ・ママ育休プラス」といわれるものです（図表4-4-2）。

図表 4-4-2 パパ・ママ育休プラス

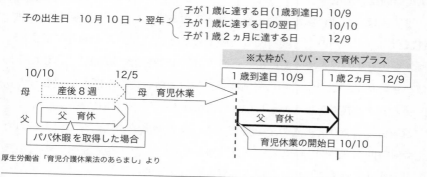

厚生労働省「育児介護休業法のあらまし」より

（3）育児休業の手続

労働者は、申出（書面のほかファックス、ｅメール、社内 LAN 等を含む）により休業の初日と末日のほか、子の氏名、生年月日、続柄等を記して、１か月前までに使用者に申し出ることによって休業することができます（育介法５条６項）。育児休業の申出は休業前日までは撤回できますが（８条１項）、原則として再申出ができません。

労働者から休業の申し出を受けた使用者は、書面等の方法により、育児休業申出を受けた旨、休業開始予定日、終了予定日、休業申出を拒む場合にはその旨と理由を速やかに通知しなければなりません。

（4）解雇等の不利益取扱いの禁止

事業主は、労働者が育児休業の申出・取得をしたこと（育介法10条）、子の看護休暇の申出・取得をしたこと（16条の４）、３歳に満たない子を養育する労働者が申出により所定労働時間を超えて労働しなかったこと（16条の10）、小学校就学前の子を養育する労働者が申出により深夜業をしなかったこと（20条の２）等を理由に、当該労働者に対して、解雇その他の不利益扱いをすることは禁止されています（第２部第11章２　解雇参照）。

（5）３歳までの子を養育する労働者の短時間勤務制度と所定外労働免除
①短時間勤務制度

事業主は、３歳に満たない子を養育する労働者について、労働者が希望すれば利用できる、所定労働時間を短縮することにより当該労働者が就業しつつ子を養育することを容易にするための措置（短時間勤務制度）を講じなければなりません。この短時間勤務制度は、１日の所定労働時間を原則として６時間とする措置を含むものとしなければなりません（育介則74条１項）。

対象労働者は３歳未満の子を養育する男女労働者です。ただし、１日の所定労働時間が６時間以下のパートは除かれます。また、労基法41条各号の該当者も除外されます。日々雇用労働者も適用除外です。

労使協定により適用除外とされた (a) その事業主に継続して雇用された期間が１年未満の者、(b) １週間の所定労働日数が２日以下の労働者、(c) 国際航空路線の客室乗務員など業務の性質または業務の実施体制に照らして、短時間勤務制度を講ずることが困難と認められる業務に従事する労働者 (指針第２の９の（３））は適用外となります。

ただし、(c) については、労働者が就業しつつ子を養育することを容易にするための代替

業務の性質または業務の実施体制に照らして、短時間勤務制度を講ずることが困難と認められる業務

措置 (育児休業の延長、フレックスタイム制度の適用、始業終業時刻の繰上・繰下、事業所内保育施設の設置運営その他これに準ずる便宜供与のうち、いずれか) を講じなければなりません。

②所定外労働の免除

事業主は、３歳に満たない子を養育する労働者が請求した場合においては、事業の正常な運営を妨げる場合を除き、所定労働時間を超えて労働させてはなりません (育介法16条の８第１項)。日々雇用労働者は適用除外ですし、労使協定がある場合には、(a) その事業主に継続して雇用された期間が１年未満の者、(b) １週間の所定労働日数が２日以下の労働者は適用外とすることができます。

③申し出方法

①及び②の申し出をする労働者は、１回につき、１か月以上、１年以内の期間について、開始の日及び終了の日を明らかにして、制限開始予定日の１か月前までに書面等 (使用者が了解すればファックス、ｅメール、社内LAN等も可) により事業主に申出なければなりません。

（６）小学校就学前の子の養育を支援するための制度
①子の看護休暇

小学校就学前の子を養育する労働者は、その子が負傷・疾病した場合の世話のため、または子の予防接種・健康診断を受けさせるために、申出により、当該子が1人の場合は一つの年度に5日（2人以上は10日）を限度に「子の看護休暇」を取ることができます（育介法16条の2）。年度とは、事業主がとくに定めをしない場合には、毎年4月から翌年の3月31日までとなります。

　子の看護休暇の対象から、日々雇用労働者は除外されます。また、労使協定による除外としては、(a)その事業主に継続して雇用された期間が6か月に満たない労働者、(b)1週間の所定労働日数が2日以下の労働者は、子の看護休暇を取得することができません。また、(c)時間単位で子の看護休暇を取得することが困難と認められる業務（(6)の(c)の短時間勤務制度の除外と同様）に従事する労働者を、労使協定で除外とする旨を定めた場合には、これらの業務に従事する労働者は、時間単位の子の看護休暇は取得できませんが、1日単位の子の看護休暇は取得できます。

　2021年1月からは、パートタイム労働者も子の看護休暇を時間単位で取得できるようになりました。

②時間外労働・深夜労働の制限

　小学校就学前の子を養育する労働者が請求したときは、事業主は、1月24時間、年間150時間を超えて法定時間外労働をさせることはできません（育介法17条）。さらに、事業主は、小学校就学前の子を養育する労働者が請求した場合には、深夜労働をさせることはできません。ただし、いずれも事業の正常な運営を妨げる場合は、この限りではありません（19条1項）。

（7）労働者の配置への配慮

　子の養育を行っている労働者にとって、住居の移転等を伴う就業の場所の変更が、雇用の継続を困難にし、職業生活と家庭生活との両立に関する負担を著しく大きくする場合があることから、育介法26条は労働者の配置の変更で就業の場所の変更を伴うものをしようとする場合において、その就業の場所の変

更により就業しつつその子の養育が困難となる労働者がいるときは、当該労働者の子の養育の状況について配慮することを事業主に義務づけています。

　事業主が講ずるべき配慮とは、労働者の配置の変更で就業の場所の変更を伴うものの対象となる労働者について子の養育を行うことが困難とならないよう意を用いることをいいます。

　具体的には、当該労働者の子の養育の状況を把握し、労働者本人の意向を斟酌し、就業の場所の変更を伴う配置の変更を行った場合に、子の養育の代替手段の有無の確認を行うことなどを指針で例示しています。

◎育介法26条の制定の契機となった判例

　［帝国臓器製薬事件（1審判決）・東京地判平5.9.29労判636-19］

　［帝国臓器製薬（単身赴任）事件・最2小判平11.9.17労判768-16］

帝国臓器製薬事件（1審判決）

帝国臓器製薬（単身赴任）事件

（8）育児休業給付金の給付・社会保険料の免除

　雇用保険の育児休業給付の受給資格は、育児休業を開始した日前2年間に被保険者期間が12か月以上必要です。有期雇用労働者は、育児休業の取得要件と同様に、上記の要件に加えて、育児休業開始時において、同一の事業主の下で1年以上雇用が継続しており、かつ、子が1歳6か月までの間に労働契約が更新されないことが明らかでないことが必要です。

　育児休業期間中、育児休業給付金として育児休業を開始してから180日目までは、休業期間開始前の賃金の67％が支給されます（雇用保険法61条の4）。休業181日目からは賃金の50％が支給され、育児休業を1歳半または2歳まで延長した場合にも支給されます（2020年4月現在。将来の育児休業給付金の引き上げが検討されています）。

　育児休業期間中は、健康保険・厚生年金保険及び雇用保険の事業主・労働者負担分の保険料がどちらも免除されます（健保法159条、厚年法81条の2）。

（9）育児休業制度などに関わる事業主の努力義務

　事業主は、労働者やその配偶者が、妊娠・出産したこと等を知った場合には、当該労働者に対して個別に育児休業等に関する制度（育児休業中・休業後の待遇や労働条件等）を労働者に周知するよう努めなければなりません（育休法21条）。

　また、事業主は配偶者出産休暇、入園式、卒園式など子の行事参加のための休暇など、小学校就学に達するまでの子を養育する労働者が育児に関する目的で利用できる休暇制度を設ける努力義務があります（育介法24条1項）。

3　介護と仕事とを両立させるための制度

（1）介護休業の意義

　介護休業とは、労働者（男女労働者）が「要介護状態にある対象家族を介護するための休業」をいいます（育介法2条2号）。高齢社会にあって、家族介護を理由として退職する介護離職が社会問題となっており、介護と仕事とを両立させるための制度が設けられました。

　育介法の「要介護状態」とは、「負傷、疾病又は身体上若しくは精神上の障害により、2週間以上にわたり常時介護を必要とする状態」（育介法2条3号、育介則2条）です。介護保険制度の要介護状態区分において要介護2以上である場合に該当するとされ、介護認定を受けていない場合や要介護2未満の場合でも日常生活に支障があるか否かを総合的に判断することとされています。

　介護休業の「対象家族」は、配偶者、父母、子、配偶者の父母、祖父母、兄弟姉妹、孫です（育介法2条4号、育介則3条）。同居要件は設けられていません。

 常時介護を必要とする状態に関する判断基準

図表 4-4-3　**対象家族の範囲**

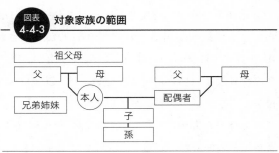

(2) 介護休業の対象労働者

　介護休業の対象労働者は、要介護状態の対象家族を介護する労働者であり、男女を問いません。日々雇用される者は適用除外となっています。過半数代表との労使協定によって、(a)採用から1年未満の者、(b) 93日以内に労働契約が終了する予定の者、(c)週の所定労働日数が2日以下の者は除外されます。

　なお、期間を定めて雇われる者であっても、1年以上継続雇用され、介護休業開始日から93日を経過する日から6か月を経過するまでに労働契約期間が満了し、更新されないことが明らかでない場合は適用されます。

(3) 介護休業の手続と休業期間

　介護休業の権利は要介護状態の家族を介護する男女労働者に法律上認められた権利であって、介護休業の取得に際し事業主の承諾は必要とされません。

　男女労働者は、事業主に対して書面等で休業初日と末日のほか、対象家族の続柄、要介護状態にあること等を書面（ファックス、eメール、社内LAN等も可）に記して申し出ることにより、対象家族1人につき3回を上限として介護休業を分割して、通算93日の範囲で、休業することができます。

　事業主は、労働者に対し、必要な事項を証明する証明書の提出を求めることができます（育介法11条、育介則23条）。

　労働者から介護休業の申し出を受けた事業主は、書面等の方法により、介護休業申出を受けた旨、休業開始予定日、終了予定日、休業申出を拒む場合にはその旨と理由を速やかに通知しなければなりません。

(4) 短時間勤務等の措置

　事業主は、要介護状態にある対象家族を介護する労働者に関して、介護休業のほか、当該労働者の申出に基づいて、その利用開始から3年の間で2回以上の利用が可能な措置（短時間勤務等の措置）を講じなければなりません（選択的措置義務）。

　具体的な措置の内容は、①所定労働時間の短縮措置、②フレックスタイム

制度、③始業・終業時刻の繰上げ・繰下げ、④労働者が利用する介護サービス費用の助成その他これに準じる制度のいずれかの措置であって、これらのうちから一つ以上を就業規則などに定めておき、労働者から申出があれば適用しなければなりません（育休法23条3項、育介則74条3項）。

(5) 所定外労働の免除、法定時間外労働・深夜労働の制限

①所定外労働の免除

事業主は、要介護状態にある対象家族を介護する労働者が申し出た場合には、介護のための所定外労働の免除（残業の免除）を行わなければなりません。ただし、事業の正常な運営を妨げる場合はこの限りではありません。

②時間外労働の制限

要介護状態にある対象家族を介護する労働者が請求したときは、事業主は、1月24時間、年間150時間を超えて時間外労働をさせることはできません。

③深夜労働の制限

要介護状態にある対象家族の介護を行う労働者が介護のために請求した場合には、事業の正常な運営を妨げる場合を除き、その労働者を深夜（午後10時から午前5時まで）において労働させてはなりません。ただし、勤続年数1年未満の労働者や、深夜において対象家族を常態として保育・介護できる同居の家族がいる労働者などは対象外です（育介法19条、20条）。

(6) 介護休暇

要介護状態にある対象家族を介護する労働者は、通院の付添い等に対応するために、申出によって、一つの年度につき年に5日（要介護家族が2人以上の場合は10日）を限度として、当該世話を行うために休暇（介護休暇）を取ることができます（育介法16条の5）。介護休暇は、1日ないし時間単位での取得が可能です。2021年1月からは、パートタイム労働者も時間単位での取得が認

められるようになりました。

（7）解雇その他の不利益取扱いの禁止

　事業主は、労働者が介護休業の申出・取得をしたこと（育介法16条）、要介護家族の介護休暇の申出・取得をしたこと（育介法16条の7）、対象家族を介護する労働者が所定労働時間短縮、所定外労働の免除、時間外労働・深夜労働の制限の申出をしたり、適用されたことを理由に、労働者に対して解雇その他の不利益な扱いをしてはなりません。

（8）労働者の配置への配慮

　事業主は、労働者の配置の変更で就業場所が変わる場合に対して、家族介護が困難にならないよう配慮する義務を負います（育介法26条）。育児の場合と同様に、転勤等に際し、当該労働者の家族介護の状況等を確認し、労働者の意向を斟酌して、転勤先での介護サービス等の情報提供を行う等、必要な配慮を行うこととされています。

（9）介護休業給付金

　介護休業を開始した日前2年間に被保険者期間が12か月ある労働者が介護休業を取得する場合には、雇用保険から、介護休業給付金として、賃金の67％が支給されます（雇用保険法61条の6）。

　なお、介護休業期間については、育児休業とは異なり、社会保険料の事業主・労働者負担分の免除はありません。そのため、介護休業期間中の社会保険料の労働者負担分を使用者が徴収する方法なども就業規則等に定めておくとよいでしょう。

4　育介法の実効性の確保

　育介法は、法律の実効性を確保するために、育児休業及び介護休業等に伴う苦情や紛争に関して、都道府県労働局長による紛争解決の援助及び個別

労働紛争解決促進法に基づく紛争調整委員会による調停制度を設けています（育介法52条の2〜52条の6）。

　このほか、厚生労働大臣は、法律の施行に関して必要があるときは事業主に対して報告を求めたり、助言・勧告をしたりすることができ、法律の規定に違反する事業主に対して勧告をした場合において、これに従わないときは、その旨を公表することができることになっています（育介法56条、56条の2）。

5　次世代育成支援対策推進法への対応

　次世代育成支援対策推進法（次世代法）は少子化対策の一端として、2005年4月より施行されています。次世代法では、常時101人以上の労働者を雇用している事業主に対して、「働き方の見直し」や「子育てと仕事の両立支援」などについて具体的な取組を定めた行動計画（「一般事業主行動計画」）を策定し、都道府県労働局に届け出を義務づけています（次世代法12条1項）。また、100人以下の事業主に対しては、一般事業主行動計画の策定と届出が努力義務です（12条4項）。

　一般事業主行動計画には、①「計画期間」、②次世代育成支援対策の実施により達成しようとする「目標」、③実現しようとする次世代育成支援対策の「内容」と「実施時期」を定めることになっています（12条2項）。そして、一定の基準を満たした事業主（認定一般事業主）は、申請によって「子育てサポート企業」として、厚労大臣の認定（くるみん認定）を受けることができます。くるみん認定を既に受け、相当程度両立支援の制度の導入や利用が進み、高い水準の取組を行っている認定一般事業主には、プラチナくるみん認定が与えられます。

（1）2歳の子を養育している労働者は、短時間勤務措置と所定外労働の免除とを両方とも申出できるでしょうか。

（2）育児休業取得を理由として賞与の支給の対象としないことは、適法でしょうか。

参考文献

名古道功「ワーク・ライフ・バランスと労働法」、柴田洋二郎「育児介護休業法の課題」、いずれも日本労働法学会編『講座労働法の再生〈第4巻〉人格・平等・家族責任』（日本評論社、2017年）所収

男性の育児休業取得促進のための育児・介護休業等及び雇用保険法改正法案の概要

　2021（令和3）年の第204回通常国会に、育介法等の改正法案が提出されました。この改正法案は、出産・育児等による労働者の離職を防ぎ、希望に応じて男女ともに仕事と育児等を両立できるようにするため、子の出生直後の時期における柔軟な育児休業の枠組みの創設し、事業主に育児休業を取得しやすい雇用環境整備及び労働者に対する個別の周知・意向確認の措置を義務付け、これらに関連して雇用保険の育児休業給付の改正を行うものです。

1　男性の育児休業取得促進のための子の出生直後の時期における柔軟な育児休業の枠組みの創設

2　育児休業を取得しやすい雇用環境整備及び妊娠・出産の申出をした労働者に対する個別の周知・意向確認のための措置の義務付け

3　育児休業の分割取得

4　育児休業の取得の状況の公表の義務付け

5　有期雇用労働者の育児・介護休業取得要件の緩和

6　雇用保険の育児休業給付に関する所要の規定の整備

—— 第5章 ——

有期雇用労働者・パート労働者

レジュメ

1　有期労働契約

（1）　期間途中解雇

（2）　無期転換制度

（3）　有期労働契約の更新

（4）　不合理な労働条件の禁止

2　パートタイム・有期雇用労働法

（1）　パートタイム・有期雇用労働法化までの経緯

（2）　均衡・均等処遇

（3）　その他の必要な措置等

事例　　Xさんは Y 社契約社員ドライバーです。先日 Y 社の正社員ドライバーの A さんと話をしたところ、正社員には住宅手当、家族手当、職務手当、皆勤手当が払われていることがわかりました。契約社員のドライバーにはこれら諸手当が支給されていません。また、正社員の所定労働時間は 8 時間ですが、契約社員の所定労働時間は 7 時間と短くなっています。しかし、正社員も契約社員も時間外労働が多く、両者ともほとんど毎日 9 時間ほど働いています。

ほとんど同じ働き方をしているのに、契約社員に諸手当が支払われていないのはおかしいと思います。

1　有期労働契約

（1）期間途中解雇

①期間途中解雇のルール

　有期労働契約を締結した場合（⇒有期労働契約期間の上限規制については、

「第2部第2章 労働者の人権」参照)、使用者はその期間途中で解雇することができるでしょうか。

　この問題については、2007年制定の労働契約法によって立法的に解決されています。すなわち、使用者はやむを得ない事由がある場合でなければ、その契約期間が満了するまでの間において労働者を解雇することができないと規定されたのです（労契法17条1項）。そして、この規定は強行法規であると解されています。

② 「やむを得ない事由」とは

　民法628条および労契法17条1項の「やむを得ない事由」は、労契法16条の「客観的に合理的な理由を欠き、社会通念上相当であると認められない場合」よりも使用者側にとって厳格に解釈されます。たとえば、古い判例ですが、福音印刷事件（大判大11.5.29民集1-259）は、当事者が雇用契約を締結した目的を達するにつき重大な支障を惹起する事項をいうと解しています。最近でも、安川電機事件（福岡高決平14.9.18労判840-52）は、人員削減の必要性があったことは認めつつも、「どんなに、…（会社）の業績悪化が急激であったとしても、労働契約締結からわずか5日後に、3か月間の契約期間の終了を待つことなく解雇しなければならないほどの予想外かつやむをえない事態が発生したと認めるに足りる疎明資料はない」として、期間途中の解雇を無効としています。

　なお、使用者がやむを得ない事由により解雇する場合でも、解雇予告制度（労基法20条）は適用されます。

（2）無期転換制度
① 無期転換制度の意義

　無期転換制度（労契法18条）は、雇用が不安定とされる有期労働契約から、比較的雇用が安定している無期労働契約への転換を図ることによって、有期雇用労働者を保護することを目的とした制度です。2012年労働契約法改正により、新たに導入されました。

②無期転換制度の概要

（ａ）無期転換申込権とみなし承諾

　無期転換制度では、①法所定の要件に該当する有期雇用労働者に無期転換権が発生し、②有期雇用労働者がこの無期転換申込権を行使することによって、③使用者その申込を承諾したものとみなされて、④無期労働契約に転換します。このような制度になった理由は、合意原則を基調とする労契法の全体的構造に合わせたからです。

　なお、定年後に継続雇用されている一定の労働者には無期転換制度が適用されないという特例が認められています（有期雇用特別措置法）。

（ｂ）要件と効果

　無期転換申込権は、①同一の使用者との間で1回以上の有期労働契約の更新しており、かつ、②通算した契約期間が5年を超えた場合に発生します。この通算契約期間については、大学などの研究者については大学教員任期法により、一定の高度専門職については有期雇用特別措置法により10年となります。更新前後の労働契約は連続していなくても構いません。ただし、この契約期間の通算には「クーリング期間」が設けられており、原則6か月以上の空白期間があると契約期間は通算されません。

　無期転換申込権は、権利が発生した有期労働契約の期間満了前に行使をしなければ失効します。失効したとしても、その後に有期労働契約が更新されれば、新たに無期転換申込権が発生することになります。

　無期転換申込権を行使すると、申込に係る有期労働契約の期間が満了した翌日に無期労働契約に転換します。転換後の労働条件は、契約期間を除き転換前のものが引き継がれます。ただし、就業規則等において、無期転換後の労働条件について別段の定めをすることは妨げられません。

・無期転換の例

・無期転換のクーリングの例

（3）有期労働契約の更新

①労働契約の更新に関する配慮

　有期労働契約は、本来、一時的・臨時的な必要性に基づいて利用されるべきです。長期に雇用する意思があるのに、不必要に有期労働契約を反復更新して利用することは、労働者の雇用の不安定を招くからです。

　労契法は、この点に配慮した規定を設けました。労契法17条2項は、「使用者は、…労働者を使用する目的に照らして、必要以上に短い期間を定めることにより、その有期労働契約を反復して更新することのないよう配慮しなければならない。」としています。しかし、その文言からもわかるように、この規定は配慮義務を定めたにすぎず、その効力は十分なものとはいえないでしょう。ただし、このような事情は、次の雇止め法理の適用の際に考慮されるべきです。

②雇止め法理

（a）雇止めとは

　雇止めは、使用者が有期労働契約を更新せず、期間の満了によって労働契約関係を終了させることをいいます。雇止めは、法形式的には労働契約期間の満了です。したがって、更新について使用者と労働者との間に合意がない限り、労働契約は当然に失効するのが原則です。しかし、長期にわたって反復更新された後になされる雇止めは、実質的には解雇と同様の効果を持ちます。雇止めされた労働者の不利益性は大きいといわなければなりません。

（b）雇止め法理の確立

　この雇止めについては、判例の蓄積によって救済される余地が認められています。その端緒となったのが、東芝柳町工場事件（最1小判昭49.7.22民集28-5-927）です。最高裁は、①長期間

東芝柳町工場
事件

継続雇用され、②会社によって長期継続雇用を期待させるような言動がなされ、③2か月の有期雇用を5回ないし23回にわたって更新を重ねていた臨時

工の雇止めの是非が争われた事案で、あたかも期間の定めのない契約と実質的に異ならない状態で存在していた事実を重視し、解雇権濫用法理を類推して解決を図りました。

その後最高裁は、2か月契約が5回更新された後に雇止めされた事案においても、「雇用関係はある程度の継続が期待されていた」として解雇権濫用法理の類推を認めました（日立メディコ事件・最1小判昭61.12.4労判486-6）。最高裁はその救済の範囲を拡大したのです。

日立メディコ
事件

このように、雇止めであっても、①実質的に期間の定めのない契約と異ならない場合、あるいは、②雇用の継続に合理的な期待が生じている場合には、解雇権濫用法理を類推して解決を図るという判例法理が確立しています。これを雇止め法理といいます。この雇止め法理は、2012年改正労契法によって明文化されました。

（ｃ）労契法19条1号・2号該当性の具体的判断基準

雇止め法理が適用されるためには、労契法19条1号・2号に該当する事情があることが必要です。どのような事情があれば、1号・2号に該当すると判断されるのかについては、具体的基準が示されていません。この点はなお解釈に委ねられています。

これまでの判例や裁判例では、更新回数、通算勤続年数、職務の継続性、更新を期待させる使用者の言動（「ずっと働いてもらう」等）、更新手続き（会社に印章を預けていて、それを庶務係が押印している等）、これまでの実績（同種の労働者は雇止めされたことがない等）が総合考慮されています。これらの中でも、更新回数や通算勤続年数は重要な要素です。

一方で、更新がなされた実績がない場合でも、その他の事情により合理的期待が生じていると認められる場合には、雇止めが否定されることもあります（たとえば、龍神タクシー事件・大阪高判平3.1.16労判581-36）。

なお、有期労働契約を更新する場合の基準（更新の有無や更新の判断基準等）は、現在労働契約締結時の書面明示事項となっています（労基法15条、

労基則5条1項）。これに従って明示された事項も労契法19条1号・2号該当性を判断する大きな要素となるでしょう。

（d）合理的差異論

日立メディコ事件最高裁判決は、事実上の整理解雇の事案でした。判決は、本工（正社員）に対する希望退職募集を行わずになされた有期の臨時員に対する雇止めを有効としました。その理由として、「雇止めの効力を判断すべき基準は、いわゆる終身雇用の期待の下に期間の定めのない労働契約を締結しているいわゆる本工を解雇する場合とはおのずから合理的な差異がある」ことを挙げています。これは、合理的差異論といわれています。

しかし、この合理的差異論には批判があります。雇止め法理は解雇権濫用法理の類推によって雇用が不安定な有期契約労働者を保護するものです。一方、合理的差異論は、正規雇用と非正規雇用との間に雇用保障の差異があることを正面から認める理屈です。両者は矛盾しているといえるでしょう。

この点、強い雇用継続への期待が存在していた労働者に対する雇止めにつき、この合理的差異論の援用に否定的な判断を行った裁判例があります（三洋電機事件・大阪地判平3.10.22労判595-9）。

（e）法的効果

労契法19条1号・2号に該当する雇止めが、客観的に合理的な理由を欠き、社会通念上相当であると認められないとされた場合、「使用者は、従前の有期労働契約の内容である労働条件と同一の労働条件で当該申込みを承諾したものとみな」されます。すなわち、労働契約が更新されたのと同様の法律関係となるということです。

雇止めが「無効」とされた場合でも、労働契約上の地位の確認とバックペイが認められます。一部に、認められる訴えの利益は、「無効」とされた雇止めの次の契約期間までとする主張があります。しかし、このような立場を採ると、事実上有期雇用労働者は救済されなくなります。たとえば、2か月契約のように短い契約期間が定められている場合などは、裁判で係争中にこの期間が到来することになるからです。やはり、とくに雇止めを「有効」とする合理的

理由が生じない限り、その後も更新されたと扱われるべきです。

③不更新条項

　就業規則や労働契約において、「雇用は、更新しても最長5年間まで」というように、有期労働契約の更新上限が定められることがあります。これを不更新条項といいます。不更新条項は無期転換制度が設けられる以前から見られたものですが、無期転換制度導入後はこの制度の適用を免れようとする一部の使用者によって利用されている現実があります。このような不更新条項についてはどう考えるべきでしょうか。不更新条項自体をただちに無効とするのは困難でしょう。労働者がその存在を十分認識した上で労働契約を締結している場合にまで、それを無意味とする理由はないからです。

　とはいえ、当初の労働契約締結時から就業規則等で不更新条項があった場合でも、雇止め法理は適用されます。更新上限の到達によって当然に雇用継続の期待が失われるわけではありません。たとえば、更新上限を超えた雇用継続を期待させる使用者の言動があった場合には、不更新条項を根拠とした雇止めは効力が否定されます（カンタス航空事件・東京高判平13.6.27労判810-21）。

カンタス航空
事件

　契約更新時に合意によって不更新条項が新たに設けられた場合、その合意の成立は慎重に検討する必要があります。雇用の喪失を恐れる労働者は、使用者による提案に応じざるを得ない立場に置かれているからです（明石書店事件・東京地決平22.7.30労判1014-83）。少なくとも、使用者による一方的な説明会の実施だけでは不十分であるといえるでしょう（学校法人立教女学院大学事件・東京地判平20.12.25労判981-63）。

　労働契約が存続している中、就業規則を改定して更新上限が設けられた場合は、労働条件の不利益変更にあたり、労契法10条の問題となります。満50歳を契約の更新の最終回とする50歳不更新制度の導入に伴い雇止めされた塾講師の事案では、50歳を超えると質の高い授業ができなくなるなどの事

情は一般的に存在していないとしてその合理性が否定されています（市進事件・東京高判平27.12.3労判1134-5）。

（4）不合理な労働条件の禁止

　2012年改正労契法によって、不合理な労働条件の禁止（労契法20条）が新設されました。この規定は、2020年4月施行のパートタイム・有期契約労働法に発展的に解消されたことから、「3　パートタイム・有期契約労働法」で扱います。

　なお、パート有期法8条・9条の施行は、中小企業に限り2021年4月となっています。その間は、労契法20条が適用されます。

2　パートタイム・有期雇用労働法

（1）パートタイム・有期雇用労働法化までの経緯

①パートタイム労働法の制定

　1993年に制定されたパートタイム労働法（以下、パート労働法）は、2020年4月よりパートタイム・有期雇用労働法（以下、パート有期法）となりました。従来のパート労働法は、パート労働者のみを対象としたものでしたが、パート有期法は有期雇用労働者にもその対象を拡大しています。

　パート労働者は、従来から日本の企業で活用されていました。しかし次第に、賃金を中心とする待遇水準が低さ、労働条件の不明確さ、雇用の不安定さが問題視されるようになりました。これに対応するものとして制定されたのがパート労働法であり、パート労働者の育成と活用を目的としていました。

②丸子警報器事件とパート労働法の改正

　制定当初のパート労働法は、行政機関が定める指針を通じたソフトな規制内容であったため、その実効性には疑問符がついていました。この構造を変えるきっかけになったのが、まったく同一の職務に従事していた女性正社員と女性臨時社員との賃金格差が争われた丸子警報器事件（長野地上田支平8.3.15労判690-32）です。判決は、法規範としての同一（価値）労働同一賃金

の原則の存在を否定しつつも、「同一（価値）労働同一賃金の原則の基礎にある均等待遇の理念は、賃金格差の違法性判断において、ひとつの重要な判断要素として考慮されるべき」であるとして、正社員賃金の8割を下回る部分を公序良俗違反としたのです。

　これをきっかけに、パート労働法は2007年に改正され、目的に「通常の労働者との均衡のとれた待遇の確保」を加え、「正社員と同視すべきパート労働者」の差別的取扱いを禁止しました（旧8条）。とはいえ、この「同視すべきパート労働者」は、①正社員と職務（仕事の内容や責任）が同じであり、②人材活用の仕組み（人事異動の有無や範囲）が全雇用期間を通じて同じで、③契約期間が実質的に無期契約であるとの要件をすべて満たす者とされたため、その対象者はかなり限定的なものでした。

　なお、2007年に制定された労契法にも、就業の実態に応じた均衡処遇の原則が定められました（労契法3条2項）。

③労契法20条の制定とパート労働法の改正

　2012年改正労契法によって、無期契約労働者と有期契約労働者間の不合理な労働条件が禁止されました（旧労契法20条）。2014年、これに合わせるかたちで、旧労契法20条と同趣旨の規定が新設されています（パート労働法8条）。同時に「正社員と同視すべきパート労働者」の差別的取扱いの禁止規定は、③契約期間が実質的に無期契約である、との要件が削除され、パート労働法9条の規定となったのです。

④働き方改革関連法による改正

　働き方改革関連法は、「同一労働同一賃金」の実現もその内容の一つとされ、これによりパート労働法と労契法が改正されました。具体的には、パート労働法をパート有期法に改めて、有期雇用労働者もその対象とする一方、旧労契法20条を廃止するというものです。基本的に旧パート労働法の8条・9条の基本的枠組みは維持されていますが、その文言は改められています。

（2）均衡・均等処遇

①均衡処遇規定—パート有期法8条

（a）パート有期法と旧労契法20条との関連性

　パート有期法8条は、基本給、賞与その他の待遇のそれぞれについて、通常の労働者との間に不合理と認められる相違を設けてはならないとしています。この不合理性は、①労働者の業務の内容および当該業務に伴う責任の程度、②職務の内容および配置の変更の範囲、③その他の事情のうち、当該待遇の性質および当該待遇を行う目的に照らして適切と認められるものを考慮しながら判断されます。

　この規定の解釈にあたっては、文言の類似性やパート有期法化に至る立法過程からも、旧労契法20条の解釈が参照されるべきです。

（b）旧労契法20条に関する最高裁二判決

　旧労契法20条に関しては、二つの最高裁判例が重要です。ハマキョウレックス事件（最2小判平30.6.1労判1179-20）では、職務内容は同じですが、配置の変更の範囲に違いがある正社員と契約社員ドライバー間の諸手当の相違が争われました。

ハマキョウ
レックス事件

　まず判決は、旧労契法20条を有期雇用労働者の公正な処遇を図るための規定であるとしました。また、職務の内容等の違いに応じた均衡のとれた処遇を求める規定であるともしています。

　問題は、具体的な不合理性の判断です。判決は、住宅手当以外の諸手当の相違を不合理としました。その理由が特徴的です。たとえば、原審で不合理な相違とされなかった皆勤手当について、皆勤を奨励する趣旨で支給されるものと解しつつ、出勤する者を確保することの必要性については、職務内容が同じ契約社員と正社員の間に差異が生ずるものではないとしたのです。つまり最高裁は、前提条件が同じであれば同じく処遇することを求めたといえそうです。

　これに対して、正社員と定年再雇用後の有期雇用労働者との間の処遇格差

長澤運輸事件

が争われたのが長澤運輸事件（最2小判平30.6.1労判1179-34）です。両者間の職務内容や配置の変更の範囲はまったく同一というドライバーの事案という特徴もあります。本件の最高裁判決は、「その他の事情」の判断に特徴があります。最高裁は、定年再雇用後の有期雇用労働者にも労契法20条が適用されるとしつつも、定年再雇用という事情を「その他の事情」で考慮して、多くの労働条件相違を不合理なものとは判断しませんでした。

また、「その他の事情」に老齢厚生年金の報酬比例部分の支給といった社会保障制度の存在を考慮した点も特筆されます。しかし、労働条件という労働契約の問題について、社会保障制度という企業外部の事情を考慮して判断したことに対しては批判があります。

（c）パート有期法8条の特徴

パート有期法8条は、個別の労働条件ごとに不合理性判断をすることを明らかにしています。この点は、旧労契法20条との大きな違いです。とはいえ、最高裁は旧労契法20条の不合理性判断においても、個別の労働条件ごとに不合理性判断を行うべきことを明らかにしていました。

また、旧労契法20条が単に「労働条件」としていたものを、パート有期法8条で「基本給、賞与その他の待遇のそれぞれ」と具体化した点にも違いがあります。基本給等も労働条件に違いありませんから、パート有期法8条でもこれまでと同様に判断されます。ただ、不合理性判断の対象に基本給等の中核的労働条件も含まれると明示されたことが企業一般に与える影響は小さくないかもしれません。

②均等処遇規定—パート有期法9条

パート有期法9条は、基本的には「正社員と同視すべきパート労働者」の差別的取扱いの禁止規定を維持しつつ、これの適用を有期雇用労働者にも拡大した規定といえるでしょう。

問題は、長澤運輸事件のようなケースにパート有期法9条が適用されるかどうかです。学説には、定年後再雇用であることを理由とした待遇の相違であるから、「短時間・有期雇用労働者であることを理由」とした差別的取扱いではないとして、パート有期法9条は適用されないとするものがあります。しかし、定年再雇用後の労働条件相違を「有期雇用労働者であることを理由」としたものか、それとも「定年再雇用後であることを理由」としたものかを排他的に明らかにすることはできないはずです。この説は妥当ではありません。

③パート有期法の均衡・均等処遇規定の特徴と課題
（a）中核的労働条件の不合理性
　パート有期法8条の課題としては、基本給や賞与、退職金などの中核的労働条件の不合理性をどう判断するのかという点にあるでしょう。旧労契法20条に関する下級審判決の中には、すでに基本給、賞与、退職金の相違を不合理としたものがあります。問題は、これらの不合理性判断の基準をどう普遍化するかです。

　この点、パート有期法にはメリットがあります。パート有期法は、パート労働法の特徴を継承し、指針の策定や行政機関による指導等が可能です（指針の策定につきパート有期法15条1項、事業主に対する厚生労働大臣の助言・指導・勧告につきパート有期法18条1項）。とくに、いわゆる「同一労働同一賃金ガイドライン」（平30.12.28厚労告430号）は重要でしょう。このガイドラインには、基本給や賞与といった個別の労働条件ごとに、不合理な労働条件の相違の解消に向けた原則的考え方が示され、さらに問題となる場合、問題とならない場合が例示されています。

　また、パート有期法14条も、労働条件の相違の解消に寄与すると考えられます。なぜなら、労働者の求めに応じて、待遇差の内容や理由の説明義務が事業主に課せられているからです（2項）。なお、説明を求めた労働者に対する不利益取扱いは禁止されています（3項）。

 同一労働同一賃金ガイドライン

（ｂ）比較対象（照）者

　労働条件相違の不合理性については、比較対象（照）者の問題も重要です。パート有期法8条・9条の比較対象（照）者は、「通常の労働者」です。「通常の労働者」は、「正規型の労働者」とされてきた。しかし、「正規型の労働者」も多様です。パート労働者・有期雇用労働者と職務内容等が近似している「通常の労働者」もいれば、それらがまったく異なる「通常の労働者」の場合もあるでしょう。一般的には、前者と比較した方が、パート労働者・有期雇用労働者にとって有利です。

大阪医科薬科
大学事件

メトロコマース
事件

　旧労契法20条に関する裁判例では判断が分かれていて、正社員全体と比較すべきとするもの（大阪医科薬科大学事件・大阪高判平31.2.15労判1199-5）と、比較対象（照）者は訴えを提起する労働者によって特定可能とするもの（メトロコマース事件・東京高判平31.2.20労判1198-5）があります。いずれの事件も上告されており、最高裁がどのような判断をするのか注目されます。

（3）その他の必要な措置等

①事業主の義務

　均衡・均等処遇に関する規制のほか、事業主は賃金の決定、教育訓練の実施、福利厚生施設の利用に関して、均衡を考慮した措置努力義務、実施義務等が課せられています（10条〜12条）。

　また、通常の労働者へ転換するための試験制度を設けるなど、通常の労働者への転換を推進するための措置義務も規定されています（13条）。

　事業主は、相談体制の整備が義務づけられている（15条）ほか、苦情に対する自主的な解決を図ることについて努力義務が課せられています（22条）。

②紛争の解決

　パート有期法に関する紛争は、紛争調停委員会による調停の対象となります。

練習問題

> 有期労働契約の更新時に、「契約は更新しても通算5年まで」との条項が新たに記載されました。これについて使用者からは何らの説明もありませんでした。そのため、その条項が付されたことに気づかず、署名押印して管理者に渡しました。
>
> 次の更新で無期転換できると思っていましたが、会社は「契約は更新しても通算5年まで」との条項がある労働契約書を根拠に、更新しないと通告してきました。
>
> 私は、雇止めされてしまうのでしょうか。

参考文献

橋本陽子「労働契約の期間」日本労働法学会編『講座労働法の再生〈第2巻〉労働契約の理論』（日本評論社、2017年）

櫻庭涼子「非正規雇用の処遇格差規制」日本労働法学会編『講座労働法の再生〈第4巻〉人格・平等・家族責任』（日本評論社、2017年）

篠原信貴「有期雇用」日本労働法学会編『講座労働法の再生〈第6巻〉労働法のフロンティア』（日本評論社、2017年）

水町勇一郎　『「同一労働同一賃金」のすべて〔新版〕』（有斐閣、2019年）

— 第**6**章 —

派遣労働者

レジュメ

1 労働者供給事業の例外としての労働者派遣

   （1）　労働者供給事業の禁止

   （2）　労働者派遣法の制定

2 労働者派遣の定義

3 派遣事業の規制

   （1）　派遣元に対する規制

   （2）　派遣先に対する規制

4 派遣労働者の保護

   （1）　労働者派遣契約

   （2）　派遣可能期間

   （3）　日雇派遣の原則禁止

   （4）　労働者派遣契約の中途解除

   （5）　雇用安定化措置

   （6）　派遣労働者に対する段階的・体系的教育訓練

   （7）　派遣元責任者・派遣先責任者

   （8）　労基法等の適用の特例

5 派遣労働者の均衡・均等処遇

   （1）　均衡・均等処遇規定新設の意義

   （2）　均衡・均等処遇の義務者と比較対象者

   （3）　労使協定方式による例外

6 労働契約申込みみなし制度

   （1）　松下プラズマディスプレイ（パスコ）事件最高裁判決

   （2）　労働契約申込みみなし制度の概要

7 派遣労働者の雇止め

   （1）　「登録型」派遣とは

事例　Xさんは、派遣会社のＹ１社からＹ２社に派遣されています。Ｘさんのｙ２社への派遣は、すでに４年目になっています。Ｘさんはｙ２社の社員になりたいと思っていますが、それは可能でしょうか。また、Ｙ２社における上司であるＡから、たびたび性的なハラスメントを受けています。このことをＹ２社のハラスメント相談室に相談したところ、あなたはＹ２社の社員ではないから申立てを受けられないと言われました。これは適切な運用でしょうか。

1　労働者供給事業の例外としての労働者派遣

（1）労働者供給事業の禁止

　労働者派遣のように、三者が関係する労務供給関係は、すでに江戸時代には存在していました。しかし、このような労務供給関係は、直接の労働関係以外の第三者が介在することから弊害も顕著でした。戦後になると、労働関係の民主化のもとに、三者間労務供給関係は厳しく制限されることになったのです。1947年に制定された職業安定法は、三者間の労務供給関係を「労働者供給」と定義し、これを事業として行うことを原則として禁止しました（職安法44条。労働組合等が行う無料の労働者供給は例外―職安法45条）。この原則は、現在でも維持されています。

（2）労働者派遣法の制定

　1980年代になると、ME化・OA化、産業構造の高度化の進展に伴って「派遣ビジネス」が台頭してきました。しかし、これら派遣的形態の事業は、法形式的には業務請負という形式で行われているものの、その実態は労働者供

給事業に該当するものが多かったとされます。このような実態に対して、派遣的事業が果たしている役割を積極的に評価し、これを制度として確立すべきとする機運が高まります。一方、このような労働者派遣の解禁論に対しては、従来型の正規雇用を脅かすものであるとして労働者側から強く警戒されました。そして、激論の末に制定されたのが労働者派遣法（以下、派遣法）です。派遣法の制定により認められた「労働者派遣」は、従来型の雇用とは異なる新たな労働力需給システムとして整備されたのでした。なお、新たに認められた労働者派遣は、労働者供給の例外と位置づけられています。

労働者派遣を認めるとしても、様々な懸念がありました。たとえば、三者間の労務供給関係の中で、雇用上の責任を誰にどの程度負わせるかという点は、派遣労働者の保護と密接に関係するだけに重要な論点です。これについて派遣法は、雇用関係は派遣元にあるとした上で、指揮命令と関係する労基法等の一部の規定を派遣先に適用することによってこの問題を解決しています。

また派遣法は、労働者側からの懸念に応える形で「常用代替の防止」の仕組みを導入しました。主なものとしては、派遣対象業務の限定や派遣期間の制限です。

2　労働者派遣の定義

労働者派遣は、労働者供給事業の禁止原則の例外として認められたものです。したがって、労働者供給等の他の三者間労務供給関係との区別が重要となります。派遣法2条は、労働者派遣を「自己の雇用する労働者を、当該雇用関係の下に、かつ、他人の指揮命令を受けて、当該他人のために労働に従事させることをいい、当該他人に対し当該労働者を当該他人に雇用させることを約してするものを含まないもの」と定義しています。一般的には、「自己の雇用する労働者を、当該雇用関係の下に」派遣する点で労働者供給（図表4-6-1）と、「他人の指揮命令を受けて、当該他人のために労働に従事させる」点で請負（図表4-6-2）と、「当該他人に対し当該労働者を当該他人に雇用させることを約してするもの」という点で出向（図表4-6-3）と区別されると説明されています。

労働者派遣については、図表4-6-4を参照した方がわかりやすいと思います。重要なのは、①派遣元と派遣労働者との間に労働契約関係があること、②派遣先は、派遣元との労働者派遣契約を根拠に、派遣労働者を指揮命令できる、という点です。

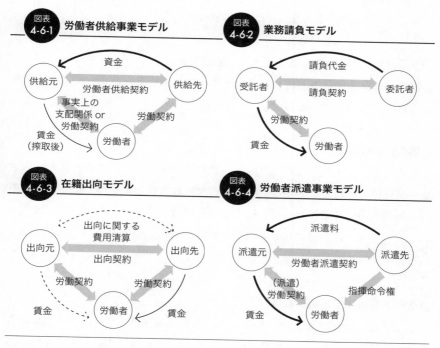

3 派遣事業の規制

（1）派遣元に対する規制

①派遣対象業務

現在、派遣対象業務はネガティブリスト化されており、港湾・建設・警備業・政令で派遣労働者に従事させることが適当でないと認められる業務（医療関係業務、一部の「士業」）以外に制限はありません（派遣法4条等）。

②許可制

派遣元が労働者派遣事業を行う場合は厚生労働大臣の許可を受けなければなりません（派遣法5条）。禁錮以上の刑に処せられた者など許可の欠格事由が定められています（派遣法6条）。また、許可を受けるためには、特定の者に労働者派遣すること（専ら派遣）を目的としたものではない等、一定の許可基準を満たす必要があります（派遣法7条1項）。

③争議行為が行われている事業所への派遣禁止

　派遣元は、争議行為が行われている事業所に労働者を派遣してはなりません（派遣法24条・職安法20条）。

④個人情報の保護

　派遣元は、個人情報の目的外収集が禁じられています。また、個人情報を適正に管理するために必要な措置を行わなければなりません（派遣法24条の3）。派遣元の関係者に対して、秘密の漏示を禁止しています（派遣法24条の4）。これらは、派遣元には多くの派遣労働者の個人情報が蓄積されるがゆえの当然の規制です。

⑤労働者派遣事業の適正な運営

　派遣元は、全体の派遣のうちグループ企業への派遣を8割以下にしなければならないとされています（派遣法23条の2）。これは、前述の専ら派遣と同様、常用代替の防止のための規制です。また、派遣元は、マージン率（派遣労働者の賃金平均/派遣料金の平均）について関係者に情報提供しなければなりません（派遣法23条5項）。派遣元の手数料の割合を公表されることによって、派遣元の適正な事業運営を担保させることを目的とした規定です。

（2）派遣先に対する規制

　派遣先は、許可を受けた派遣元以外から労働者派遣を受け入れることが禁止されています（派遣法24条の2）。許可制下でのみ労働者派遣を可能として

いる派遣法の構造からすれば当然ことです。

　つぎに、原則として、派遣先を離職してから1年以内の者を派遣労働者として受け入れることはできません（派遣法40条の9）。これも、専ら派遣と同様の目的をもった規制です。なお、60歳以上の定年退職者は例外となります（派遣則33条の10第1項）。

4　派遣労働者の保護

（1）労働者派遣契約

　労働者派遣は、派遣元と派遣先間の労働者派遣契約の締結に始まります。派遣労働者の保護にとっては、この労働者派遣契約で定められる条件の整備が求められます。そこで派遣法は、労働者派遣契約で定められるべき事項を法定しています（派遣法26条1項）。具体的には、派遣労働者の人数、業務の内容、派遣場所、指揮命令者、派遣期間および就業日、就業時間、苦情処理などです。また、労働者派遣契約の中途解除は、派遣労働者の雇用の安定を阻害することから、雇用の安定に関する措置についても定める必要があります（4(4)労働者派遣契約の中途解除を参照）。

　派遣先は派遣元に対して派遣可能期間を超えることとなる日（抵触日）の通知が義務づけられています（派遣法26条4項）。抵触日の通知がなければ、派遣元は労働者派遣契約を締結できません（派遣法26条5項）。これらは、派遣期間に関する規制（4(2)派遣可能期間を参照）を守らせるためのものです。

　派遣労働者の均衡・均等規定の施行（5派遣労働者の均衡・均等処遇を参照）に伴い、派遣先に雇用されている比較対象労働者の賃金その他の待遇に関する情報の提供義務が派遣先に課せられています（派遣法26条7項）。

（2）派遣可能期間

①派遣期間制限の根拠

　派遣法にとって常用代替の防止は重要な利益です。その趣旨を明確にするため、労働者派遣は臨時的・一時的な労働力ニーズの需給調整システムと位

置づけられています（たとえば派遣法25条）。この臨時的・一時的性格を担保させるため、派遣法は派遣期間の制限を設けています。派遣期間の制限は派遣法の重要な規制の一つなのです。

　現在、派遣可能期間は、①派遣先の事業所単位（派遣法35条の2・40条の2）と②派遣労働者個人単位（派遣法35条の3・40条の3）のそれぞれでなされています。

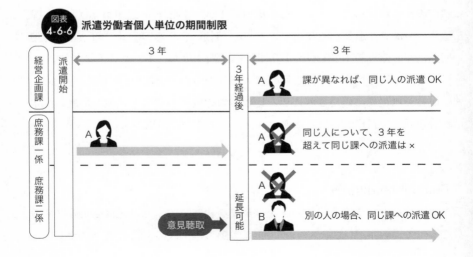

図表 4-6-5　派遣先事業所単位の期間制限

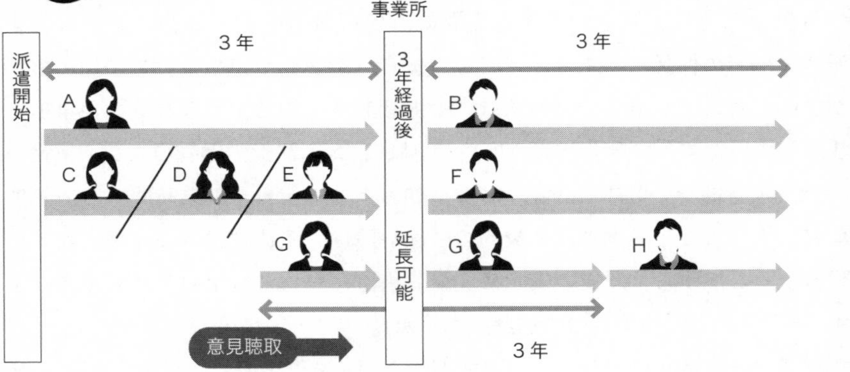

図表 4-6-6　派遣労働者個人単位の期間制限

②派遣先事業所単位の派遣可能期間

　派遣先の事業所単位では3年を超えて派遣労働者を受け入れることはできません。この期間制限は、事業所単位ではじめて派遣労働者を受け入れた時から計算されます。異なる派遣元から派遣労働者を受け入れていたとしても、その最初の受入れ時からカウントされます。

　この派遣先事業所単位の派遣期間制限には例外があります。すなわち、派遣先が、派遣先の過半数代表に意見聴取すれば、派遣可能期間を超えて派遣労働者を受け入れることが可能となるのです（派遣法40条の2第3項）。

　なお、派遣終了と次の派遣開始の間の期間が3か月を超えないときは、労働者派遣は継続しているものとみなされます。

③派遣労働者単位の派遣可能期間

　個別の派遣労働者単位においても、派遣先は同一の組織単位内に継続して3年を超えて当該派遣労働者を受け入れることはできません。ただし、組織単位（厚生労働省は「課」単位としています）を超えて異動している場合は適用されないとされており、この制限も実態としては緩やかなものです。

　事業所単位の制限と同様に、派遣終了と次の派遣開始の間の期間が3か月を超えないときは、労働者派遣は継続しているものとみなされます。

④派遣期間制限の例外

　いずれの派遣可能期間についても、下記の場合は例外となり派遣期間の制限を受けません。

①派遣元事業主に無期雇用される派遣労働者を派遣する場合
②60歳以上の派遣労働者を派遣する場合
③終期が明確な有期プロジェクト業務に派遣労働者を派遣する場合
④日数限定業務（1か月の勤務日数が通常の労働者の半分以下かつ10日以下であるもの）に派遣労働者を派遣する場合
⑤産前産後休業、育児休業、介護休業等を取得する労働者の業務に派遣労

働者を派遣する場合

⑤派遣可能期間を超えた派遣労働者の受け入れ

派遣先が、派遣可能期間を超えて派遣労働者を受け入れたときは、労働契約申込みみなし制度が適用されます（6労働契約申込みみなし制度を参照）。

（3）日雇派遣の原則禁止

日雇派遣やスポット派遣といわれるものは、以前は規制されていませんでした。しかし、このような派遣が可能なことに対しては、極度に不安定な雇用形態であること、労災も多発していたことなどを理由として、強く批判がなされていました。また、日雇派遣を主力としていた派遣会社が多数の法令違反を行っていた事件も報じられたことから、現在では日雇派遣は原則として禁止されています。なお、これには一定の例外があります。

（4）労働者派遣契約の中途解除

①法的規制

労働者派遣契約と、派遣元＝派遣労働者間の労働契約はそれぞれ別の契約ですが、密接に関係していることも事実です。とくに、派遣先によって労働者派遣契約が解除されると、派遣元が派遣労働者を継続して雇用しようとする利益が失われます。派遣労働者の雇用を安定させるためには、労働者派遣契約の解除規制が重要なのです。

まず、派遣先は、派遣労働者の国籍、信条、性別、社会的身分、派遣労働者が正当な組合活動を行ったこと等を理由として労働者派遣契約を解除してはならないとされています（派遣法27条）。これは、一定の理由に基づく解雇を禁止している労基法等の規制に準じたものといえるでしょう。

派遣法27条に規定されている理由以外での中途解除は、派遣法上制限がありません。しかし、それによって不利益を被るのは派遣労働者と派遣元です。このため、派遣法29条の2は、派遣先に対して、派遣先の中途解除によって

派遣元に支払い義務が生じる休業手当の費用負担を含め、派遣労働者の雇用の安定を図るために必要な措置を講じるよう命じています。

②派遣先による中途解除と派遣元の賃金支払い義務

派遣先による中途解除がなされても、派遣元は派遣労働者に対する賃金支払い義務を免れることができない場合が多いでしょう。この場合、派遣元が支払うべき賃金は全額かそれとも休業手当（労基法26条）に限られるのかについては争いがあります。しかし、派遣元にとってこのような事態は当然に予想すべきことであり、また、中途解除の際の取扱いについても派遣元＝派遣先間で事前に取り決めるべきことになっていることから、民法536条2項によって全額支払いが義務づけられると考えるべきでしょう。

（5）雇用安定化措置

2015年改正によって、派遣労働者の雇用安定に関する規制が強化されました。派遣元は、同一の組織単位内に1年以上継続して派遣がなされる見込みの派遣労働者（「特定有期雇用派遣労働者」といいます）に対して、つぎの(1)～(4)のいずれかを実施する努力義務（1年以上派遣見込み）、あるいは措置義務（3年派遣見込み）が課せられています（派遣法30条）。

(1)派遣先に対し、労働契約の申込みをすることを求めること

(2)派遣先の機会の確保とその提供

(3)派遣労働者以外の無期雇用の雇用確保とその提供

(4)その他安定した雇用の継続が確実に図られると認める措置

派遣先も、一定の派遣労働者を雇用する努力義務が課せられています（派遣法40条の4）。

（6）派遣労働者に対する段階的・体系的教育訓練

2015年改正は、労働者派遣における派遣労働者の教育訓練機能を拡充しました。雇用安定化措置と相まって、労働者派遣が、正規雇用への架橋的機

能を有することを明らかにしたものです。

　派遣法30条の2は、派遣元に対して、段階的かつ体系的な教育訓練の実施を義務づけています。また派遣先も必要な措置を講じることが求められます（派遣法40条2項）。

（7）派遣元責任者・派遣先責任者

　派遣法は、派遣元と派遣先のそれぞれに責任者を選任することを義務づけて、労働者派遣の適正な運営が図られるようにしています。派遣元責任者（派遣法36条）・派遣先責任者（派遣法41条）は、それぞれ連絡調整するほか、派遣労働者の苦情処理などを担います。派遣先責任者は派遣法等の内容を派遣先の指揮命令者等に周知する義務を負っています。

（8）労基法等の適用の特例

　労働者派遣において労働契約上の使用者は派遣元です。したがって、使用者に適用される労働関係法規は、基本的には派遣元に適用されることになります。しかし、派遣労働者は実際には派遣先により指揮命令を受けるのです。

派遣中の労働者に関する派遣元・派遣先の責任分担

そうなると、指揮命令に関連する法令は、派遣元よりも派遣先に適用されるのが望ましいことになります。そこで、派遣法は、労基法等の一部の規定を読みかえ規定によって派遣先に適用しています。

5　派遣労働者の均衡・均等処遇

（1）均衡・均等処遇規定新設の意義

　働き方改革関連法によって、派遣労働者の均衡・均等処遇規定が整備されました。すなわち、パート有期法8条・9条と同趣旨の規定が派遣法にも新設されたのです。具体的には、均衡処遇規定が派遣法30条の3第1項、均等処遇規定が派遣法30条の3第2項となります。パート労働者や有期雇用労働者とは異なり、派遣労働者の均衡・均等処遇規定はこれまで存在していませ

んでした。この点、働き方改革関連法の意義は派遣労働者にとって大きいといえるでしょう。

　しかし、有期雇用労働者等とは異なり、派遣労働者の均衡・均等処遇に関する議論はこれまでまったく蓄積されていません。労働条件相違の不合理判断等は具体的にどのようになされるのかという重要な論点も含めて、今後の大きな課題となります。

（2）均衡・均等処遇の義務者と比較対象者

　派遣労働者に対して均衡・均等処遇を義務づけられるのは派遣元です。一方、比較対象者は派遣先に雇用されている通常の労働者となります。このように、労働者派遣という特殊な性格を反映して、パート有期法とは比較対象者が異なるのです。

（3）労使協定方式による例外

　派遣労働者の均衡・均等処遇には重要な例外が設けられました。いわゆる「労使協定方式」による逸脱です。派遣元と、派遣元の過半数代表との間に労使協定が締結されれば、派遣労働者の均衡・均等処遇規定は適用されず、労使協定で定める賃金額を支払えばよいことになります。労使協定で定める賃金は、厚生労働省によって毎年通知される「同種の業務に従事する一般労働者の平均的な賃金の額」以上を定めなければならないとされています。この厚生労働省による通知額については、職種ごとに、能力・経験・地域別差をもとに算定されます。この労使協定方式では、「同種の業務に従事する一般労働者の平均的な賃金の額」が事実上の「最低賃金」となるのです。結局、この場合の派遣労働者の保護は、「一般労働者の平均的な賃金の額」次第ということになるでしょう。

　問題は、この労使協定方式において、はたして派遣労働者の意思を反映できるのか、にあるでしょう。まず、労使協定の締結当事者は、派遣元労働者の過半数代表です。それには、派遣会社の社員が含まれます。労使協定方式

による逸脱を認めるとしても、公正に派遣労働者の意思を反映できる制度を整備すべきでしょう。

6　労働契約申込みみなし制度

（1）松下プラズマディスプレイ（パスコ）事件最高裁判決

　かつての派遣法は、偽装請負のように派遣法の枠組みを逸脱した労働者派遣の利用について、十分なペナルティーを用意していませんでした。とくに派遣先のそれは極めて貧弱であったのです。

　これに対して、派遣先の私法上の責任、具体的には派遣先との直接雇用を求めて裁判で争う事案が多発しました。

　これに対して最高裁（松下プラズマディスプレイ（パスコ）事件・最2小判平21.12.18労判993-5）は、つぎのように判断して黙示の労働契約の成立を

松下プラズマ
ディスプレイ
（パスコ）
事件（最判）

否定的に解しました。すなわち、偽装請負の事案につき派遣法に違反するものであったとしつつも、「派遣法の趣旨及びその取締法規としての性質、さらには派遣労働者を保護する必要性等にかんがみ

れば、かりに…派遣法に違反する労働者派遣が行われた場合においても、特段の事情のない限り、そのことだけによっては派遣労働者と派遣元との間の雇用契約が無効になることはない」とし、また、結論としても「（派遣先との）雇用契約関係が黙示的に成立していたものと評価することはできない」と判断したのです。この判旨によれば、法の解釈によって派遣先と派遣労働者との間の黙示の労働契約関係の成立を認められることには高いハードルがあるといえるでしょう。ただし、「特段の事情」の成立を認め、黙示の労働契約関係の成立を認めた裁判例はあります（マツダ事件・山口地判平25.3.13労判1070-6）。

　この問題については、2012年改正によって、一定の解決が図られました。それが、労働契約申込みみなし制度（派遣法40条の6）です。

（2）労働契約申込みみなし制度の概要

労働契約申込みみなし制度は、違法派遣を受け入れた者に対するある種の民事的制裁として導入されました。具体的には、下記の派遣法違反がある場合に、派遣先から派遣労働者に対して労働契約の申込みをしたものとみなされるのです。したがって、派遣労働者が直接雇用を欲すれば、「同意」したことになり、派遣先と派遣労働者との間で直接雇用関係が生じます。なお、直接雇用後の労働条件は、労働契約の期間も含めてそれ以前の派遣元との労働契約内容が踏襲されます。

- ・派遣禁止業務の業務での派遣労働者の受け入れ
- ・許可事業者以外からの派遣労働者の受け入れ
- ・派遣可能期間を超える期間の派遣労働者の受け入れ
- ・いわゆる偽装請負など

派遣先が上記各類型に該当することを「知らず、かつ、知らなかったことにつき過失がなかった」場合は、例外的に申込みみなし制度が適用されません。しかし、派遣先責任者には派遣法等の内容を指揮命令者に周知する義務が課せられていますので、この「善意無過失」が容易に認定されるべきではありません。また、偽装請負に関しては、「免れる目的」というある種の故意要件が設定されてもいます。

派遣先が、国または地方公共団体の機関である場合は、採用その他の適切な措置義務にとどまります（派遣法40条の7第1項）。

7　派遣労働者の雇止め

（1）「登録型」派遣とは

派遣労働者の多くは「登録型」の形態で就労している場合が多いとされています。「登録型」の労働者派遣とは、①派遣労働者が派遣会社に登録し、②派遣会社から「紹介」された派遣先で派遣労働者が就労している間のみ、派遣元と派遣労働者の間に労働契約関係が成立し、③派遣が終了すれば労働契約関係が終了して元の登録状態に戻ることを循環する形態のことです。

（2）「登録型」派遣と雇止め法理

　このような「登録型」の派遣労働者が派遣元により雇止めされた場合、労契法19条の雇止め法理は適用されるでしょうか。この点について、13年以上もの間有期労働契約を更新し、同じ派遣先に派遣されていた派遣労働者の雇止めの是非が争われた事件では、雇止め法理は適用されるものの、「雇用継続に対する期待は、派遣法の趣旨に照らして、合理性を有さず、保護すべきものとはいえない」として、雇止めを「有効」とした例があります（伊予銀行・いよぎんスタッフサービス事件・高松高判平18.5.18労判921-33。上告不受理決定・最2小決平21.3.27労判991-14）。ここでいう「派遣法の趣旨」は「常用代替の防止」のことを指しますが、これは、労働者派遣という労働力需給調整システムが、正規雇用が中心の日本的雇用慣行の仕組みを侵害しないという、制度的枠組みあるいは労働市場政策の問題のはずです。これと、個別の派遣労働者の保護は矛盾しません。したがって、さきの裁判例の立場は失当です。実際、最近の裁判例の中には、派遣先からの労働者派遣契約の解除を契機としてなされた（派遣）労働契約の雇止めにつき、雇止め法理を適用して救済した例があります（資生堂（アンフィニ）事件・横浜地判平26.7.10労判1103-23）。

（3）2015年改正と雇用継続に対する期待

　2015年改正以後の派遣法には、「常用代替の防止」の趣旨は極めて限定的になっています。①雇用安定化措置、②段階的かつ体系的な教育訓練等実施義務というように、現在の労働者派遣では正規雇用への架橋的機能が強調されています。伊予銀行・いよぎんスタッフサービス事件判決当時の派遣法の枠組みとは大きく異なっているのです。2015年改正後は、「登録型」の派遣にスポット派遣のような実態がない限り、派遣労働者の雇用継続に対する期待は積極的に肯定されるべきです。

偽装請負

偽装請負とは、法形式的には業務請負の形を採っているが、実際には派遣先が（派遣）労働者を指揮しており、実質的に労働者派遣となっているものをいいます。

派遣対象業務が厳しく制限され、物の製造業務への派遣が禁止されていた時代から、頻繁に利用されていました。現在でも、派遣事業の許可を受けていない「派遣元」による「派遣」などで散見されます。

練習問題

偽装請負の場合の「派遣先」（発注者）の法的責任について述べなさい。

参考文献

本庄淳志「労働者派遣」日本労働法学会編『講座労働法の再生〈第6巻〉 労働法のフロンティア』（日本評論社、2017年）
鎌田耕一・諏訪康雄編著『労働者派遣法』（三省堂、2017年）
和田肇・脇田滋・矢野昌浩編著『労働者派遣と法』（日本評論社、2013年）

第7章

高年齢者

レジュメ

1 高年齢者の雇用

2 定年

（1） 定年(制)の是非

（2） 定年(制)の規制

3 65歳までの雇用確保措置

（1） 高年法上の雇用確保措置

（2） 継続雇用制度

4 雇用保険法上の措置

事例 Xさんが勤務している会社の就業規則には、「第25条　社員の定年は満58歳とし、定年に達した日の属する月の末日をもって退職とする。」との規定がある。Xさんは、まもなく58歳に達するが、まだ会社を辞めたくないと考えている。Xさんが法的に取り得る手段はあるだろうか。

1 高年齢者の雇用

　職業生活という観点からみると、高年齢者はその引退過程にあるといえます。もちろん個人差はありますが、一般的にいって高齢者の労働能力は逓減するからです。そのため、若年者と比較すると雇用が不安定になりがちです。実際、2018年平均の65歳以上の高年齢者の有効求人倍率は1.23であり、全年齢平均の1.46を下回っています（厚生労働省「一般職業紹介状況」より）。労働法の観点からも高年齢者については特別の配慮が必要です。

　高年齢者の雇用の問題は、社会保障制度との接続も考慮しなければなりま

せん。職業生活から「引退」したとしても生活に必要な生計費は必要です。そして、この「引退」後の生計費は主に年金制度によって支えられることになるからです。しかし、現在の老齢基礎年金や老齢厚生年金の受給開始年齢は、原則として65歳からです。仮に、60歳で定年となったとしても、年金を受給できる65歳までの間、職業生活の継続を余儀なくされる場合もあるでしょう。

　一方、少子社会の進展により、労働力不足も懸念されます。「引退」までの間に培った職業能力を、定年といった一律の基準で失うことは、企業にとっても社会にとっても損失となりえます。高年齢者であっても就業の継続を希望する場合には、労働能力の逓減に配慮しつつも、そのニーズに沿った政策を展開する必要もあります。このように、高年齢者の雇用について配慮すべき点は、多岐にわたります。

2　定年

(1) 定年(制)の是非

　定年(制)(以下、定年)とは、一定の年齢に達したことを労働契約の終了事由とする制度のことです。厳密にいうと、定年には、定年退職制と定年解雇制がありますが、いずれも一定の年齢に達したことを労働契約の終了事由とする点では同じです。

　定年は、個別の労働者の労働能力に関係なく一定の年齢に達したことを労働関係の終了事由とするものです。この点、学説の一部には年齢による差別との指摘があります。しかし、最高裁(秋北バス事件・最大判昭43.12.25民集22-13-3459)は、「およそ停年制は、一般に、老年労働者にあっては〔その者の〕業種又は職種に要求される労働の適格性が逓減するにかかわらず、給与が却って逓増するところから、人事の刷新、経営の改善等、企業の組織および運営の適正化のために行われるものであって、一般的にいって、不合理な制度ということはでき」ないと判断しました。

秋北バス事件

（2）定年 (制) の規制

　定年は、日本的雇用慣行に不可欠なものとして組み込まれており、平均寿命の延びや年金制度との接続との観点から、規制の対象となっています。まず、1998年4月以降、定年を定める場合には、定年年齢について60歳を下回ってはならないとされています（高年法8条）。

　この高年法8条の規定には私法上の効力があるとされています。牛根漁業協同組合事件（福岡高宮崎支判平17.11.30労判953-71）は、「この規定は、強行法規的性格を有し、その施行（平成10年4月1日）により、60歳未満の定年制を定める就業規則等の規定は、同条に抵触する限度において私法上も当然に無効となり、その結果、当該事業主においては定年制の定めのない状態が生じたものと解するのが相当である」と判断しています。

3　65歳までの雇用確保措置
（1）高年法上の雇用確保措置

　年金各法による老齢年金の支給開始年齢は65歳とされています。かつての老齢厚生年金の支給開始年齢は60歳でした。そのため、現在はその移行期にあたり、支給開始年齢は段階的に引き上げられています。

　一方、定年制を導入している企業の多くが定年年齢を60歳としていることから、老齢厚生年金の支給開始までに一定のブランクが生じることになります。

　そこで高年法は、60歳定年義務化を維持しつつ、事業主に対して65歳までの雇用確保措置を義務づけています（高年法9条1項）。具体的には、下記のいずれかの措置を講じなければなりません。

　　①当該定年の引上げ
　　②継続雇用制度（現に雇用している高年齢者が希望するときは、当該高年齢者をその定年後も引き続いて雇用する制度）の導入
　　③当該定年の定めの廃止

（2）継続雇用制度

①希望者全員を対象とすることが義務

　上記の雇用確保措置のうち、実際には②継続雇用制度を導入している企業が多いのが実態です。この継続雇用制度は、2013年3月まで、労使協定の締結を要件として、希望者全員を継続雇用しなくてもいいとされていました。しかし、現在は希望者全員を継続雇用の対象としなければなりません（移行措置あり）。この場合でも、心身の故障や勤務状況の不良等により、個別の労働者を継続雇用の対象から外すことは可能ですが、その理由が客観的に合理的な理由を欠き、社会通念上相当と認められない場合は違法となります。

②継続雇用前後の職務内容の大幅な変更

　この継続雇用制度については、継続雇用の前後で従来の職務内容を大幅に変更することの是非が争われることが多くなっています。この点、定年後の継続雇用としてどのような労働条件を提示するかについては、事業主に一定の裁量があると考えられています。

　しかし、トヨタ自動車ほか事件（名古屋高判平28.9.28労判1146-22）は、60歳定年前まで事務職として稼働していた労働者に対して、継続雇用後は清掃等の業務を提示した事案で、労働者にとっ

トヨタ自動車
ほか事件

て到底受け入れ難いような職務内容を提示するなどの対応は、高年法の趣旨に反する違法なものであるとの判断を行っています。

③継続雇用後の賃金

　継続雇用前後で職務の内容等に変更はないものの、継続雇用後の賃金が引き下げられている事案も散見されます。

　まず、定年前の賃金の約75％の減少につながるようなパートタイマーへの転換を提案した会社の対応を、パート労働者への転換を正当化する合理的な理由があるとは認められないから、会社が、本件提案をしてそれに終始したことは、継続雇用制度の導入の趣旨に反し、裁量権の逸脱または濫用として

九州惣菜事件

違法とした事例があります（九州惣菜事件・福岡高判平29.9.7労判1167-49。上告不受理決定・最1小決平30.3.1労経速2347-12）。

また、継続雇用後の雇用形態が有期契約の場合には、労契法20条が適用されます（⇒長澤運輸事件最判・「第4部第5章　有期雇用労働者・パート労働者」参照）。なお、2020年4月以降は、パート有期法の施行により、パート有期法8条あるいは9条の問題となります。

4　雇用保険法上の措置

2016年12月までは、一定の例外を除いて65歳以上は雇用保険に加入することができませんでした。しかし現在は、65歳以上であっても一定の加入要件（1週間の所定労働時間が20時間以上、かつ、31日以上の雇用見込みがある）を満たせば、「高年齢被保険者」として雇用保険の適用対象となっています。

「高年齢被保険者」という特別な被保険者資格となっているのは、一般の被保険者と保険給付（求職者給付金）の日数に違いがあるからです。この「高年齢被保険者」のように、政府は高年齢者の雇用継続の推進に舵を切っているといっていいでしょう。

column
11

70歳までの就業確保措置努力義務の導入

厚生労働省は、「人生100年時代」に対応するべく、高年法の改正がなされました（2020年3月）。改正高年法は、70歳までの雇用確保措置の努力義務を事業主に課しています。ここで求められる措置は、現行の65歳までの雇用確保措置のほか、①フリーランス等の業務委託契約化、②社会貢献活動への支援なども可能です。

また、労働者数301人以上の企業に対して、中途採用に関する情報公表が義務づけられます。具体的には、正規雇用労働者に占める中途採用者の割合の公表が求められることになります。

練習問題

正社員の路線バスドライバーとして稼働してきたXさんは、会社による定年再雇用を希望した。しかし、正社員時代の勤務成績が不良であることを理由に、会社はXさんに対して定年再雇用後の業務内容を清掃業務とした上で、賃金を従来の4割となることを通告した。Xさんは業務内容の変更も賃金額の大幅な減額にも納得していない。Xさんはどのような主張をすれば会社に対抗できるか。

参考文献

小西康之「若年期・高年期における就労・生活と法政策」『講座労働法の再生〈第6巻〉労働法のフロンティア』（日本評論社、2017年）

柳澤武『雇用における年齢差別の法理』（成文堂、2007年）

櫻庭涼子『年齢差別禁止の法理』（信山社、2008年）

「〈シンポジウムⅠ〉高年齢者雇用安定法をめぐる法的問題」日本労働法学会編『高年齢者雇用安定法をめぐる法的問題／不当労働行為の当事者／偽装請負・違法派遣と労働者供給（日本労働法学会誌114号）』（法律文化社、2009年）

— 第 **8** 章 —

障害者

事例　会社では年に１回、展示即売会を実施しています。展示即売会は、営業部だけではなく全部署からの応援を得て３日間にわたり実施しています。この３日間の業務は休憩時間を除くとほとんど立ち仕事に従事することになるのです。

座骨神経痛を患っている企画部のＸさんは、この展示即売会への応援派遣を命じられました。しかしＸさんは、この病気のため、１日中の立ち仕事は難しいとして、何らかの配慮をしてほしいと上司のＹさんに申し出ました。しかし、Ｙさんは「多かれ少なかれ、みんなどこかに問題を抱えている。Ｘさんだけを特別扱いすることはできない」といって、Ｘさんの申し出に何らの対応もしませんでした。会社（Ｙさん）の対応は、法的に問題ないのでしょうか。

1　障害者権利条約の批准

（1）福祉的アプローチから差別禁止アプローチへ

　日本の障害者雇用政策は、障害者権利条約（2006年採択）の批准を契機として大きく変わりました。障害者権利条約が、障害者に対する社会政策の近年における世界的変化を取り入れているからです。現代の障害者に対する社会政策の考え方の中心は、「障害の社会モデル」といわれるものです。「障害の社会モデル」とは、障害の問題は社会によって作られたものと理解することによって、主に社会環境の変革によってこの問題の解決を図るという考え方です。

　以前の障害者に対する社会政策は、「障害の個人モデル」といって、福祉的アプローチによって問題を解決しようとする手法が一般的でした。これに対して「障害の社会モデル」は、障害者に対する社会の側の偏見や不寛容を問題とします。このような立場からは、障害者の問題を差別として捉え、差別禁止アプローチによって対処することが求められます。

（2）障害者権利条約の内容

　障害者権利条約は、障害者の人権及び基本的自由の享有を確保し、障害者の固有の尊厳の尊重を促進することを目的として採択されました。具体的内容としては、①一般原則として、障害者の尊厳、自律および自立の尊重、無差別、社会への完全かつ効果的な参加および包容等を定め、②一般的義務として、合理的配慮の実施を怠ることを含め、障害に基づくいかなる差別もなしに、すべての障害者のあらゆる人権及び基本的自由を完全に実現することの確保と促進を規定し、③障害者の権利実現のための措置として、身体の自由、拷問の禁止、表現の自由等の自由権的権利、および教育、労働等の社会権的権利について締約国がとるべき措置等を定めています。

　とくに注目すべきは、「合理的配慮の実施」でしょう。障害者を差別なく扱うとしても、何らの配慮もない機会の平等は、むしろ障害者の排除を促進してしまいます。社会が寛容の精神による合理的配慮を実施することによってはじめて、障害者の社会的包摂を実質化させることになるでしょう。

（3）改正障害者基本法

　障害者権利条約は、広く障害者一般に関して規定しています。これに対応した日本の障害者政策の基本法が障害者基本法です。そして、この障害者基本法は、障害者権利条約の批准にあわせて2011年に改正されました。現行障害者基本法4条は、障害者に対するあらゆる差別を禁止し（1項）、社会的障壁の除去の実施について必要かつ合理的な配慮がされなければならない（2項）としています。

（4）障害者差別解消法

　障害者差別解消法は、障害者権利条約の批准に必要な国内法の整備のため、2013年に制定されました。この障害者差別解消法は、国の行政機関、地方公共団体、民間事業者などにおける、障害を理由とする差別を解消するための措置などについて定めています。

2　2013年改正障害者雇用促進法

（1）障害者雇用促進法の対象

　現行の障害者雇用促進法は、障害者権利条約の批准に必要な国内法の整備のため、2013年に大改正されました。障害者雇用促進法は、障害者差別解消法とは異なり、雇用の場面における措置等を規定しています。たとえば、レストランを経営している事業主の場合、当該事業主と雇用しようとしている／雇用している障害者の間の措置等を規定しています。

　なお、一般的な就労が困難な障害者の就労については、障害者総合支援法といった社会保障的な施策（福祉的就労）により対応されています。

（2）法定雇用率

　2013年改正より前の障害者雇用促進法は、現行法とは異なり、福祉的色彩の濃い法律でした。その中心的制度は、法定雇用率制度です。この法定雇用率制度は、障害者の雇用促進を目的とした雇用義務制度のことです。具体

的には、企業や官公署ごとに法定雇用率が法定されており、法定雇用率未達成企業に対してはある種の罰則である障害者雇用納付金（常用労働者100人超の企業から不足1人当たり月額5万円）が徴収され、法定雇用率を超える雇用を達成している企業には調整金（常用労働者100人超の企業に超過1人当たり月額2万7000円）、報奨金（常用労働者100人以下の企業に一定基準超過1人当たり月額2万1000円）が支給されるというものです。

ただし、現実の法定雇用率達成状況はQRコードをご覧ください。近年官公署における雇用障害

・法定雇用率

・現実の雇用率

者数の水増しが報道されたように、その実態は法定どおりとはなっていません。

この法定雇用率制度は、現行法でも維持されています。

（3）障害者に対する差別の禁止

現行の障害者雇用促進法は、①募集・採用時の均等な機会の付与 (34条)、②雇用している障害者の待遇に関する差別的取扱い禁止 (35条) を規定しています。これらは、2013年改正によって新設されたものです。

これらの特徴は、①すべての事業主が対象であること、②すべての障害者が対象であること（すなわち、いわゆる「手帳保持者」に限定されない）、③雇用に係るすべての場面で差別が禁止されていること、④法律上は、直接差別のみが禁止されていること、です。

たとえば、募集・採用段階では、障害者であることを理由として、障害者を募集または採用の対象から排除することはもちろん、採用の基準を満たす者の中から障害のない者を優先して採用することが禁止されます。また、現に雇用している障害者に対して、賞与・退職金等の支給や昇進の対象から外すことや、労働能力等に基づかず、単に障害者だからという理由で特定の仕事を割り当てることが禁止されます。もちろん、配置転換にあたり、労働能力等に基づかず、障害のない者から順番に配

障害者差別
禁止指針

置することなども許されません。

　一方、積極的差別是正措置として障害のない者より障害者を有利に取扱うことや、合理的配慮（⇒2(4) 合理的配慮の提供義務）を提供されても、職務遂行能力に差異がある場合、その差異に相応した限度で不利益取扱いをすることは、不当な差別に該当しないとされています。

　なお、この差別禁止については、法の委任に基づき「障害者差別禁止指針」（平27厚労告116号）が定められていますので参考にしてください。

（4）合理的配慮の提供義務
①合理的配慮の提供義務の内容

　現行の障害者雇用促進法は、事業主に対して障害者に対する差別禁止を定めるとともに、合理的配慮の提供義務についても定めます（募集・採用時については36条の2、雇用している障害者については36条の3）。

　「合理的配慮」とは、障害者に均等な機会や待遇を与えたり、障害者が能力を発揮するうえで支障となっている事情を改善したりするための措置のことを指します。そして、すべての事業主がすべての障害者に対して「合理的配慮」を提供する義務を負います。

　「合理的配慮」の内容は、障害者と事業主の相互理解のなかで提供されるべき性質のものですから、「このような障害にはこのような合理的配慮がなされるべき」と法律で細かく規定されてはいません。また、合理的配慮となり得る措置が複数あった場合には、障害者の意向を十分に尊重したうえで、事業主にとってより提供しやすい措置をとることが許されます。

　募集・採用時には、応募者がどのような障害を有しているかを事業主が把握することは困難です。したがって、合理的配慮の提供義務は、障害者からの申し出があることが前提となります。

　これに対して、すでに雇用している障害者については、その申し出の有無に関わりなく、合理的配慮の提供義務が生じます。なお、この場合でも、事業主が必要な注意を払ってもその雇用する労働者が障害者であることを知り

得なかった場合には合理的配慮の提供義務違反は問われません。

②プライバシーへの配慮

　合理的配慮の提供義務は、いわゆる「手帳保持者」に限られません。雇用している障害者には、その申し出に関わりなく合理的配慮の提供義務が生じます。しかし、障害者の中には、障害を有していることを知られたくないと考える者も多いでしょう。したがって、合理的配慮の提供義務の履行にあたっては、障害者のプライバシーに最大限の配慮をすることが求められます。

　たとえば、全従業員への一斉メール送信・書類配布・社内報等の画一的な手段により、合理的配慮の提供の申し出を呼びかけるなどの対応が必要です。また、企業で実施する健康診断等で取得した情報を合理的配慮の提供に関する申し出等に活用する際には、事前に労働者の同意を得るなどの配慮が必要となります。

③合理的配慮の提供義務と「過重な負担」

　合理的配慮といっても、無制限なものではありません。たとえば、雇用している障害者からエレベーターを設置してほしいという希望があったとしても、事業所が賃貸ビルだった場合には、所有者を無視して勝手にエレベーターを設置することはできません。このように、合理的配慮を講じることにより、事業主に「過重な負担」を及ぼす場合には、事業主は合理的配慮の提供義務を免れます。

　「過重な負担」か否かは、事業活動への影響の程度、実現困難度、費用・負担の程度、企業の親模、企業の財務状況、公的支援の有無の状況などが総合的に考慮されます。なお、合理的配慮の提供義務は、提供することが原則ですから、「過重な負担」の立証責任は、事業主にあります。

　なお、ここまでのことに関しては、「合理的配慮指針」（平27厚労告117号）も参考にしてください。

合理的配慮
指針

3 合理的配慮に関する裁判例

　2013年改正障害者雇用促進法が施行された後に争われた事例としては、学校法人原田学園（岡山短期大学）事件（広島高岡山支判平30.3.29労判1185-27。不受理決定・最3小決平30.11.27判例集未登載）があります。本件は、網膜色素変性症に罹患し、疾患が進行して文字の判読が困難となった大学教員に対する、学科事務のみを担当させる職務変更命令の是非が争われました。判決は、「望ましい視覚補助の在り方を本件学科全体で検討、模索することこそが障害者に対する合理的配慮の観点からも望ましいものと解される」などとし、職務変更命令は客観的に合理的と認められる理由を欠くと判断しました。

4 障害者虐待防止法

　1994年に発覚したサン・グループ事件や、1995年のアカス紙器事件のように、雇用する障害者に対する凄惨な虐待が問題視されました。障害者への虐待は、雇用する場面に限られませんが、このような悪質な虐待事件をきっかけとして、2012年に障害者虐待防止法が制定されました。

　障害者虐待防止法は、「何人も、障害者に対し、虐待をしてはならない。」（3条）と定め、とくに①養護者による障害者虐待、②障害者福祉施設従事者等による障害者虐待、③使用者による障害者虐待を禁止しています。

　また、「障害者虐待の類型」には、①身体的虐待、②放棄・放置、③心理的虐待、④性的虐待、⑤経済的虐待があります。

　「障害者虐待」を受けたと思われる障害者を発見した者に対しては、速やかな通報が義務づけられています。また、通報を受けた市町村や都道府県は、必要な措置をとることが求められています。

column
12

サン・グループ事件

　サン・グループ事件は、知的障害者等を多数雇用してきた滋賀県の民間

会社である「サン・グループ」で起きた事件です。

　「サン・グループ」の代表は、入所施設等から多くの知的障害者等を受け入れていました。代表は、これら障害者に対して支給される年金等を横領する一方、障害者に対し、継続して暴力・暴言などの虐待を行っていました。障害者らは、発覚するまでの間、長い者で10年以上もの長期間にわたり虐待されていました。

練習問題

　障害を有していることを秘匿（ひとく）している労働者について、健康診断の実施により会社はその障害の内容を把握した。この場合、障害者雇用促進法上求められる会社の法的対応について述べなさい。

参考文献 ────────

中川純「障害者雇用政策の理論的課題」日本労働法学会編『講座労働法の再生〈第6巻〉労働法のフロンティア』（日本評論社、2017年）

小西啓文「障害者雇用と就労支援」日本社会保障法学会編『新・講座社会保障法〈第2巻〉地域生活を支える社会福祉』（法律文化社、2012年）

長谷川珠子『障害者雇用と合理的配慮―日米の比較法研究』（日本評論社、2018年）

永野仁美・長谷川珠子・富永晃一編著『詳説 障害者雇用促進法〔増補補訂版〕』（弘文堂、2018年）

レジュメ

1　日本の外国人労働者政策

（1）　建前としての外国人労働者政策

（2）　実態としての外国人労働者政策

（3）　特定技能の創設

2　外国人技能実習制度

（1）　雇用としての外国人技能実習

（2）　企業単独型と団体監理型

（3）　技能実習の流れ

3　特定技能

（1）　特定技能の内容と受け入れ可能な産業

（2）　特定技能所属機関と特定技能雇用契約

（3）　登録支援機関

4　外国人の雇用管理

（1）　外国人雇用状況の届出

（2）　外国人労働者の雇用管理の改善

5　外国人に対する労働法の適用

事例　Aさんの知人に外国人のXさんがいる。Xさんは、外国人技能実習制度を利用して、金属プレス加工業のY社に雇用されている。Aさんは、Xさんから最低賃金に満たない賃金しか支払われていないこと、パスポートをY社の経営者に取り上げられていることなどについて相談された。AさんはXさんにどのようなアドバイスをすればいいだろうか。なお、Xさんの話によれば、Y社の経営者は「外国人に日本の労働法は適用されない」と説明しているらしい。

1 日本の外国人労働者政策

（1）建前としての外国人労働者政策

　日本の外国人労働者の受け入れについては、一般的労働力としての入国を認めていないというのが建前です。このことは、日本の在留資格一覧をみればわかります。つまり、就労について何らの

日本の在留資格
一覧

制限なく行える在留資格は、「永住者」や「定住者」といった「身分・地位に基づく在留資格（活動制限なし）」に限定されているのです（この他、戦後処理の中で認められた「特別永住者」があります）。永住者資格を取得する要件は高く、また、定住者も日系人やインドシナ難民に限定されるなど、やはり一般的労働力としての外国人労働力の受け入れには、日本は消極的です。

（2）実態としての外国人労働者政策

　日本の外国人労働者政策の建前があるにもかかわらず、普段の生活をしていても外国人労働者を多く見かけるはずです。しかも、コンビニエンスストアの店員や工場労働者を含め、明らかに一般的労働力として多くの外国人が就労している実態があります。なぜ、建前と実態に乖離があるのでしょうか。

　まず、在留資格の「留学」や「家族滞在」の資格外活動が活用されています。在留資格一覧にあるとおり、たとえば「留学」の在留資格は、大学等で教育を受けることが目的ですから、就労することは認められていません。しかし、「留学」であっても資格外活動が認められており、1週間あたり28時間まで（夏期休業期間など「長期休業期間」は1日8時間まで）アルバイト等に従事することが可能です。

　つぎに、「技能実習」です。外国人技能実習制度は1993年にスタートしたもので、日本の技能、技術または知識を開発途上地域等へ移転することを通じて国際協力を推進することを目的としています。この技能実習制度について、2016年制定の技能実習法3条2項は、「技能実習は、労働力の需給の調整の手段として行われてはならない。」と規定しています。つまり、この外国人技能実

習制度では、外国人を一般的労働力として扱うことは禁止されているのです。

しかし、実態は異なります。労働力が不足している産業において、低賃金労働者として取り扱われている場合が多いとされているからです。たとえば、最低賃金未満の報酬しか支払われていないケース（最低賃金との差額支払いが命じられた三和サービス事件・名古屋高判平22.3.25労判1003-5等）や、パスポートの取り上げ等による人身拘束（失踪の防止ないし逃亡の防止を目的としたパスポートおよび通帳の保管を不法行為としたデーバー加工サービス事件・東京地判平23.12.6労判1044-21がある）が行われているようなこともあります。

このように、外国人技能実習制度では、外国人労働者に対する劣悪な取扱いが問題視されてきました。実際、アメリカ政府は日本の技能実習制度を人身取引であると指摘しています（2015年）。

このほか、東南アジア諸国との間に締結された経済連携協定（EPA）により、看護師や介護福祉士の受け入れもなされています。

（3）特定技能の創設

2019年に新たな在留資格が創設されました。それが「特定技能」です。特定技能は、建前としての消極的な外国人労働者の受け入れ政策を転換したのではないかとの指摘がなされています。なぜなら、特定技能は、人手不足が深刻な産業分野に受け入れが限定されているとはいえ、即戦力となる外国人労働者の受け入れを可能とする在留資格だからです。

このような大きな変革であるにもかかわらず、国会では十分な審議がなされずに根拠法の出入国管理法が改正されました。海外に目を向けると、外国人労働者の流入による弊害（自国民労働者の失業や排外主義の高まりなど）も見られます。外国人労働者の受け入れは、私たちの文化や生活に多大な影響を及ぼすのです。

2 外国人技能実習制度

（1）雇用としての外国人技能実習

　外国人技能実習制度は、外国人である技能実習生が日本の受け入れ企業等と労働契約を締結し、就労を通じて技能等の修得・習熟・熟達を図ることを目的としています。受け入れ期間は最長5年であり、技能等の修得は、技能実習計画に基づいて行われます。

　かつては、雇用として扱われていなかった外国人研修制度が存在していましたが、労働法が（形式的には）適用されなかったことから、低賃金・長時間労働の温床となっていたのです。この反省を生かして、現在では受け入れ当初から直接雇用の労働契約関係が成立します。

（2）企業単独型と団体監理型

　技能実習生の受け入れには、「企業単独型」と「団体監理型」の二つがあります。企業単独型は、

・企業単独型の技能実習生の受け入れ
・団体管理型の技能実習生の受け入れ

日本の企業等（実習実施者）が海外の現地法人や取引先企業の外国人を受け入れて技能実習を実施する方式です。一方、団体監理型は、送り出し側の送出機関から日本の監理団体を経て、監理団体傘下の企業等（実習実施者）が外国人を受け入れます。

（3）技能実習の流れ

　技能実習の流れと対応する在留資格はQRコードを参照してください。

　第1号技能実習から第2号技能実習へ、第2号技能実習から第3号技能実習へ移行するためには、技能実習生本人が所定の技能評価試験に合格することが必要となります。

　また、第2号技能実習・第3号技能実習に移行が可能な職種・作業（移行対象職種・作業）は省令で限定されています。

技能実習生の
入国から帰国
までの流れ

3 特定技能

（1）特定技能の内容と受け入れ可能な産業

新たな在留資格である「特定技能」とその他の在留資格の関係はQRコードを参照してください。特定技能には、「特定技能1号」「特定技能2号」があります。「特定技能1号」は、特定産業分野に関する相当程度の知識または経験を有する外国人向けの在留資格であり、「特定技能2号」は、特定産業分野に関する熟練した技能を有する外国人向けの在留資格のことです。

特定技能において外国人を受け入れる産業分野については、①介護、②ビルクリーニング、③素形材産業、④産業機械製造業、⑤電気・電子情報関連産業、⑥建設、⑦造船・舶用工業、⑧自動車整備、⑨航空、⑩宿泊、⑪農業、⑫漁業、⑬飲食料品製造業、⑭外食業の14分野に限定されています。これらのうち、特定技能2号として受け入れ可能なのは、⑥建設、⑦造船・舶用工業の2分野のみとなっています。

・特定技能と他の在留資格の関係
・特定技能による特徴

（2）特定技能所属機関と特定技能雇用契約

①特定技能所属機関の基準

実際に受け入れる企業等を「特定技能所属機関」といいます。特定技能所属機関自体が満たすべき要件が定められており、労働、社会保険および租税に関する法令を遵守していること、1年以内に特定技能外国人と同種の業務に従事する労働者を非自発的に離職させていないこと、などが挙げられています（特定技能基準省令2条1項）。

②特定技能雇用契約の基準

特定技能所属機関と特定技能の在留資格によって就労する外国人との間には、「特定技能雇用契約」（出入国管理法2条の5第1項）を締結しなければなりません。特定技能雇用契約は、労働関係法令を遵守することのほか、法務省

令の定める基準に適合したものである必要があります。

③特定技能外国人への支援

　特定技能所属機関は、1号特定技能外国人が安定的かつ円滑に就労できる
ように、職業生活上、日常生活上、社会生活上の支援を実施する義務が課せ
られています（出入国管理法2条の5第6項ほか）。この義務の履行に関して、
特定所属機関は、所要の基準に適合した1号特定技能外国人支援計画を作成
しなければなりません。

　支援の具体的な内容は、①外国人に対する入国前の生活ガイダンスの提供、
②入国時の空港等への出迎えおよび帰国時の空港等への見送り、③保証人と
なることその他の外国人の住宅の確保に向けた支援の実施、④外国人に対す
る在留中の生活オリエンテーションの実施、⑤生活のための日本語習得の支
援などが挙げられています（特定技能基準省令3条、4条）。

（3）登録支援機関

　登録支援機関は、特定技能所属機関に代わり、第1号外国人支援計画を作
成したり、1号特定技能外国人支援の実施主体となったりします。

　登録支援機関となるには、出入国在留管理庁長官により登録される必要が
あります。登録にあたっては、一定の登録拒否事由が定められており、これ
により機関の適正さを担保させています。

4　外国人の雇用管理

（1）外国人雇用状況の届出

　在留資格に基づかない外国人の就労は、不法就労となり強制退去等がなさ
れます。また、不法就労を助長した者も3年以下の懲役もしくは300万円以
下の罰金、または両者が併科されます（出入国管理法73条の2）。

　このようなことがないよう、不法就労の防止や外国人労働者の雇用管理改
善、外国人労働者の再就職の促進等を目的として、外国人労働者を雇用する

事業主は、外国人雇用状況の届出をしなければなりません（労働施策推進法28条1項）。この外国人雇用状況については、①氏名、②在留資格、③在留期間、④生年月日、⑤性別、⑥国籍・地域、⑦資格外活動許可の有無等のほか、2020年3月から在留カード番号の記載が必要です。外国人雇用状況は、雇入れ時および離職時のそれぞれの場面で行わなければなりません。届出義務違反には、30万円以下の罰金が科せられます（労働施策推進法40条1項）。

（2）外国人労働者の雇用管理の改善

　国は、外国人雇用状況の届出に基づき、外国人の雇用管理の改善の促進、または再就職の促進に努めるものとされています（労働施策推進法28条2項）。この規定を根拠として、「外国人労働者の雇用管理の改善等に関して事業主が適切に対処するための指針」が定められ、事業主が外国人労働者に対して行うべき事項が記載されています。

外国人労働者の雇用管理の改善等に関して事業主が適切に対処するための指針

5　外国人に対する労働法の適用

　外国人に対しては、適法な就労か不法就労かにかかわらず、労働基準法、最低賃金法、労災保険法、労働安全衛生法、均等法、労働組合法など、およそ外国人が労働者に該当する限り、すべての労働関係法が適用されます（昭63.1.26基発50号・職発31号）。とくに、労基法3条は国籍を理由とする労働条件の差別的取扱いを禁止しています。

　雇用保険は、外国公務員や外国の失業保険が適用されている場合には例外的に適用されません。また、ハローワークを通じた職業紹介等のサービスの利用は、就労可能な在留資格を有する外国人に限られます。

外国人への労働法、雇用保険等の適用

　労契法等の私法の外国人労働者への適用は、法

の適用に関する通則法の問題（最も密接な関係がある地の法が適用されるというルール：法適用通則法12条）が生じますが、多くの場合は日本法が準拠法となるでしょう。

練習問題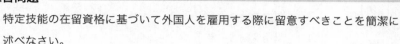

特定技能の在留資格に基づいて外国人を雇用する際に留意すべきことを簡潔に述べなさい。

参考文献 ─────

早川智津子「外国人労働者」『講座労働法の再生〈第6巻〉 労働法のフロンティア』（日本評論社、2017年）

手塚和彰『外国人と法〔第3版〕』（有斐閣、2005年）

「〈特集〉今後の外国人労働者政策」季刊労働法265号（労働開発研究会、2019年）

第10章

失業者・退職者

レジュメ

1　雇用保険

（1）　失業保険の目的

（2）　雇用保険法の制定

（3）　保険者・適用事業・被保険者

（4）　保険料

（5）　失業等給付

（6）　受給権の保護

2　職業紹介

（1）　職業紹介の種類

（2）　職業紹介の実施主体

（3）　有料職業紹介

（4）　労働争議の不介入

3　教育訓練（職業能力開発促進法）

4　求職者支援制度

事例　Xさんは転職を考えて転職サイトに登録しました。転職サイトを運営しているY社のエージェントの活躍により、納得できる転職ができたと思っています。しかし、Y社から成功報酬を請求されて、しかもそれが高額でした。成功報酬は、転職先のZ社が払うものだと思っていました。Y社の取扱いは適切でしょうか。

1　雇用保険

（1）失業保険の目的

　失業は、生活の糧である所得の喪失に直結します。また、失業者を無為に

放置することは、社会全体の損失でもあります。そこで、失業に遭遇した労働者に対して、保険技術を用いて労働者の所得を保障しつつ、良質な雇用へのアクセスを可能とさせることを目的とする社会保険制度が設けられています。日本でも戦後直後の1947年に失業保険法が成立しました。

（2）雇用保険法の制定

1974年には失業保険法が廃止され、新たに雇用保険法が制定されました。旧失業保険法との大きな違いは、雇用保険法では失業給付を行うほか、雇用改善事業（制定当時）、能力開発事業および雇用福祉事業の雇用保険三事業を行う点です（現在は雇用保険二事業）。

（3）保険者・適用事業・被保険者

雇用保険の管掌者は政府です（雇用保険法2条）。雇用保険に関する第一線の事務は、公共職業安定所（ハローワーク）が行っています。そして、適用事業に関する事務、失業給付に関する事務、雇用安定事業等の給付金の決定の事務は、公共職業安定所長の権限においてなされています。

雇用保険の適用事業は、労働者が雇用されるすべての事業です（雇用保険法5条1項）。ただし、1週間の所定労働時間が20時間未満である者、同一の事業主の適用事業に継続して31日以上雇用されることが見込まれない者等は適用除外者です（雇用保険法6条）。また、労働者数5人未満の個人経営の農林水産業は暫定任意適用事業です。

被保険者は、適用除外者を除く「適用事業に雇用される労働者」です（雇用保険法4条1項）。雇用保険法上の「雇用される労働者」は、一般的には労基法上の労働者と同義とされています。被保険者は、その働き方等の違いに応じて、4つの被保険者区分があります。

パートタイマーなどの非正規労働者であっても、①31日以上引き続き雇用されることが見込まれること、②1週間の所定労働時間が20時間以上であれば、一般被保険者となります。

雇用保険の被保険者区分

　また、2017年3月までは原則として65歳以降は雇用保険の被保険者とはならなかったのですが、2017年4月より65歳以上の労働者も「高年齢被保険者」として被保険者となりました。

（4）保険料

　雇用保険の保険料は、事業主と被保険者の双方が負担します。失業等給付に充てられる部分の保険料は、事業主と被保険者が折半しますが、雇用保険二事業に該当する部分の保険料は、事業主のみが負担します。保険料は、事業主が被保険者に支払う賃金に、保険料率を乗じて算定します。この賃金に

最新の保険料率

は、賃金、給料、手当、賞与その他名称のいかんを問わず、労働の対償として事業主が労働者に支払うものがすべて含まれます（雇用保険法4条4項、労働保険徴収法2条2項）。

（5）失業等給付

①失業等給付の種類

　雇用保険の給付のうち、労働者が失業したときなど、労働者の生活および雇用の安定と就職の促進を図るための給付を失業等給付といいます。この失業等給付には、①失業者が求職活動をする間の生活の安定を図るための「求職者給付」、②失業者が再就職するのを援助・促進するための「就職促進給付」、③高齢者や育児・介護を行う者の職業生活の円滑な継続を援助・促進するための「雇用継続給付」、労働者の主体的な能力開発を支援するための「教育訓練給付」の4種類があります。

②基本手当

　失業との関係でもっとも重要なのは、求職者給付のうちの基本手当です。基本手当は下記の要件に該当する場合に支給されます。

> ①離職の日以前の2年間（または1年間）に必要な被保険者期間があること。
> ②「失業」の状態にあること。
> ③ハローワークに「求職の申込み」をしていること。

　上記の要件のうち、①必要な被保険者期間については、離職理由によって必要な期間が異なります。まず、倒産、解雇等により離職を余儀なくされた者（特定受給資格者）、および雇止めにより離職した有期雇用者等（特定理由離職者）については、離職の日以前1年間に、賃金の支払の基礎となった日数が11日以上ある月が6か月以上あり、かつ、雇用保険に加入していた期間が6か月以上あることです。一方、特定受給資格者や特定理由離職者以外の場合は、離職の日以前2年間に、賃金の支払の基礎となった日数が11日以上ある月が12か月以上あり、かつ雇用保険に加入していた期間が12か月以上あることになります。

　基本手当は、原則として離職した日の翌日から1年間が受給期間となります。この間に、失業理由、被保険者期間、年齢に応じて定められている所定給付日数の範囲内で基本手当を受給できます。なお、求職の申込みが遅れると、たとえ所定給付日数の上限に達していなくても、「受給期間」の到来によって基本手当の受給ができなくなるので注意してください。

基本手当の
所定給付日数

　基本手当は、求職の申込みを行ってから7日間は受給できません。これを「待期」といいます。また、被保険者が正当な理由なく自己都合退職した場合や懲戒解雇された場合に、「待期」後さらに2か月間の給付制限が生じます。

基本手当受給の
例

（6）受給権の保護
　失業等給付を受ける権利は、①譲渡、②担保に供すること、③差し押えが

禁止されています（雇用保険法11条）。また、失業等給付には課税されません（雇用保険法12条）。

2 職業紹介

（1）職業紹介の種類

　労働市場の中で早期に失業から抜け出すには、求職者と求人者を適切にマッチングするサービスが重要です。これが職業紹介です。職業紹介は、職安法によって「求人及び求職の申込みを受け、求人者と求職者との間における雇用関係の成立をあっせんすること」（職安法4条1項）と定義されています（図4-10-1参照）。そして、この職業紹介は、その紹介形態によって、無料職業紹介と有料職業紹介とに分けられます。

　無料職業紹介は、「職業紹介に関し、いかなる名義でも、その手数料又は報酬を受けないで行う職業紹介をいう」（職安法4条2項）とされ、金銭の授受が伴わない形態を指します。一方、有料職業紹介は、無料職業紹介以外の職業紹介のすべてです（職安法4条3項）。

　なお、「ヘッドハンティング」などのスカウト行為も、職安法にいう職業紹介に該当します（東京エグゼクティブ・サーチ事件・最2小判平6.4.22労判654-6）。

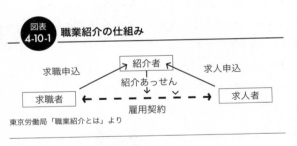

図表 4-10-1　**職業紹介の仕組み**

求職申込　紹介者　求人申込
紹介あっせん
求職者　←　－－－－－　→　求人者
雇用契約

東京労働局「職業紹介とは」より

（2）職業紹介の実施主体

　無料職業紹介と有料職業紹介を担い得る当事者は、職業安定機関と職業紹介事業者です。

　代表的な職業安定機関は、「無料で公共に奉仕する機関」と位置づけられる公共職業安定所です。この公共職業安定所は、1990年から「ハローワーク」

の愛称が付されており、この呼称の方がわかりやすいでしょう。この公共職業安定所で行われる職業紹介は無料です。

東京エグゼク
ティブ・サーチ
事件

職業紹介事業者は、職業安定機関以外で職業紹介が可能な者をいいます。民間の事業者などが職業紹介事業を行うには、それが無料のものであっても厚生労働大臣の許可が必要です。違反して事業を行った場合には、刑事罰が科せられます（職安法64条）。

（3）有料職業紹介
①許可制

有料職業紹介事業を行うには、厚生労働大臣の許可が必要です。また、職業紹介を行える取扱職業は、港湾運送業務・建設業務以外の職業です。かつては特定の技術を必要とする29職業に限定されていましたが、現在は２業務を除き自由に職業紹介可能となっています。

②手数料規制

有料職業紹介で重要な規制は、手数料規制です。手数料の設定が、合理的範囲を超えて設定がなされている場合には、中間搾取に当たる心配が生じるからです。

まず、有料職業紹介事業者は、①職業紹介に通常必要となる経費等を勘案して厚生労働省令で定める種類および額の手数料を徴収する場合、または②厚生労働大臣に届け出た手数料表に基づき手数料を徴収する場合を除き、実費その他の手数料または報酬を受けてはなりません（職安法32条の３第１項）。

また、求職者から手数料を徴収できません（職安法32条の３第２項本文）。ただし、手数料を求職者から徴収することが求職者の利益のために必要であると認められるときとして厚生労働省令で定めるときは、手数料を徴収することができます（職安法32条の３第２項但書）。具体的には、芸能家・モデル・科学技術者・経営管理者などがそれに該当します（職安法施行規則20条2項）。

（4）労働争議の不介入

　無料職業紹介と有料職業紹介に共通する原則として、労働争議の不介入があります（職安法20条1項）。労働争議中の事業所でストライキやロックアウトが行われている場合は、当該事業所へ職業紹介することが禁じられています（⇒第3部第5章　争議行為）。

3　教育訓練（職業能力開発促進法）

　労働者に対する教育訓練体制の整備を目的としている法律は、職業能力開発促進法（以下、能開法）です。1958年の職業訓練法の制定以来、職業訓練・教育訓練政策は大きく変遷してきましたが、現在の能開法の特徴は、労働者個人の自発的な職業能力開発の促進という点が強調されているところにあります。能開法3条の2第1項は、労働者自らが生涯の職業生活設計を行い、それに向けた「職業能力開発」が行えるように、適切な教育訓練を受ける機会が確保されるべき環境の整備を求めているからです（能開法3条の2第1項）。すなわち、個別労働者の職業生活設計＝キャリア形成が重視されるようになっているといっていいでしょう。

　今後も雇用の流動化が加速するのであれば、個別の労働者の「雇用され得る力」を高め得る能開法の方向性は、基本的に歓迎されるべきではないでしょうか。

4　求職者支援制度

　2008年のリーマンショックのときには、「派遣切り」など非正規労働者の雇用不安が拡大しました。失業により借り上げの社宅などの住居を奪われたり、雇用保険に未加入である等の理由で経済的に危機的な状況に陥ったりした労働者が続出しました。日本の住宅政策や雇用保険制度が貧弱であったことが露わになったのです。

　この問題に対応したのが求職者支援制度です。求職者支援制度は、雇用保険の給付を受けられない者に対して、職業訓練（無料）とハローワークによる

就職支援がなされると同時に、一定の金銭的援助（職業訓練受講給付金）が組み合わされて提供されます。

　支援の対象者（特定求職者）は、①ハローワークに求職の申込みをしていること、②雇用保険被保険者や雇用保険受給資格者でないこと、③労働の意思と能力があること、そして、④職業訓練などの支援を行う必要があるとハローワークが認めたことの要件を満たす者です。

　職業訓練受講給付金は、職業訓練受講手当（月額10万円）、通所手当（交通費）、寄宿手当（月額10,700円）によって構成されます。支給を受けるには、本人収入が月8万円以下等の支給要件を満たす必要があります。

参考文献 ─────────────────────────────

鎌田耕一『概説 労働市場法』（三省堂、2017年）

丸谷浩介「長期失業者に対する雇用政策と社会保障法」日本社会保障法学会編、『新・講座 社会保障法〈第3巻〉 ナショナルミニマムの再構築』（法律文化社、2012年）

「〈シンポジウム〉雇用政策法の基本原理─能力開発、雇用保険、公務員制度を手がかりに─」日本労働法学会編『雇用政策法の基本原理（日本労働法学会誌103号）』（法律文化社、2004年）

判例索引

高等裁判所

地方裁判所

事項索引

さ行

は行

ま行

ファーストステップ
労 働 法

発行日	2020年7月31日　初版第1刷発行 2023年4月28日　初版第3刷発行
編著者	藤本　茂 ／ 沼田雅之 ／ 山本圭子 ／ 細川　良
発行者	大塚孝喜
発行所	エイデル研究所 〒102-0073 東京都千代田区九段北4-1-9 電話：03-3234-4641 ／ FAX：03-3234-4644
印刷所	シナノ印刷株式会社
DTP	中島優子（有限会社ソースボックス）

ISBN978-4-87168-647-1 C3032